THÉATRE COMPLET

DE

ALEX. DUMAS

XXV

MADAME DE CHAMBLAY — LES BLANCS ET LES BLEUS
SIMPLES LETTRES SUR L'ART DRAMATIQUE

NOUVELLE ÉDITION

PARIS
MICHEL LÉVY FRÈRES, ÉDITEURS
RUE AUBER, 3, PLACE DE L'OPÉRA

LIBRAIRIE NOUVELLE
BOULEVARD DES ITALIENS, 15, AU COIN DE LA RUE DE GRAMMONT

—

1874

Droits de reproduction et de traduction réservés

COLLECTION MICHEL LÉVY

ŒUVRES COMPLÈTES

D'ALEXANDRE DUMAS

THÉATRE

XXV

OEUVRES COMPLÈTES D'ALEXANDRE DUMAS
PUBLIÉES DANS LA COLLECTION MICHEL LÉVY

Acté. 1	— Le Caucase. 2
Amaury. 1	— Le Corricolo. 2
Ange Pitou. 2	— Le Midi de la France. . . 2
Ascanio. 2	— De Paris à Cadix. 2
Une Aventure d'amour. . 1	— Quinze jours au Sinaï. . 1
Aventures de John Davys. 2	— En Russie. 4
Les Baleiniers. 2	— Le Speronare. 2
Le Bâtard de Mauléon. . 3	— Le Véloce. 2
Black. 1	— La Villa Palmieri. 1
Les Blancs et les Bleus. . 3	Ingénue. 2
La Bouillie de la comtesse Berthe. 1	Isabel de Bavière. 2
La Boule de neige. 1	Italiens et Flamands. . . . 2
Bric-à-Brac. 2	Ivanhoe de Walter Scott (traduction) 2
Un Cadet de famille. . . 3	Jacques Ortis. 1
Le Capitaine Pamphile. . 1	Jacquot sans Oreilles. . . 1
Le Capitaine Paul. 1	Jane. 1
Le Capitaine Rhino. . . . 1	Jehanne la Pucelle. 1
Le Capitaine Richard. . . 1	Louis XIV et son Siècle. . 4
Catherine Blum. 1	Louis XV et sa Cour. . . . 2
Causeries. 2	Louis XVI et la Révolution. 2
Cécile. 1	Les Louves de Machecoul. 3
Charles le Téméraire. . . 2	Madame de Chamblay. . . 2
Le Chasseur de Sauvagine. 1	La Maison de glace. 2
Le Château d'Eppstein. . 2	Le Maître d'armes. 1
Le Chevalier d'Harmental. 2	Les Mariages du père Olifus. 1
Le Chevalier de Maison-Rouge. 2	Les Médicis. 1
Le Collier de la reine. . . 3	Mes Mémoires. 10
La Colombe. — Maître Adam le Calabrais. 1	Mémoires de Garibaldi. . 2
Le Comte de Monte-Cristo. 6	Mémoires d'une aveugle. 2
La Comtesse de Charny. 6	Mémoires d'un médecin : Balsamo. 5
La Comtesse de Salisbury. 2	Le Meneur de loups. . . . 1
Les Compagnons de Jéhu. 3	Les Mille et un Fantômes. 1
Les Confessions de la marquise. 2	Les Mohicans de Paris. . 4
Conscience l'innocent. . 1	Les Morts vont vite. . . . 2
Création et Rédemption. — Le Docteur mystérieux. . . 2	Napoléon. 1
— La Fille du Marquis. . 2	Une Nuit à Florence. . . . 1
La Dame de Monsoreau. 3	Olympe de Clèves. 3
La Dame de Volupté. . . 2	Le Page du duc de Savoie. 2
Les Deux Diane. 3	Parisiens et Provinciaux. 2
Les Deux Reines. 2	Le Pasteur d'Ashbourn. . 2
Dieu dispose. 2	Pauline et Pascal Bruno. 1
Le Drame de 93. 3	Un Pays inconnu. 1
Les Drames de la mer. . 1	Le Père Gigogne. 2
Les Drames galants. — La Marquise d'Escoman. . . 1	Le Père la Ruine. 1
La Femme au collier de velours. 1	Le Prince des Voleurs. . 2
Fernande. 1	La Princesse de Monaco. 2
Une Fille du régent. . . . 1	La Princesse Flora. 1
Filles, Lorettes et Courtisanes. 1	Les Quarante-Cinq. 3
Le Fils du forçat. 1	La Régence. 1
Les Frères corses. 1	La Reine Margot. 2
Gabriel Lambert. 1	Robin Hood le Proscrit. . 2
Les Garibaldiens. 1	La Route de Varennes. . 1
Gaule et France. 1	Le Saltéador. 1
Georges. 1	Salvator (suite des Mohicans de Paris). 5
Un Gil Blas en Californie. 1	Souvenirs d'Antony. . . . 1
Les Grands Hommes en robe de chambre : César. . . 2	Les Stuarts. 1
	Sultanetta. 1
— Henri IV, Louis XIII, Richelieu. 2	Sylvandire. 1
La Guerre des femmes. . 2	La Terreur prussienne. . 2
Histoire d'un casse-noisette. 1	Le Testament de M. Chauvelin. 1
Les Hommes de fer. . . . 1	Théâtre complet. 25
L'Horoscope. 1	Trois Maîtres. 1
L'Ile de Feu. 2	Les Trois Mousquetaires. 2
Impressions de voyage : En Suisse. 3	Le Trou de l'enfer. 1
— Une Année à Florence. 1	La Tulipe noire. 1
— L'Arabie Heureuse. . . 3	Le Vicomte de Bragelonne. 6
— Les Bords du Rhin. . . 2	La Vie au Désert. 2
— Le Capitaine Arena. . 1	Une Vie d'artiste. 1
	Vingt Ans après. 3

MADAME DE CHAMBLAY

DRAME EN CINQ ACTES

Salle Ventadour. — 4 juin 1868

Porte-Saint-Martin. — 31 octobre 1868

UN MOT

SUR LA PIÈCE ET SUR LES ARTISTES

Tout le monde connaît les particularités qui ont précédé l'apparition, au théâtre, du drame de *Madame de Chamblay*.

Le roman, publié il y a dix ou douze ans, se rattachait, on le sait, à l'un des souvenirs intimes de ma vie. J'avais eu longtemps l'intention de mettre ce sujet à la scène, et, deux ou trois ans, il s'était débattu dans mon esprit, rebelle à ma volonté.

Tout au contraire de *Mademoiselle de Belle-Isle*, pour laquelle je ne pouvais pas trouver un début original, et qui resta dans les limbes de mon cerveau jusqu'à ce que j'eusse rencontré la combinaison du sequin brisé en deux par Richelieu et madame de Prie, je ne pouvais arriver à trouver le dénoûment de *Madame de Chamblay*.

Celui du roman, tout de fantaisie, était impossible au théâtre, et je luttais depuis trois ou quatre ans devant cette impossibilité, lorsque, dans un de ces jours bénis où Dieu semble nous envoyer, pour nos créations humaines, un rayon de sa propre lumière, je vis peu à peu, comme une fleur qui pousse à vue d'œil, sortir le dénoûment du sujet même et compléter à la fois l'ouvrage et l'un des rôles les plus sympathiques de l'ouvrage, celui du préfet de l'Eure, Alfred de Senonches.

A partir de ce moment, le drame fut fait, et, comme, depuis deux ou trois ans, mon esprit le retournait sous toutes ses faces, il me suffit de très-peu de temps pour l'écrire.

Je n'ai pas besoin de dire que le drame de *Madame de Chamblay* était destiné à la Comédie-Française; mais la mauvaise disposition du directeur pour ma personne, et de quelques-uns des artistes pour mes œuvres, me faisait hésiter à me présenter devant un comité qui avait refusé *un Mariage sous Louis XV* à l'unanimité, et qui, en 1860, n'avait pas daigné m'accorder une lecture que je demandais.

Si quelqu'un doutait de ce que j'avance ici, on n'aurait qu'à se reporter au rapport officiel de M. Édouard Thierry sur *l'Art et les Auteurs dramatiques au* XIXe *siècle*. Je n'y suis porté que pour mémoire, et Victor Hugo y est à peine nommé.

Restaient le théâtre du Vaudeville et le théâtre du Gymnase. Mais, quoique M. Harmant ait fait une assez bonne affaire avec moi, puisque *les Mohicans de Paris* lui ont donné, chose rare au mois d'août, un bénéfice de trente mille francs, M. Harmant s'était tenu assez éloigné de moi, depuis qu'il avait changé de théâtre, pour que je ne me crusse pas le droit de me rapprocher de lui.

La position était toute différente au Gymnase. M. Montigny a toujours été d'une grâce parfaite pour moi, et je savais que je n'avais qu'à lui offrir mon œuvre pour qu'il l'acceptât les yeux fermés; mais, sur son théâtre, j'allais me trouver en contact avec le seul rival à qui ma profonde tendresse me conduira toujours à céder le pas : j'allais me trouver en contact avec Alexandre.

Il est vrai que je n'aurais eu qu'à lui dire : « Tiens, voilà *Madame de Chamblay*, porte-la à Montigny, fais-la jouer aux mêmes conditions que tes pièces, suis les répétitions et apporte-moi l'argent, » ce cher enfant eût fait ce que je lui eusse demandé, trop heureux de le faire, et n'eût souhaité qu'une chose, c'est que mon succès, s'il était possible, dépassât les siens.

Je me contentai donc de faire annoncer que je venais d'achever une pièce en cinq actes, intitulée *Madame de Chamblay*.

Les journaux s'emparèrent de la nouvelle et firent, autour d'elle, toute la publicité que je pouvais désirer; mais, la seule marque de sympathie que m'ait attirée cette annonce étant une visite de ma bonne amie Pauline Granger, du Théâtre-Français, je me trouvai tout disposé, par cette lassitude préventive qui me prend quand une pièce est finie, à écouter les propositions que vinrent me faire madame Vigne et mademoiselle Dica-Petit, de la Porte-Saint-Martin.

Le théâtre venait de fermer au milieu d'un désastre, après une de ces tristes périodes de succès qui font autant de tort aux théâtres qu'aux directeurs. Nos drames n'y étaient apparus que de temps en temps, comme des îles flottantes, avant-gardes passant sous le regard des spectateurs avec une bannière, leur annonçant telle ou telle revue, telle ou telle féerie. C'est ainsi qu'*Antony* avait été joué douze fois, en attendant *la Biche au bois*, et *Charles VII* quinze ou dix-huit fois, en attendant, je ne sais quel autre chef-d'œuvre à décors et à maillots..

Je fus enchanté de me débarrasser de *Madame de Chamblay* au profit d'une bonne action..

Une fraction de la troupe de la Porte-Saint-Martin (la troupe dramatique) s'était réunie, et ne demandait pas mieux que de tenter les hasards d'une société. Elle venait de louer à M. Bagier le théâtre Ventadour, et, malgré le sombre isolement de ce théâtre, qui ne s'éveille qu'au bruit du chant, malgré les trente degrés de chaleur qui pleuvaient du ciel ardent de juin, je n'hésitai pas un moment et j'indiquai la lecture pour le surlendemain.

Au moment où l'on se réunissait, la sonnette se fit entendre.

C'était mon ancien camarade Bressant, mon duc de Richelieu, le légitime héritier de Firmin, qui, ayant appris par Pauline Granger que j'avais une pièce qui pouvait être jouée à la Comédie-Française, venait me faire une visite *officieuse* que doubla le soir, sans savoir s'il était trop tard, mon jeune ami Lafontaine, cet homme que l'on a pris au milieu de ses succès et de ses créations originales, pour lui tailler une sinécure au Théâtre-Français, entre l'ancien et le nouveau répertoire.

Qu'ils reçoivent ici, avec Pauline Granger, tous mes remerciments de la peine qu'ils ont bien voulu prendre à propos de cette fleur d'automne qui venait de pousser, la soixante-sixième ou soixante-septième, dans mon jardin dramatique.

Je l'ai dit, il était trop tard.

Jamais pièce n'eut un succès de lecture pareil à celui de *Madame de Chamblay*. Sans doute, les acteurs voulaient me rendre la même politesse qu'ils recevaient de moi ; mais, en tout cas, ils donnèrent à mon orgueil deux bonnes heures de satisfaction. La pièce fut mise en répétition le lendemain, et jouée au bout de dix jours.

Je parlais tout à l'heure du sombre isolement du théâtre. On en aura une idée lorsque l'on saura que l'administration, malgré les plus vives instances et les offres les plus séduisantes, ne put trouver que sept claqueurs pour venir le premier jour en aide à l'enthousiasme du public, et aucun les jours suivants.

La pièce fut admirablement jouée. Brindeau, que l'on applaudit encore tous les soirs, fit, dans le rôle du préfet, une de ces créations qui se répandent à la fois sur le passé et sur l'avenir d'un artiste. Il est impossible de mêler plus de tenue à plus de désinvolture, et plus d'abandon à plus de dignité. Je ne puis ni louer ni critiquer Brindeau dans ce rôle, forcé que je suis de ne rien critiquer et de louer tout.

Mademoiselle Dica-Petit fut charmante. — Le rôle de madame de Chamblay, doux, jeune, poétique et frais comme elle, trouva en elle une interprète pleine de grâce et de dignité. Plus poétique que passionnée, elle était la femme qu'il fallait pour faire accepter un personnage quelque peu excentrique. Son succès fut immense et elle en recueillit les fruits par un prompt engagement à l'Ambigu, où la façon dramatique dont elle a créé *le Sacrilége* vient d'assurer sa position.

Charly, chargé du rôle réaliste et odieux d'un mari brutal, joueur et épileptique, l'a créé et représenté comme aucun comédien de Paris n'eût pu le faire. Je suis d'autant plus heureux de lui rendre cette justice, que j'aurais bien quelques petits reproches de procédés à lui adresser depuis cette création ; mais il n'en reste pas moins pour moi l'obligation d'être, en toute circonstance, agréable à ce grand artiste. Les rôles ne se donnent pas aux coups de chapeau et aux serrements de main, ils se donnent au talent.

M. Laroche venait de l'Odéon avec une réputation toute acquise ; le rôle de Max n'a ni augmenté ni diminué cette réputation. A mon avis, M. Laroche est destiné à jouer non les amoureux et les jeunes premiers, mais les troisièmes rôles. Il lui a fallu, avec son peu de disposition aux choses tendres, de grands efforts de talent pour se faire applaudir dans cette nouvelle création ; et, sous ce rapport, il n'a pas à se plaindre, le public lui a taillé dans le drame une assez belle part.

Laurent, trop marqué pour le rôle de Gratien, n'en a pas moins contribué au succès. Sa grosse franchise, sa bruyante gaieté, ont fait oublier qu'il y avait en lui de quoi fournir au gouvernement deux conscrits au lieu d'un, et que c'était deux remplaçants qu'eût dû lui vendre le père Dubois, si bel homme que fût *le Cuirassier.* C'est, au reste, dans ces luttes contre l'impossible qu'on reconnaît la puissance d'un talent réel. Laurent compléta le succès; tout autre que lui l'eût compromis.

Mademoiselle Descamps, chargée du rôle de Zoé, avait toute la grâce ignorante d'une débutante, jointe à toute la fraîcheur de voix et de visage d'une enfant de seize ans. Mais cette naïve maladresse des débuts plaît assez au public, ce chercheur de virginités. Il a applaudi parfois mademoiselle Decamps, avec un entraînement qui faisait, de l'encouragement, une récompense.

Il n'y a pas jusqu'au fameux Bertrand, ce cuisinier si vanté par Alfred de Senonches, qui n'ait donné un caractère à son rôle. La pièce a perdu beaucoup en le perdant, mais le cuisinier s'est fait voyageur et a traversé l'Atlantique. Il est parti, nous assure-t-on pour les montagnes Rocheuses, et, en ce moment, Houdin apprend des trappeurs la manière d'assaisonner cette fameuse bosse de bison tant vantée par ce grand romancier-poëte qui a popularisé l'Amérique en France, Fenimore Cooper.

En passant à la Porte-Saint-Martin, la pièce a nécessairement subi quelques changements dans ses interprètes. Mademoiselle Rousseil, talent fait, talent reconnu, a prêté toute la puissance d'une vigoureuse organisation destinée à jouer le drame, au personnage un peu lymphatique de madame de Chamblay; tout en lui laissant sa poésie, elle lui a communiqué sa force. Il y a beaucoup d'avenir dans mademoiselle Rousseil, qui est juste à l'âge où la femme se complète et où l'artiste s'affirme. J'ai vu jouer deux fois la pièce par mademoiselle Rousseil, et j'aurais voulu trouver, au commencement de ma carrière dramatique, une femme avec toutes les aptitudes dont le ciel l'a douée.

Schey et madame Desmonts ont été charmants tout deux; ils sont si bien appropriés l'un à l'autre dans la pièce, que je ne veux pas les séparer l'un de l'autre dans les remerciments que je leur adresse et dans les louanges que je leur donne. Je n'aurais qu'un désir à leur manifester : c'est que le mariage factice qu'ils contractent dans *Madame de Chamblay* soit un mariage réel et qu'ils aient beaucoup d'enfants qui leur ressemblent.

ALEX. DUMAS.

PRÉFACE

ARISTIDE

TRAGÉDIE EN UNE SCÈNE

L'ARÉOPAGE, ARISTIDE, UN PAYSAN.

LE PAYSAN, *présentant à Aristide une coquille d'huître et un poinçon.*

Veux-tu me graver le nom d'Aristide sur cette coquille d'huître ?

ARISTIDE.

Quel tort t'a fait Aristide, pour que tu veuilles le proscrire ?

LE PAYSAN.

Aucun... Seulement, je suis las de l'entendre, depuis dix ans, appeler *le Juste.*

Aristide grave son nom; le paysan jette l'écaille dans l'enclos; le chef de l'Aréopage dépouille le scrutin. Aristide est proscrit.

DISTRIBUTION

	Ventadour.	Porte-St-Martin.
LE BARON ALFRED DE SENONCHES.. MM.	BRINDEAU.	BRINDEAU.
MAX DE VILLIERS................	LAROCHE.	C. LEMAITRE.
M. DE CHAMBLAY.................	CHARLY.	CHARLY.
GRATIEN........................	LAURENT.	SCHEY.
BERTRAND.......................	HOUDIN.	JOSSE.
MAITRE LOUBON..................	AL. LOUIS.	AL. LOUIS.
MAITRE BLANCHARD...............	FLEURY.	FLEURY.
UN FACTEUR.....................	LANSOY.	LANSOY.
UN SECRÉTAIRE..................	MACGARD.	SCIPION.
PREMIER DOMESTIQUE.............	GUÉRY.	GUIMIER.
DEUXIÈME DOMESTIQUE............	PATROT.	MARTIN.
UN GROOM.......................	HENRI.	ADOLPHE.
MADAME DE CHAMBLAY.......... Mmes	DICA-PETIT.	ROUSSEIL.
ZOÉ............................	DESCAMPS.	DESMONTS.
UNE PETITE FILLE...............	MARIE.	MARIE.

Le premier et le cinquième acte, à Évreux; les trois autres, à Bernay, vers 1840.

ACTE PREMIER

A Évreux. — Cabinet du préfet, avec porte donnant sur un jardin. — Porte d'entrée au fond; deux portes latérales.

SCÈNE PREMIÈRE

MAX DE VILLIERS, UN VALET DE PIED.

Max entre et sonne. Un Valet de pied en grande tenue entr'ouvre la porte à gauche.

LE VALET DE PIED.

M. le comte a sonné?

MAX.

Oui; quelle heure est-il?

LE VALET DE PIED.

Bientôt neuf heures.

MAX.

Ah! bon Dieu! ouvrez partout.

LE VALET DE PIED.

M. le comte s'est couché tard?

MAX.

A minuit, je crois. A quelle heure a fini la soirée?

LE VALET DE PIED.

Elle n'est pas encore finie.

MAX.

Oh! les enragés! ils jouent toujours?

LE VALET DE PIED.

C'est M. le baron qui tient la banque, il a une montagne d'or devant lui.

MAX.

Est-ce que le baron donne souvent de pareilles fêtes?

LE VALET DE PIED.

Une fois par mois.

MAX.

Merci.

LE VALET DE PIED.

Que prendra M. le comte ce matin? café ou chocolat?

MAX.

Chocolat!

SCÈNE II

MAX, LE BARON DE SENONCHES.

Le Valet sort après que le Baron est entré.

LE BARON.

Tu es levé?

MAX.

Et toi, misérable joueur, tu n'es pas encore couché?

LE BARON, riant.

Misérable joueur est le mot : ruiné, mon cher!

MAX.

Tu tenais la banque!

LE BARON.

La banque a sauté!

MAX.

Tu avais une fortune devant toi.

LE BARON.

Bah! sept ou huit mille francs à peine. Mais devine un peu qui a fait sauter la banque?

MAX.

Comment veux-tu que je devine? Arrivé d'hier, je ne connais pas un seul de tes convives.

LE BARON.

Eh bien, c'est toi! tu ne diras pas que la fortune ne vient pas en dormant.

(Il lâche les coins de son mouchoir et laisse tomber sur le tapis une cascade d'or.)

MAX.

Qu'est-ce que cela et quelle plaisanterie me fais-tu?

LE BARON.

Oh! n'aime jamais, mon pauvre ami! tu es trop heureux au jeu.

MAX.

Mais je ne joue jamais.

LE BARON.

C'est justement ce que tu m'as dit hier quand je t'ai invité à prendre un intérêt dans mon jeu ; alors, j'ai tant insisté, que tu as déposé cent francs dans la bobèche d'un chandelier, en me disant : « Tiens, voilà cent francs, fais-les valoir et laisse-moi tranquille. » Te souviens-tu de cela?

MAX.

Parfaitement.

LE BARON.

Eh bien, il faut te dire, mon cher Max, que j'ai été hier au soir d'un bonheur insolent, si bien que, ce matin, tout le monde était ruiné. J'ai abaissé ma banque de vingt mille francs à trois mille francs ; avec ces trois mille francs, j'ai fait une nouvelle razzia : toutes les bourses étaient vides. Alors, j'ai vu tes cinq louis dans la bobèche. « Ah! pardieu! ai-je dit, il faut que Max y passe comme les autres! » Je t'ai mis au jeu et j'ai taillé pour cinq louis. Mais sais-tu ce que tu as fait, entêté que tu es? Tu as passé sept coups de suite, et, au septième, tu as fait sauter la banque!

MAX.

Tu es fou.

LE BARON.

Tu vas peut-être me dire que j'ai triché? Monsieur Max, je ne ris pas le moins du monde. Voyons, trêve de plaisanteries! voilà six à sept mille francs qui t'appartiennent aussi légitimement qu'argent gagné ait jamais appartenu à un joueur ; mets-le dans ta poche, jette-le dans l'Iton, donne-le aux pauvres, c'est ton affaire.

MAX.

Mais enfin, mon cher...

LE BARON.

Pas un mot de plus, ou tu me blesserais étrangement. (Un Domestique entre, apportant un plateau avec du chocolat.) Est-ce Bertrand lui-même qui a fait ce chocolat?

LE VALET DE PIED.

Oui, monsieur le baron, lui-même.

MAX.

Qu'est-ce que Bertrand?

LE BARON.

Oh! Bertrand, mon cher, c'est mon protecteur, l'espoir de mon avenir ; Bertrand, c'est mon cuisinier.

MAX.

Mon cher, permets-moi de te dire que tu me parles en énigmes; j'aurais compris cela quand tu étais diplomate; mais, maintenant que tu es préfet...

LE BARON, au Valet de pied.

Ramassez cet or et mettez-le sur la table! (A Max.) Écoute-moi.

MAX.

Je t'écoute.

LE BARON, au Valet de pied.

C'est bien, laissez-nous! (Le Valet sort. — A Max.) Que je ne t'empêche pas de prendre ton chocolat.

MAX.

Merci.

LE BARON.

Tu te rappelles quand je t'ai rencontré à Bruxelles?

MAX.

Oui, j'étais au désespoir, je venais de perdre ma mère.

LE BARON.

Je t'offris l'hospitalité, tu refusas; je te demandai où tu allais, tu me répondis : « Où je serai seul. — Va, te dis-je alors, tu es encore trop malheureux pour qu'on te soigne. » Mais j'ajoutai : « Seulement, souviens-toi de ceci : c'est qu'une grande douleur est un grand repos et que tu sortiras de ta tristesse plus fort que tu n'y es entré. » Tu me regardas avec étonnement, et tu me demandas : « Aurais-tu été malheureux? »

MAX.

Et tu me répondis : « Une femme que j'aimais m'a trompé. » Je te demandai combien de temps avait duré ta tristesse?...

LE BARON.

Et je te répondis : « Vingt-quatre heures. » Puis j'ajoutai : « Maintenant, je joue, je fume, je bois; je crois que l'on va me faire préfet; alors, il ne manquera rien à mon bonheur. »

MAX.

Et, comme tu es préfet, rien ne manque à ton bonheur?

LE BARON.

Non, depuis que j'ai Bertrand.

MAX.

Je crois que le moment est venu pour toi de me dire ce

que c'est que Bertrand; dans tous les cas, c'est un homme qui fait admirablement le chocolat.

LE BARON.

Et le dîner d'hier, tu n'en dis rien, ingrat?

MAX.

Si fait, il était excellent.

LE BARON.

Quand cette heureuse idée m'a pris d'abandonner la carrière diplomatique pour la carrière administrative, je me suis dit : « Si je reste secrétaire d'ambassade, il me faudra, malgré toute mon intelligence, dix ou douze ans pour être ministre à Bade ou chargé d'affaires à Rio-de-Janeiro, tandis qu'une fois préfet, je me fais nommer député, et, une fois député, je me fais nommer ce que je veux, et, pour cela, il ne me faut plus qu'un bon cuisinier. » Alors, j'ai obtenu de ma digne mère qu'elle me fît cadeau, non point de ma part d'héritage, Dieu m'en garde! j'aime bien mieux que mon argent soit dans ses mains que dans les miennes, mais qu'elle me fît cadeau de son cuisinier. Ah! mon cher Max, par bonheur, j'avais dix ans de diplomatie. Qu'on me charge d'obtenir de l'Angleterre qu'elle rende l'Écosse aux Stuarts; de la Russie, qu'elle rende la Courlande aux Biron; de la Prusse, qu'elle rende les frontières du Rhin à la France, j'y réussirai; mais entreprendre une seconde fois la conquête de Bertrand! jamais.

MAX.

Et c'est ce grand homme qui a daigné faire mon chocolat?

LE BARON.

Lui-même! je te présenterai à lui un jour qu'il sera de belle humeur; tâche de te rappeler, comme souvenir de tes voyages, un plat inconnu, et dotes-en son répertoire. Bertrand, comme le marquis de Cussy, fait plus de cas de l'homme qui découvre un plat que de celui qui découvre une étoile; car les étoiles, pour ce à quoi elles servent et pour ce que l'on en connaît, il y en aura toujours assez.

MAX.

C'est un grand philosophe que M. Bertrand.

LE BARON.

Oh! oui, mon ami, et je dirai de lui ce que Louis XIII dit, dans *Marion de Lorme*, de Langely :

Si je ne l'avais pas pour m'égayer un peu!...

Mais je l'ai, par bonheur!

MAX.

Et, lorsque tu auras trouvé une femme pour gouverner ton salon, comme Bertrand gouverne ta cuisine...

LE BARON.

Une femme, moi? J'ai une vingtaine de mille livres de rente que les événements, si graves qu'ils soient, ne peuvent m'enlever; je suis né garçon, j'ai vécu garçon, je mourrai probablement garçon. Une maîtresse a failli me faire brûler la cervelle en me trompant, juge un peu ce qui serait arrivé si elle eût été ma femme. Il est vrai qu'elle eût eu cette excellente raison à me donner : « Je ne pouvais pas vous quitter, » tandis que l'autre avait cette raison-là et n'a pas eu l'idée de la mettre en pratique. Les femmes sont si capricieuses! Maintenant, à ton tour de me dire ce que tu as fait depuis que je ne t'ai vu, et surtout ce que tu vas faire; car, hier, nous n'avons pas eu cinq minutes pour causer ensemble.

MAX.

Mon cher ami, permets-moi de te dire que tu dois tomber de sommeil, et que mieux vaut pour toi dormir qu'écouter les plaintes d'un rêveur.

LE BARON.

Est-ce que j'ai besoin de dormir, moi! un habitué des bals de l'Opéra et des soupers de la Maison d'or? Allons donc! J'ai dit qu'on me prépare un bain, j'y resterai pendant une heure, je me coucherai après, et me lèverai pour dîner. Qu'as-tu fait en me quittant à Bruxelles? voyons.

MAX.

J'ai été à Blakenberg; trois mois, je restai en face de l'Océan, c'est-à-dire de l'infini. Tous les jours, j'allais, en suivant les bords de la plage, m'arrêter dans un endroit près duquel avait, quelques jours avant mon arrivée, échoué un bâtiment; cinq hommes qui le montaient avaient péri; c'était la machine humaine qui avait été la première détruite. Lorsque je visitai le navire naufragé, il avait encore un mât debout, son beaupré et la plupart de ses cordages; comme nous étions en plein hiver, la mer ne cessait point d'être mauvaise ; chaque jour, je trouvais le bâtiment désemparé de quelques-uns des agrès que je lui avais vus la veille ; comme fait une troupe de loups sur un cadavre, chaque vague mordant sur la carcasse du bâtiment en enlevait un morceau. Bientôt, il fut complétement rasé; après les œuvres hautes, vint le tour des œuvres basses; le bordage fut brisé, puis le pont éclata, puis l'arrière fut emporté, puis l'avant disparut. Longtemps encore un fragment du beaupré resta pris par des cordages; enfin, pendant une nuit de tempête, les cordages se rompirent et le mât fut emporté. Le dernier vestige du naufrage avait disparu sous la morsure de la vague, sous l'aile du vent?... Hélas! mon ami, je fus alors forcé de m'avouer à moi-même qu'il en était ainsi de ma douleur; comme ce navire échoué dont chaque marée emportait une épave, chaque jour en emportait un débris; enfin, vint le moment où rien ne fut visible au dehors, et, de même qu'où s'était englouti le bâtiment naufragé il ne restait plus rien, là où s'était engloutie ma douleur, il ne restait plus qu'un abime.

LE BARON.

Et alors, tu t'es souvenu de moi? Très-bien, voilà pour le passé; maintenant, songeons au présent. Que vas-tu faire? voyons.

MAX.

Passer, t'embrasser, m'en aller.

LE BARON.

Où cela?

MAX.

Je n'en sais rien.

LE BARON.

Tu mens, Max! Tu en es à cette période de la douleur qui a besoin de distractions. Tu as pensé à moi, tu es venu à moi, merci; oh! sois tranquille, la distraction ne sera pas folle, elle ne heurtera pas les angles obtus de ta douleur, car, je le vois bien, les angles aigus ont disparu. Vivent les douleurs honnêtes, loyales et dans la nature! elles se calment lentement, mais elles se calment; vivent surtout les douleurs sans ressources! on ne les oublie pas, mais on s'y habitue.

MAX.

Excellent ami!...

LE BARON.

Ici, mon cher Max, tu trouveras cette distraction qui ressemble tellement à l'ennui, qu'il faut être très-fort pour s'apercevoir qu'elle n'est que sa sœur, et, quand cette distraction-là ne te suffira plus, tu me quitteras et tu suivras celle qui sera en harmonie avec la situation de ton âme. Sois tranquille, si tu ne t'en aperçois pas, je te préviendrai; moi, je m'en apercevrai bien, va, je suis médecin en douleur.

MAX.

Et pourquoi ne guéris-tu pas la tienne, alors, pauvre ami?

LE BARON.

Mon cher Max, Laënnec, qui avait inventé les meilleurs instruments d'auscultation pour les maladies de poitrine, est mort de la poitrine.

LE VALET DE PIED, entrant.

Quand M. le baron voudra?

LE BARON.

C'est bien, j'y vais! (A Max.) A propos, il est tantôt onze heures, c'est l'heure où les visites d'audience commencent. Je vais rester une heure au bain, deux ou trois heures au lit, remplace-moi et joue au préfet si cela peut t'amuser : tout ce que tu feras sera bien fait, et, la représentation terminée, tu as deux voitures ou deux chevaux de selle à ton service. Bonjour.

(Il sort.)

SCÈNE III

MAX, seul.

En vérité, c'est étrange, la différence qui peut exister entre une douleur et une autre douleur, selon la source où elle est puisée. Ma douleur, à moi, qui avait une source sacrée et une cause irréparable, a suivi la pente ordinaire de la douleur : d'abord aiguë, saignante, trempée de larmes, elle a passé de cette période convulsive à une profonde tristesse, pleine de prostration et d'atonie, puis à la mélancolique contemplation des luttes de la nature, puis au désir du changement de lieu, puis au besoin, non avoué, de la distraction ; c'est là que j'en suis; quant à Alfred, je ne sais si sa douleur est plus ou moins poignante aujourd'hui qu'autrefois, mais c'est le même rire et, par conséquent, la même souffrance que quand je l'ai rencontré à Bruxelles; je n'ai eu que le cœur brisé, lui a eu l'âme mordue, et la morsure est venimeuse, sinon mortelle.

SCÈNE IV

MAX, LE VALET DE PIED.

LE VALET DE PIED.

Une dame désire parler à M. Alfred de Senonches.

MAX, riant.

Mais je ne suis pas M. Alfred de Senonches.

LE VALET DE PIED.

M. le baron a ordonné de faire entrer chez vous tous ceux qui auraient affaire à lui.

MAX.

Informez-vous quelle est cette dame.

LE VALET DE PIED.

C'est une femme de vingt à vingt-deux ans, fort jolie, qui se nomme, je crois, madame de Chamblay; son mari est un riche propriétaire des environs; quoiqu'elle n'ait pas levé son voile et ne se soit pas nommée, je crois l'avoir reconnue.

MAX.

Mais si c'est *au préfet* qu'elle veut parler....

LE VALET DE PIED.

Du moment que M. le comte le remplace...

MAX.

Faites entrer. Au reste, Alfred m'a présenté hier à son mari, et m'avait placé près de lui à table.

LE VALET DE PIED, annonçant.

Madame de Chamblay.

SCÈNE V

MAX, MADAME DE CHAMBLAY.

MADAME DE CHAMBLAY, à Max.

M. Alfred de Senonches?

MAX.

Non, madame, mais un de ses amis, qui a le bonheur ce matin de tenir sa place, et qui s'en félicitera toute sa vie si, dans ce court instant, il peut vous être bon à quelque chose.

MADAME DE CHAMBLAY.

Pardon, monsieur, mais ce que je venais demander à M. le préfet était une faveur que lui seul pouvait accorder, en supposant qu'il me la pût accorder. Je reviendrai plus tard, lorsqu'il sera libre.

MAX, lui indiquant un fauteuil.

De grâce, madame... (Madame de Chamblay s'assied.) Si c'est une faveur, madame, et s'il peut vous l'accorder, pourquoi refuser de me prendre pour intermédiaire? Doutez-vous que je ne plaide chaudement la cause dont vous me chargerez?

MADAME DE CHAMBLAY.

Pardon, monsieur, mais j'ignore même à qui j'ai l'honneur de parler.

MAX.

Mon nom ne vous apprendrait rien, madame, car il vous est parfaitement inconnu. Je m'appelle le comte Maximilien de Villiers. Je n'ai cependant pas le malheur de vous être aussi étranger que vous le croyez, madame : j'ai été présenté hier à M. de Chamblay, j'étais à côté de lui à table, nous avons beaucoup causé pendant le repas, j'ai été invité par lui à l'ouverture de la chasse de votre château de Bernay, et, sans me permettre de vous faire une visite, je comptais avoir aujourd'hui même l'honneur de vous porter ma carte. (S'inclinant.) C'est un homme d'une grande distinction que M. de Chamblay, madame.

MADAME DE CHAMBLAY, avec un soupir.

D'une grande distinction, oui, monsieur, c'est vrai.

MAX.

Si je vous interrogeais, madame, sur le motif qui me procure l'honneur de votre visite, vous croiriez peut-être que je veux abréger les instants où j'ai le bonheur de jouir de votre présence ; cependant, j'ai hâte, je vous l'avouerai, de connaître en quoi mon ami pouvait vous être utile.

MADAME DE CHAMBLAY.

Oh! mon Dieu, voici toute l'affaire, monsieur. Il y a un mois, le tirage à la conscription a eu lieu ; le fiancé de ma sœur de lait, que j'aime beaucoup, a été désigné par le sort pour partir ; c'est un jeune homme qui soutient sa mère et une jeune sœur ; en outre, s'il ne fût point tombé à la conscription, il allait épouser la jeune fille qu'il aime ; cette mauvaise chance fait donc tout à la fois le malheur de quatre personnes... (Max s'incline comme un homme qui attend.) Eh bien, monsieur, le conseil de révision se rassemble dimanche prochain, M. de Senonches le préside : un mot dit, un signe fait au médecin réviseur, mon pauvre jeune homme est réformé et votre ami a fait le bonheur de quatre personnes.

MAX, souriant.

Mais le malheur de quatre autres, madame, peut-être.

MADAME DE CHAMBLAY, étonnée.

Comment cela, monsieur?

MAX.

Sans doute; combien faut-il de jeunes gens pour le canton qu'habite votre protégé?

MADAME DE CHAMBLAY.

Vingt-cinq.

MAX.

A-t-il quelque motif de réforme?

MADAME DE CHAMBLAY, balbutiant.

Je croyais vous avoir dit, monsieur, que c'était une faveur que je demandais à M. le préfet.

MAX.

Cette faveur, madame, excusez la franchise de ma réponse, est une injustice, du moment qu'elle pèsera sur une autre famille.

MADAME DE CHAMBLAY.

Voilà où je ne vous comprends plus, monsieur.

MAX.

C'est cependant bien facile à comprendre, madame : il faut vingt-cinq conscrits; supposez qu'en ne faisant aucune faveur, on soit bon sur deux, le nombre montera à 50 et le numéro 51 est sauvegardé par son chiffre même; me comprenez-vous, madame?

MADAME DE CHAMBLAY.

Parfaitement.

MAX.

Eh bien, que, par faveur, un de ces vingt-cinq jeunes gens qui doivent partir ne parte pas, c'est le cinquante et unième qui était sauvegardé par son numéro, qui part à sa place.

MADAME DE CHAMBLAY, tressaillant.

Oh! c'est vrai.

MAX.

J'avais donc raison de vous dire, madame, que le bonheur de vos quatre personnes feraient le malheur de quatre autres personnes peut-être, et que la faveur que vous ferait mon ami serait une injustice.

MADAME DE CHAMBLAY.

Pardon, pardon.

MAX.

Et, si par malheur (il faut tout prévoir) ce cinquante et unième était tué...

MADAME DE CHAMBLAY.

Oh! monsieur, de grâce, pas un mot de plus. (Elle se lève.) Et maintenant, je n'ai plus qu'une prière à vous faire.

MAX.

Laquelle, madame?

MADAME DE CHAMBLAY.

C'est de mettre la démarche que je viens de risquer si malencontreusement sur le compte de la légèreté de mon esprit et non sur celui de la défaillance de mon cœur. Je n'avais point réfléchi, voilà tout; je n'avais vu qu'une chose, sauver un pauvre garçon nécessaire à sa famille; cela ne se peut pas, n'en parlons plus : il y aura quatre malheureux de plus au monde, et, sur la quantité, il n'y paraîtra pas.

(Madame de Chamblay essuie une larme et fait un pas vers la porte.)

MAX.

Madame! (Madame de Chamblay s'arrête.) Seriez-vous assez bonne à votre tour pour m'accorder une faveur?

MADAME DE CHAMBLAY.

Moi, monsieur!

MAX.

Oui.

MADAME DE CHAMBLAY.

Laquelle?

MAX.

De vous asseoir et de m'écouter un instant. (Madame de Chamblay s'assied.) Je serais inexcusable, madame, de vous avoir parlé si brutalement, si je n'avais à vous proposer un moyen de tout concilier.

MADAME DE CHAMBLAY.

Lequel, monsieur?

MAX.

Il y a des commerçants qui vendent de la chair morte, madame, cela s'appelle des bouchers; il y en a d'autres qui vendent de la chair vivante, j'ignore le nom de ceux-là, mais je sais qu'ils existent. On peut acheter un homme à votre protégé.

   MADAME DE CHAMBLAY, avec un sourire triste.

J'y avais pensé, mais...

      MAX.

Mais ?...

   MADAME DE CHAMBLAY.

On ne peut pas toujours se passer le luxe d'une bonne action, monsieur, un remplaçant coûte deux mille francs; si ma fortune était à moi, ou plutôt si j'en avais la disposition, je n'hésiterais pas; par malheur, ma fortune est à mon mari, administrée par mon mari, et, comme ma sœur de lait n'est absolument rien à M. de Chamblay, je doute qu'il me permette de disposer de cette somme.

      MAX.

Madame, permettez-vous à un étranger de se substituer à vous et de faire à votre place la bonne action que vous ne pouvez faire?

   MADAME DE CHAMBLAY.

Je ne vous comprends pas, monsieur, car je ne suppose pas que vous me proposiez d'acheter un remplaçant à mon protégé.

   (Elle fait un mouvement pour se lever.)
   MAX, insistant.

Pardon, madame, et veuillez m'écouter jusqu'au bout. (Madame de Chamblay se rassied.) Sur un serment ou plutôt sur une promesse faite à ma mère, je n'ai jamais joué. Cette nuit, mon ami Alfred de Senonches m'a forcé de lui confier cinq louis pour les faire valoir; avec ces cent francs, il a gagné six à sept mille francs, dont une partie à votre mari probablement. Cet argent de jeu, je n'ai consenti à le recevoir qu'en le consacrant d'avance à une ou plusieurs bonnes actions. Dieu a pris note de cet engagement, puisqu'il vous envoie ce matin, madame, afin que je fasse à l'instant même l'application de ma promesse.

   MADAME DE CHAMBLAY, se levant.

Vous comprenez, monsieur, que je ne puis accepter une pareille offre.

      MAX.

Aussi, madame, ce n'est point à vous que je la fais ; vous me signalez où est la douleur que je puis guérir, où sont les larmes que je puis essuyer; j'y vais, j'essuie ces larmes, je guéris cette douleur, vous n'avez aucune reconnaissance personnelle à me vouer pour cela ; à la première quête que l'on fera pour une famille pauvre, pour une église à rebâtir, pour un emplacement de tombe à acheter, j'irai à mon tour chez vous, je vous tendrai la main, vous y laisserez tomber un louis, et vous m'aurez donné plus que je ne vous donne aujourd'hui, madame, puisque vous m'aurez donné un louis qui vous appartiendra, tandis que je vous donne deux mille francs que le hasard, un mot de vous me fera dire la Providence, a mis en dépôt entre mes mains.

MADAME DE CHAMBLAY.

Vous me donnez votre parole d'honneur, monsieur, que cet argent vient de la source que vous m'indiquez?.

MAX, montrant le tas d'or sur la table.

Le voilà, madame ; je ne sais même pas au juste la somme qui se trouve là, je ne l'ai point comptée, et je ne mentirais pas, croyez-le bien, même pour avoir le droit de faire une bonne action.

(Elle lui tend la main.)

MADAME DE CHAMBLAY.

Je n'ai pas le droit de vous empêcher de sauver une famille du désespoir, je vais vous envoyer mon protégé ou plutôt sa fiancée. Le bonheur du pauvre garçon sera plus grand, venant par elle.

MAX.

Je l'attends.

MADAME DE CHAMBLAY.

Oh! vous ne l'attendrez pas longtemps : elle était venue avec moi, dans la voiture, afin de savoir plus tôt la réponse de votre ami.

MAX.

Deux fois je vous ai retenue, madame ; mais, maintenant, je m'empresse de vous rendre votre liberté.

MADAME DE CHAMBLAY.

Ne m'en veuillez pas d'en profiter pour aller consoler ma pauvre affligée, qui, dans cinq minutes, sera ici, la joie dans les yeux et le rire sur les lèvres; vous allez faire le bonheur de toute une famille, monsieur; Dieu vous le rende !

(Elle sort.)

SCÈNE VI

MAX, seul. Après avoir conduit madame de Chamblay jusqu'à la porte, il reste appuyé contre la chambranle, comme ébloui.

Quel étrange chose, et que vient-il donc de se passer ? d'où vient le charme puissant qui m'enveloppe et ce bien-être qui semble un équilibre, inconnu jusqu'à présent, de toutes mes facultés ? Tous mes sens ont acquis un degré d'acuïté qui semble les rapprocher de la perfection ; je me sens heureux, sans que rien soit changé qui me promette le bonheur. Étrange nature que la nôtre !

SCÈNE VII

MAX, LE VALET DE PIED.

LE VALET DE PIED.

Une jeune paysanne qui vient de la part de madame de Chamblay demande à parler à M. le comte.

MAX.

Faites entrer.

SCÈNE VIII

MAX, ZOÉ.

MAX, à Zoé, qui s'arrête toute honteuse sur le seuil de la porte.
Entrez, mon enfant.

ZOÉ, balbutiant.

C'est vous le monsieur que...? c'est vous le monsieur qui...?

MAX.

Oui, ma belle fille, c'est moi le monsieur qui...

ZOÉ.

C'est que madame m'a dit une chose qui ne me paraît pas probable.

MAX.

Que vous a-t-elle dit ?

ZOÉ.

Elle m'a dit que vous me donniez deux mille francs pour acheter un homme à Gratien.

MAX, qui a distrait les deux mille francs du tas et qui les a comptés pendant ce temps.

C'est tellement possible, que les voici: tendez votre main. (Elle hésite.) Eh bien, vous voyez que c'est vous qui ne voulez pas.

(Elle tend la main, Max y dépose l'argent.)

ZOÉ.

Ah! mon Dieu, quelle grosse somme cela fait! si nous ne pouvions pas vous la rendre!

MAX.

Madame ne vous a-t-elle pas dit, mon enfant, que je ne vous la donnais qu'à la condition que vous ne me la rendriez pas?

ZOÉ.

Mais, monsieur, vous ne pouvez pas nous donner une pareille somme pour rien.

MAX.

Oh! je ne vous la donne pas pour rien, je vais vous la faire payer.

ZOÉ.

Seigneur Dieu! comment cela?

MAX.

En causant cinq minutes avec moi de quelqu'un qui vous aime beaucoup et que vous n'êtes point assez ingrate pour ne pas aimer de votre côté.

ZOÉ.

Je n'aime que deux personnes au monde, à part ma mère et ma petite sœur : c'est Gratien et madame de Chamblay, et encore je devrais dire madame de Chamblay et Gratien, car je crois que je l'aime encore mieux que lui.

MAX.

Eh bien, c'est de l'une de ces deux personnes que nous allons causer.

ZOÉ.

De laquelle?

MAX.

De madame de Chamblay.

ZOÉ.

Oh! bien volontiers, monsieur ; je l'aime tant, que c'est un bonheur pour moi de parler d'elle.

MAX.

Asseyez-vous, alors.

ZOÉ, s'asseyant.

Oh ! monsieur !

MAX.

Allez, allez.

ZOÉ.

Imaginez-vous que je ne l'ai jamais quittée, qu'elle a toujours été si bonne pour moi, que je ne sais pas si, en priant pour elle toute ma vie, je m'acquitterai jamais ! Vous regardez mon costume et vous le trouvez joli, n'est-ce pas ? c'est elle qui veut que je sois élégante, elle dit que cela la réjouit et qu'elle joue à la poupée avec moi comme lorsqu'elle était enfant ; tout cela, vous le comprenez bien, monsieur, ce sont des prétextes qu'elle prend pour me faire brave ; et elle a eu bien souvent des querelles avec monsieur, à cause de l'argent qu'elle dépensait pour ma toilette ; mais, sous ce rapport, elle a toujours pensé à moi avant de penser à elle.

MAX.

Mais madame de Chamblay m'avait dit que vous étiez sa sœur de lait, je crois.

ZOÉ.

Oui, monsieur, je suis sa sœur de lait, en effet.

MAX.

Alors, elle doit être plus jeune que vous.

ZOÉ.

De six mois.

MAX.

Cependant, à la première vue, elle m'a paru plus âgée.

ZOÉ.

Ah ! dame, monsieur, le chagrin, ça vieillit.

MAX, vivement.

Le chagrin ! madame de Chamblay a du chagrin ?

ZOÉ.

Oh ! quand je dis du chagrin, vous comprenez bien, monsieur, c'est des tracas que je devrais dire ; vous savez, ce n'est point une raison parce que l'on est riche pour que l'on soit heureux ; souvent l'argent, quoiqu'il soit bon parfois... (Elle regarde en riant l'or qu'elle tient dans sa main.), il y a d'autres moments où c'est la cause de bien des tristesses. Enfin, il y a un proverbe, n'est-ce pas ? qui dit : *La richesse ne fait pas le bonheur.*

MAX.

Hélas! oui, ma pauvre enfant, et je suis bien triste, croyez-moi, que ce proverbe s'applique madame de Chamblay.

ZOÉ.

Ah dame, monsieur, le Seigneur éprouve les bons.

MAX.

Y a-t-il longtemps que madame de Chamblay est mariée ?

ZOÉ.

Trois ans.

MAX.

Mariage d'inclination, sans doute ?

ZOÉ.

Hélas ! non...

(Elle se lève.)

MAX.

Mon enfant, j'ai voulu causer avec vous de madame de Chamblay, parce qu'elle m'a paru une personne charmante, mais je n'ai jamais eu l'intention de vous demander les secrets de votre bienfaitrice.

ZOÉ.

Et Dieu me garde, monsieur, de dire sur elle quelque chose qui ne soit pas à dire surtout! quant à ses secrets, que je ne connais pas plus que le reste de la maison, madame ne se plaignait jamais, ah! il serait bien heureux qu'elle rencontrât quelqu'un à qui les confier, un ami, un bon cœur ; cela la soulagerait, et je crois qu'elle a grand besoin d'être soulagée.

MAX.

Eh bien, soyez persuadée d'une chose, mon enfant, c'est que cet ami dont madame de Chamblay, selon vous, a si grand besoin, je serais heureux de l'être ; c'est que le cœur où elle aurait du bonheur à verser ses secrets, je serais heureux de le lui ouvrir. Je ne sais si l'occasion s'en présentera jamais, et, se présentant, si ce sera demain ou dans dix ans ; mais, le jour où elle cherchera cet ami, où elle demandera ce cœur, nommez-moi à elle. Dieu fera le reste, je l'espère.

ZOÉ ; elle regarde Max avec étonnement.

Eh bien, oui, monsieur, je vous nommerai à elle, car je suis sûre, à la façon dont vous le dites, que vous ferez pour elle, tout ce que ferait un frère.

MAX, lui posant la main sur l'épaule.

Garde cette croyance dans ton cœur, chère enfant, et, à l'heure du besoin, ne l'oublie pas.

ZOÉ.

Soyez tranquille ! Et maintenant, monsieur le comte, vous permettrez que je vous quitte; n'est-ce pas ? il faut que j'écrive à mon pauvre Gratien et qu'il connaisse tout son bonheur.

MAX.

Il n'est donc pas à Évreux, Gratien ?

ZOÉ.

Non, il est à Bernay, garçon menuisier chez le père Guillaume. Jésus Dieu! sera-t-il content ! (Regardant Max.) Ah! monsieur, quel malheur pour nous tous que ce ne soit pas vous qui...

MAX.

Eh bien, après?

ZOÉ.

Oh! rien, rien.

(Elle se sauve.)

SCÈNE IX

MAX, LE VALET DE PIED.

MAX, sonnant.

« A Bernay, garçon menuisier chez le père Guillaume. »

LE VALET DE PIED.

Monsieur a sonné ?

MAX.

Combien de lieues d'ici à Bernay ?

LE VALET DE PIED.

Six lieues, monsieur le comte.

MAX.

Faites-moi seller un cheval et prévenez le baron que je ne rentrerai pas dîner.

LE VALET DE PIED.

Georges accompagnera-t-il M. le comte ?

MAX.

Non, je sortirai seul.

ACTE DEUXIÈME

Le salon de madame de Chamblay.

SCÈNE PREMIÈRE

ZOÉ, MADAME DE CHAMBLAY.

ZOÉ, *traversant le théâtre et courant à la porte du boudoir.*
Madame! madame!

MADAME DE CHAMBLAY.

Ah! c'est vous enfin, c'est bien heureux! Et qu'avez-vous fait depuis trois heures que je vous ai laissée à la porte de la préfecture?

ZOÉ.

Oh! beaucoup de bonnes choses; d'abord, quel homme charmant que M. Max et comme il vous aime, madame!

MADAME DE CHAMBLAY.

Plait-il, mademoiselle?

ZOÉ.

Oh! pardon, pardon! mais est-ce que tout le monde ne vous aime pas! est-ce qu'il ne suffit pas de vous voir pour vous aimer!

MADAME DE CHAMBLAY.

Assez. Qu'avez-vous fait?

ZOÉ.

J'ai d'abord reçu les deux mille francs qu'il m'a donnés.

MADAME DE CHAMBLAY.

Étrange cadeau!

ZOÉ.

La première chose que j'ai faite, vous comprenez bien, madame, lorsque j'ai eu la somme, a été de l'envoyer à Gratien en lui annonçant la bonne nouvelle; puis j'ai pensé qu'il y avait de par le monde une pauvre vieille femme qui devait être fièrement inquiète de son côté.

MADAME DE CHAMBLAY.

Ma pauvre Joséphine! j'y avais pensé de mon côté. Et tu lui as écrit?

ZOÉ.

Eh! vous savez bien qu'elle ne sait pas lire, la pauvre vieille. J'ai fait mieux que cela.

MADAME DE CHAMBLAY.

Je comprends, tu y as été?

ZOÉ.

J'ai sauté dans une petite voiture, et, comme Juvigny est à trois lieues et que le chemin est beau, au bout d'une heure j'entrais chez elle en riant : « Mère, c'est Zoé. — Et madame, a-t-elle dit tout de suite, où est-elle? — Ah dame, ai-je répondu, comme elle n'a pas si bon maître que j'ai bonne maîtresse, elle n'a pas pu venir. »

MADAME DE CHAMBLAY.

Taisez-vous, Zoé!

ZOÉ.

Hélas! madame, je voudrais bien me taire, mais il y a cependant une chose qu'il faut que je vous dise.

MADAME DE CHAMBLAY.

Laquelle?

ZOÉ.

La mère Joséphine était inquiète.

MADAME DE CHAMBLAY.

De quoi?

ZOÉ.

Voilà trois ou quatre personnes qui viennent visiter Juvigny avec une autorisation de M. Desbrosses, le notaire de monsieur, comme si la terre et le château étaient à vendre.

MADAME DE CHAMBLAY.

Que me dis-tu là!

ZOÉ.

Je vous répète ce qu'a dit la mère; elle en avait les larmes aux yeux, pauvre femme!

MADAME DE CHAMBLAY.

Oh! cela ne se peut pas! la seule terre qui reste de ma dot..., il n'en aurait pas le courage.

ZOÉ.

N'est-ce pas la troisième qu'il vend ainsi?

MADAME DE CHAMBLAY.

Oui, je sais bien que je suis ruinée ; mais je croyais qu'il n'oserait pas toucher à cette pauvre petite terre de Juvigny où je suis née, où j'ai été élevée, et qui n'était qu'un débris

de notre fortune. En vérité, il y a des choses sacrées, et qu'un malfaiteur lui-même respecterait. Juvigny était une de ces choses-là ! — Et tu dis que ta mère...?
ZOÉ.
Silence !...

SCÈNE II

Les Mêmes, un Valet de chambre, puis M. DE CHAMBLAY.

LE VALET DE CHAMBRE.
M. de Chamblay fait demander si madame veut lui accorder quelques minutes d'entretien.
MADAME DE CHAMBLAY.
M. de Chamblay sait qu'il peut se présenter chez moi à toute heure, et qu'il y sera toujours le bienvenu. (Le Valet sort. — A Zoé.) Ne me quitte pas que je ne te le dise.

SCÈNE III

Les Mêmes, M. DE CHAMBLAY.

M. DE CHAMBLAY, à sa femme qui se lève.
Ne vous dérangez point, madame, je vous prie. (Lui prenant la main et la baisant.) Seulement, éloignez votre femme de chambre, j'ai à vous parler d'affaires.
MADAME DE CHAMBLAY.
Zoé, monsieur désire que vous nous laissiez seuls.
ZOÉ.
Je croyais que madame avait dit...
MADAME DE CHAMBLAY.
Laisse-nous, mon enfant.

(Zoé sort.)

SCÈNE IV

M. DE CHAMBLAY, MADAME DE CHAMBLAY.

MADAME DE CHAMBLAY.
En vérité, monsieur, votre visite est accompagnée d'une telle solennité, que j'en suis presque effrayée.
M. DE CHAMBLAY.
Effrayée, et pourquoi?

MADAME DE CHAMBLAY.

Mais parce que vous n'avez point l'habitude de me faire demander la permission d'entrer chez moi ; vous y venez, monsieur, et je vous reçois du mieux que je puis

M. DE CHAMBLAY.

Je craignais de ne pas vous trouver seule.

MADAME DE CHAMBLAY.

C'eût été un bien grand hasard; vous savez que je vis le plus retirée que je puis.

M. DE CHAMBLAY.

Je voulais vous prier de me rendre un service, madame.

MADAME DE CHAMBLAY.

Parlez !

M. DE CHAMBLAY.

Hier, à la soirée du préfet, à laquelle je regrette que vous n'ayez pu assister et qui a été splendide, j'ai joué malheureusement.

MADAME DE CHAMBLAY.

Comme toujours !

M. DE CHAMBLAY.

Oui, c'est vrai, madame ; mais, la somme n'étant pas très-forte, j'ai pu avec mes propres ressources, à peu de chose près, atteindre le chiffre; cependant, comme il me manque cinq cents francs et que je ne voudrais point pour une pareille bagatelle déranger un ami, je vous viens demander si vous n'auriez pas, sur vos économies, vingt-cinq louis à me prêter.

MADAME DE CHAMBLAY.

Mes économies sont faibles, monsieur, car il y a longtemps, vous le savez, que vous ne me donnez plus les dix mille francs que mon contrat de mariage m'assurait tous les mois; cependant, si je n'ai pas entière la somme qu'il vous faut, je dois en approcher. (Elle se lève et va prendre son porte-monnaie sur la cheminée.) Voyez ce qu'il y a dans mon porte-monnaie, monsieur.

M. DE CHAMBLAY.

Dix louis.

MADAME DE CHAMBLAY.

Ayez la bonté de les prendre. Je dois avoir un billet de deux cents francs dans ce secrétaire. Attendez... Le voici.

M. DE CHAMBLAY.

Merci, madame.

MADAME DE CHAMBLAY.

C'est tout ce que j'ai.

M. DE CHAMBLAY.

Dans votre nécessaire?

MADAME DE CHAMBLAY.

Oui, peut-être, vous avez raison, un louis ou deux, voyez vous-même.

M. DE CHAMBLAY.

Trois louis; il me manque encore deux louis.

MADAME DE CHAMBLAY.

Il m'est impossible de vous les donner, monsieur.

M. DE CHAMBLAY.

Vous êtes sûre?

MADAME DE CHAMBLAY.

Oh! je vous en donne ma parole; ainsi regardez-moi donc comme complétement dépouillée, et, s'il vous reste quelque argent...

M. DE CHAMBLAY.

Soyez tranquille, madame, la veine ne me sera pas toujours contraire, et, la première fois que le sort me favorisera... En attendant, je vous remercie.

(Il fait quelques pas vers la porte.)

MADAME DE CHAMBLAY.

Monsieur!...

M. DE CHAMBLAY.

Vous m'appelez?

MADAME DE CHAMBLAY.

Je voudrais vous faire une question.

M. DE CHAMBLAY.

Faites.

MADAME DE CHAMBLAY

Je n'ose.

M. DE CHAMBLAY.

Bon, quelle sottise!

MADAME DE CHAMBLAY.

Est-il vrai que vous ayez l'intention de vous défaire de la petite terre de Juvigny?

M. DE CHAMBLAY.

Peut-être y serai-je forcé, madame, mais rien n'est encore

arrêté dans mon esprit à ce sujet; d'ailleurs, si cette nécessité se présente, vous en serez avertie, puisque cette terre vient de vous et que je ne puis rien faire sans votre signature.

LE VALET DE PIED, annonçant.

M. le baron Alfred de Senonches.

MADAME DE CHAMBLAY.

Le préfet !

M. DE CHAMBLAY, au Valet.

Un instant ! (A sa femme.) A propos, j'avais oublié de vous dire que, sur mes invitations réitérées, M. de Senonches vient faire l'ouverture de la chasse à Bernay; en esclave des convenances, invité d'hier, il vient me faire une visite aujourd'hui; c'est un homme charmant, que M. de Senonches très-riche, très-puissant, et qui peut m'être d'une grande utilité. Je vous invite donc, et au besoin je vous prie, de lui faire votre meilleur visage; votre exquise délicatesse vous dira jusqu'où votre amabilité peut aller; au reste, vous savez que je ne suis pas jaloux. — Faites entrer M. le préfet, en mon absence; vous entendez, en mon absence; madame de Chamblay veut bien le recevoir.

MADAME DE CHAMBLAY.

Monsieur !...

M. DE CHAMBLAY, au Valet.

Faites ce que je dis.

(Il sort.)

MADAME DE CHAMBLAY.

O mon Dieu ! j'espère ne pas avoir compris !...

SCÈNE V

MADAME DE CHAMBLAY, LE BARON.

LE VALET, annonçant.

M. le baron Alfred de Senonches.

(Il sort.)

LE BARON, entrant.

Madame...

MADAME DE CHAMBLAY.

Monsieur...

(Elle lui montre une chaise.)

LE BARON.

J'apprends que M. de Chamblay est absent, je ne demandais point son absence, et, cependant, je m'en félicite; elle me permet, madame, de vous demander plus librement quel était le motif de votre visite, car j'ai appris par mes gens que vous m'aviez fait l'honneur de venir chez moi et que vous y aviez été reçue par le comte Max, mon ami.

MADAME DE CHAMBLAY.

C'est vrai, monsieur; mais j'eusse cru que votre ami se fût empressé de vous raconter lui-même quel service je venais vous demander et la délicatesse avec laquelle il s'était empressé de me le rendre.

LE BARON.

Il faudrait pour cela que je l'eusse vu, madame; mais, en vous quittant, il a fait seller un cheval, a demandé combien il y avait de lieues d'Évreux à Bernay, et est parti en me prévenant de ne point l'attendre pour dîner. Il n'y a donc rien d'étonnant à ce que je vienne vous demander si ce que vous désiriez a été fait, et s'il ne me reste pas, à moi, quelque chose à faire.

MADAME DE CHAMBLAY.

Rien, monsieur, et votre ami a été bien au delà de mes souhaits. Il me reste maintenant à savoir s'il m'a dit la vérité en me parlant d'une somme de six à sept mille francs que vous aviez gagnée pour lui, au jeu, pendant qu'il dormait.

LE BARON.

Rien n'est plus vrai, madame.

MADAME DE CHAMBLAY.

Mais, excusez ma question peut-être un peu indiscrète, comment votre ami dormait-il, tandis que l'hôtel de la préfecture était en fête?

LE BARON.

Ah! madame, parce que mon ami n'est ni de ce monde, ni de ce siècle; mon ami est un des sept sages de la Grèce, tout simplement; est-ce que ces choses-là ne se voient pas sur le visage?

MADAME DE CHAMBLAY.

Mais, alors, il doit très-mal s'accorder de la vie toute de fêtes que vous menez?

LE BARON.

Aussi a-t-il été se coucher comme un pensionnaire, à minuit sonnant.

MADAME DE CHAMBLAY.

Au reste, M. de Chamblay, qui est difficile en pareille matière, m'a raconté, monsieur, avec quelle courtoisie et quelle somptuosité vous recevez vos convives.

LE BARON.

Je vais vous avouer tout simplement la chose, madame : je veux les corrompre.

MADAME DE CHAMBLAY.

Les corrompre ! et comment cela ?

LE BARON.

Je viens d'avoir trente ans et je compte me présenter aux prochaines élections.

MADAME DE CHAMBLAY.

Vous êtes ambitieux, monsieur ; c'est votre droit, et, avec le mérite que vous avez, je dirai presque que c'est votre devoir.

LE BARON.

Hélas ! madame, j'ai d'abord eu l'orgueil de vouloir être *quelqu'un*, préférant une grande personnalité à une haute position ; une douleur, qui eût fait de moi un homme de génie, si j'eusse été destiné à le devenir, a été la pierre de touche qui m'a prouvé que je devais me contenter d'être *quelque chose*. J'ai trois tantes, dont je suis l'héritier unique, mais non absolu ; ce sont mes trois Parques, elles me filent des jours d'or et de soie ; seulement, il y en a une qui se tient toujours prête à couper le fil si je ne suis pas une carrière. Or, vous vous figurez bien que ce n'est pas avec mes vingt mille livres de rente et mes quinze ou dix-huit mille francs d'appointements que j'ai six chevaux dans mon écurie, quatre voitures sous mes remises, un cocher, un valet de chambre, un piqueur, un cuisinier, trois ou quatre autres domestiques dont je ne sais pas même les noms, et que je donne des fêtes qui méritent les suffrages d'un homme de l'élégance de M. de Chamblay ; non, ce sont mes trois tantes qui se chargent de cela, toujours à la condition que je serai *quelque chose*. Elles se sont cotisées, elles ont mis une espèce d'intendant près de moi, et, en attendant qu'elles me laissent les deux cent mille francs de rente qu'elles possèdent à elles trois, elles consacrent six mille francs par-mois à l'entretien de ma maison, de sorte que mes vingt mille livres de rente et mes quinze mille francs d'appointements me restent intacts comme argent de poche... Elles ont du bon, en somme, les vieilles dames!... Ah! vous comprenez que je leur fais payer à part mes dîners officiels; mais j'ai, dans ce cas, pour elles, une attention qui les touche infiniment : comme nous sommes voisins, je leur envoie la carte, un dessin de la table que je fais moi-même avec l'ordre du service et le nom des convives aristocratiques auxquels j'ai l'honneur de faire manger leur argent; moyennant cette attention, je pourrais donner un grand dîner par semaine, mais je n'ai garde!

MADAME DE CHAMBLAY.

Je comprends, cela vous ennuie.

LE BARON.

Non pas précisément, madame; manger n'est pas plus ennuyeux qu'autre chose, quand on mange bien; mais je m'userais comme homme politique et je n'aurais plus de moyen d'action dans les grandes circonstances. Il faut se ménager. Êtes-vous gourmande, vous, madame?

MADAME DE CHAMBLAY.

Moi? Oh! grand Dieu, non, monsieur.

LE BARON.

Tant pis, madame! c'est une ressource qui vous manquera si jamais vous avez, ce qui n'est pas probable, des chagrins de cœur.

MADAME DE CHAMBLAY, souriant.

Mais, d'après ce que vous me dites, monsieur, vous devez être l'homme le plus heureux de la terre.

LE BARON.

A ce point que vous ne pouvez pas vous douter de mon bonheur, madame.

MADAME DE CHAMBLAY.

Mais ce bonheur ne saurait être complet, s'il n'est point partagé.

LE BARON.

Comment entendez-vous cela?

MADAME DE CHAMBLAY.

Je dis que vous allez être le point de mire de toutes les mères, grand'mères et aïeules, ayant une fille, une petite-fille ou une arrière-petite-fille à marier.

LE BARON.

Ah! de ce côté, madame, je suis invulnérable.

MADAME DE CHAMBLAY.

Mais vos tantes ?

LE BARON.

Je leur ai fait entendre que je ne devais aimer personne, pour qu'elles restassent mon seul amour.

GRATIEN, dans l'antichambre.

Ah! tant pis! madame me pardonnera, je suis trop heureux, trop joyeux, trop amoureux!

SCÈNE VI

LES MÊMES, GRATIEN, se précipitant en scène.

Ah! madame, chère madame, bonne maîtresse!

(Il se jette à ses genoux et lui baise la main.)

MADAME DE CHAMBLAY.

Excusez cet homme, comme je l'excuse, monsieur, car vous êtes pour quelque chose dans sa folie.

LE BARON.

Moi ?

MADAME DE CHAMBLAY.

Oui, puisque c'est vous qui avez, en jouant pour votre ami, le comte Max, gagné l'argent avec lequel il se sauve de la conscription. Cela fait du bien au cœur, monsieur le baron, de voir des gens heureux.

LE BARON.

Je me félicite du changement qui s'est fait en vous pendant ma visite : je vous ai trouvée avec des larmes de tristesse dans les yeux, et je vous laisse versant des larmes de joie.

(Il salue et sort. Pendant que madame de Chamblay fait deux pas pour le reconduire, Zoé paraît.)

SCÈNE VII.

LES MÊMES, ZOÉ.

ZOÉ.

Ah! c'est la voix de Gratien! madame, vous permettez?

MADAME DE CHAMBLAY.

Oui, pauvres enfants, soyez heureux. Le bonheur des autres est le plus doux rêve de ceux qui ne peuvent plus espérer le bonheur pour eux.

(Elle sort.)

SCÈNE VIII

GRATIEN, ZOÉ.

GRATIEN.

Eh bien, en voilà un événement, ma petite Zoé !

ZOÉ.

Ne m'en parle pas, je n'en suis pas encore revenue.

GRATIEN.

Et ce comte, ce vicomte, ce M. Max, il a donné comme cela deux mille francs sans... rien demander ?

ZOÉ.

Sans rien demander.

GRATIEN.

Mais d'où vient-il ? d'où sort-il ? où en fait-on des citoyens comme celui-là.

ZOÉ.

Mais il me semble que je t'avais dit dans ma lettre que ce n'était pas à moi qu'il les avait donnés, en réalité ; que c'était à madame.

GRATIEN.

C'est à madame, c'est à madame... Et pourquoi les a-t-il donnés à madame ?

ZOÉ.

Est-ce que tu ne lui donnerais pas deux mille francs, toi, si tu les avais ?

GRATIEN.

Moi ? Mais je lui donnerais ma vie. Eh bien, non, pas maintenant !... mais je la lui aurais bien donnée hier, quand je croyais être soldat.

LE VALET.

M. le comte Max de Villiers fait demander si madame est visible.

ZOÉ.

Oui, oui, je vais prévenir madame. — Reste ici, toi, et remercie-le bien en nous attendant.

LE VALET.

M. le comte Max de Villiers.

ZOÉ.

Venez, monsieur le comte, venez. Tenez, voilà Gratien qui accourt tout exprès de Bernay pour vous remercier.

(Elle sort.)

SCÈNE IX

MAX, GRATIEN.

MAX.

Eh bien, c'est donc vous, monsieur le conscrit!

GRATIEN.

Oh! conscrit, c'était bon ce matin; ce soir, grâce à vous, je ne le suis plus.

MAX.

Comment, vous ne l'êtes plus? vous avez déjà trouvé un remplaçant?

GRATIEN.

Oui-da! est-ce qu'avec de l'argent on ne trouve pas tout ce qu'on veut! Il y avait Jean-Pierre, le fils au père Dubois, qui a pris le numéro 120; il n'y a pas de danger que ça monte jusqu'à lui. Son père lui a inculqué dans l'esprit qu'il voulait être soldat, il l'a cru; de sorte que nous avons traité pour dix-sept cents francs, c'est trois cents francs que Zoé a à vous remettre.

MAX.

Comment, son père lui a inculqué dans l'esprit qu'il voulait être soldat? qu'entendez-vous par ces paroles?

GRATIEN.

J'entends qu'il lui a fait accroire qu'il avait le goût militaire.

MAX.

Et dans quelque but?

GRATIEN.

Oh! c'est un malin, le père Dubois!

MAX.

C'est un malin?...

GRATIEN.

Oui, un finaud.

MAX.

Comment cela?

GRATIEN.

Un madré, quoi!

MAX.

J'entends bien; mais pourquoi est-ce un madré, un finaud, un malin?

GRATIEN.

Il ne connaît que la terre, lui.

MAX.

Je ne vous comprends pas davantage, mon ami.

GRATIEN.

Je me comprends, moi.

MAX.

Peut-être n'est-ce point assez, puisque nous causons ensemble.

GRATIEN.

C'est vrai, mais le père Dubois!... qu'est-ce que cela vous fait, à vous qui êtes de la ville, un pauvre paysan de la campagne?

MAX.

Cela me fait beaucoup, j'aime à m'instruire.

GRATIEN.

Ah! vous vous gaussez, comme si je pouvais apprendre quelque chose à un homme comme vous!

MAX.

Vous pouvez m'apprendre ce qu'est le père Dubois.

GRATIEN.

Oh! je vous l'ai dit, et je ne m'en dédis pas.

MAX.

Diable de Normand, va!... Vous m'avez dit que c'était un malin, un finaud, un madré qui ne connaissait que la terre.

GRATIEN.

C'est la vérité pure.

MAX.

Fort bien; mais la vérité pure est dans son puits, faites-l'en sortir.

GRATIEN.

Oh! ce n'est pas pour dire du mal de lui, mais c'est son caractère, à cet homme; c'est le troisième qu'il a sous les drapeaux, ou, pour mieux dire, qu'il avait: les deux premiers ont été tués en Afrique.

MAX.

Ah çà! mais ce n'est point le père Dubois, ce gaillard-là, c'est le père Horace.

GRATIEN.

Eh non! c'est le père Dubois.

MAX.

Je veux dire qu'il est patriote.

GRATIEN.

Lui, patriote? Ah bien, oui! il s'inquiète bien de cela! il s'inquiète de la terre.

MAX.

Oui, de la terre de la patrie.

GRATIEN.

Mais non, de sa terre à lui! il s'arrondit, cet homme, ça lui fait ses douze arpents.

MAX.

Ah! oui, je comprends.

GRATIEN.

Voyez-vous, sa terre, c'est sa vie; sa femme, ses enfants, sa famille. qu'est-ce que cela lui fait? rien de rien, quoi! sa terre avant tout. Le matin, dès cinq heures, il est dans sa terre, jetant dans le champ de son voisin chaque pierre qu'il trouve dans le sien... Selon la saison, il ensemence, il laboure, il moissonne... Il déjeune sur sa terre, il dîne sur sa terre; un jour, il y couchera. Le dimanche, il se fait beau, il va à la messe; pour qui croyez-vous qu'il prie le bon Dieu?... pour l'âme de son père et de sa mère, pour les morts, pour les vivants?... Bon! il prie pour sa terre, pour qu'il n'y ait pas d'orages, pour qu'il n'y ait pas de grêle, que ses pommiers ne soient pas gelés, que les blés ne soient pas versés; puis, la messe dite, quand chacun se repose ou s'amuse, il prend le chemin de sa terre.

MAX.

Comment! il travaille le dimanche?

GRATIEN.

Non, il ne travaille pas, il s'amuse, il esherbe, il guette les mulots, il extermine les taupes; c'est sa jouissance, à cet homme, il n'a que celle-là, mais il paraît qu'elle lui suffit. Il a vendu ses deux garçons et il a acheté de la terre avec le prix de la vente; il leur a dit: « Ne vous inquiétez donc pas! après moi, vous aurez ma terre... Ils l'ont, leur terre, et avant lui, là-bas, en Afrique.

MAX.

Les malheureux! vous dites qu'ils ont été tués?

GRATIEN.

Ça ne fait rien, la terre est restée, elle. Il y a trois ans qu'il soigne Jean-Pierre, qu'il le regarde grandir et qu'il dit à tout le monde : « Voyez le beau cuirassier que cela fera pour le gouvernement. » C'est au point qu'on n'appelle, à Bernay, Jean-Pierre que *le Cuirassier*. Un mois avant le tirage, il mettait tous les jours un cierge à Notre-Dame de la Culture pour qu'elle glissât un numéro dans la main de son fils, non pas afin qu'il ne partît point, mais afin qu'il pût se vendre comme ses deux frères s'étaient vendus, et il a eu une chance, le vieux gueux ! Le premier avait pris le numéro 99, le second le 107 : le troisième a pris le 120 ; s'il en avait un quatrième, il prendrait le 150.

MAX.

Et alors, vous avez traité, c'est fini, signé ?

GRATIEN.

Parafé par-devant notaire, pour dix-sept cents francs une fois donnés ; c'est trois cents francs que Zoé vous redoit.

MAX.

Et vous, mon ami, êtes-vous aussi un adorateur de la terre, comme le père Dubois ?

GRATIEN.

Non, je suis comme les oiseaux du bon Dieu, je vis de ce qui pousse sur la terre des autres.

MAX.

Et, comme les oiseaux, vous vivez en chantant.

GRATIEN.

Le plus que je peux ; mais, depuis quinze jours, je dois le dire, je ne chantais plus, je déchantais.

MAX.

Cependant, vous exercez une industrie quelconque ?

GRATIEN.

Je cultive la varlope et fais fleurir le rabot ; je suis garçon menuisier chez le père Guillaume, et j'attends, en gagnant cinquante sous par jour, qu'un oncle, que je n'ai pas, meure en Amérique ou dans les Indes en me laissant mille écus pour m'établir à mon compte.

MAX.

De sorte qu'avec mille écus, vous vous établiriez ?

GRATIEN.

Ah ! oui, grandement, et il y aurait encore du reste pour

un lit de noce, et solide !... mais, n'ayant pas d'oncle...

MAX.

Vous n'avez pas d'oncle, c'est vrai, mais vous avez madame de Chamblay, qui aime beaucoup votre femme et qui est riche.

GRATIEN.

Oui ; seulement, elle ne tient pas les cordons de la bourse, pauvre chère créature ! sans cela, ce n'est pas vous qui auriez acheté Jean-Pierre, c'est elle. Je ne vous en suis pas moins reconnaissant pour cela, croyez-le bien, attendu que dix-sept cents francs, ça ne se trouve pas dans un tas de copeaux ! car, au fait, il n'a coûté que dix-sept cents francs, ce qui fait que Zoé aura trois cents francs... Ah ! voilà madame.

SCÈNE X

Les Mêmes, MADAME DE CHAMBLAY.

MADAME DE CHAMBLAY.

Pardon, monsieur, de vous avoir fait attendre, mais je voulais donner à ce brave garçon le soin de vous exprimer sa gratitude et à vous le temps de reconnaître que votre bienfait était bien placé.

GRATIEN.

Oh ! pour un bienfait bien placé, c'est un bienfait bien placé !

(Gratien salue et se retire.)

MADAME DE CHAMBLAY.

Eh bien, monsieur, mon pauvre Gratien ?

MAX.

Ah ! madame, je le connaissais avant de l'avoir vu.

MADAME DE CHAMBLAY.

Comment cela ?

MAX.

J'arrive de Bernay.

MADAME DE CHAMBLAY.

Je savais que vous y étiez allé.

MAX.

Oh ! mon Dieu, et comment cela ?

MADAME DE CHAMBLAY.

Par votre ami, M. de Senonches, qui est venu faire une visite à mon mari.

MAX.

Mon Dieu, madame, peut-être, comme le baron, eussé-je demandé M. de Chamblay, n'ayant reçu de vous aucune autorisation de me présenter ici ; mais c'était vous surtout que je désirais voir.

MADAME DE CHAMBLAY.

Moi, monsieur ?

MAX, souriant.

Aimez-vous mieux que j'emploie une autre locution ? c'était à vous que j'avais affaire.

MAMAME DE CHAMBLAY.

Dites !...

MAX.

Quand vous avez bien voulu permettre que je fusse pour quelque chose dans le salut de vos protégés, j'ai eu l'honneur de vous dire qu'à la première occasion qui se présenterait de faire une bonne action, je penserais à vous.

MADAME DE CHAMBLAY.

Mon Dieu !...

MAX.

Cette occasion est venue. Vous connaissez, près de Bernay, confinant à vos terres, le petit village du Hameau ; un incendie a réduit en cendres les six ou sept maisons qui le composaient ; j'ai rencontré le curé de Notre-Dame de la Culture qui faisait une quête pour les malheureux incendiés, je lui ai remis mon aumône, et, tout heureux d'avoir cette occasion de vous voir, je viens vous demander la vôtre.

MADAME DE CHAMBLAY tire une bague de son doigt et la donne
à Max.

Tenez, monsieur, voici mon aumône... Vous me refusez ?

MAX.

Non, madame, mais je ne vous comprends pas ; cette bague vaut mille francs. (Voyant que madame de Chamblay continue de lui tendre la bague.) Ce que je venais vous demander, c'était une simple aumône, comme on la met dans la bourse d'une quêteuse, un louis par exemple.

MADAME DE CHAMBLAY.

Monsieur de Villiers, à un homme comme vous on peut tout dire, à un cœur comme le vôtre on peut tout confier.

MAX.

Dites, madame.

MADAME DE CHAMBLAY.

Eh bien, il y a des moments où il est plus facile à une femme qui ne dispose pas de sa fortune, de donner une bague de mille francs que de donner un louis.

(Elle sort en appuyant son mouchoir sur ses yeux.)

SCÈNE XI

MAX, seul.

Ah! mon Dieu, est-il possible qu'une femme qui a apporté deux millions de dot à son mari, n'ait pas, au bout de trois ans de mariage, un louis à donner à des incendiés?... Et elle ne se plaint pas, elle ne le maudit pas, elle se contente de pleurer... Mais c'est donc un ange que cette femme!

SCÈNE XII

MAX, ZOÉ.

ZOÉ.

Ah! monsieur le comte! monsieur le comte!

MAX.

Qu'y a-t-il?

ZOÉ.

La terre de Juvigny dont elle porte le nom... le château où elle est née, où sa mère est morte... terre et château, il a tout mis en vente sans l'en prévenir.

MAX.

Ni l'un ni l'autre ne sont encore vendus, n'est-ce pas?

ZOÉ.

Non; mais, d'un moment à l'autre, aujourd'hui, demain, ils peuvent l'être.

MAX.

Et quel est le notaire chargé de la vente?

ZOÉ.

M. Desbrosses, à Alençon.

MAX, à part.

Oh! j'aurai bien du malheur si je ne lui rends pas la clef de Juvigny en échange de cette bague... (Il baise la bague.) Merci, Zoé, merci, mon enfant!...

(Il sort.)

ACTE TROISIÈME

Un jardin, maison au fond.

SCÈNE PREMIÈRE

MAX et MAITRE BLANCHARD, sous une tonnelle.

BLANCHARD.

Vous avez visité la maison?

MAX.

Oui.

BLANCHARD.

Vos ordres ont été ponctuellement exécutés ?

MAX.

Ponctuellement ; merci.

BLANCHARD.

Voici l'acte.

MAX.

Et voici les trois cents francs. (Il lit bas.) Zoé et Gratien, c'est cela. La maison devient ainsi un bien de communauté, n'est-ce pas ?

BLANCHARD.

De communauté. Le père Dubois réclame trois cents francs d'épingles pour sa nièce, il dit que vous les lui avez promis.

MAX.

Oui, mais c'est à vous que je les confie pour sa nièce et non pour lui. Placez-les, faites-les valoir, et, le jour de son mariage ou de sa majorité, remettez le tout à la jeune fille, capital et intérêts.

BLANCHARD.

C'est le père Dubois qui va être bien attrapé !

MAX.

Oui, il comptait tout garder pour lui, n'est-ce pas ?

BLANCHARD.

Parbleu!... — Pardon, monsieur le comte, mais voici quelqu'un qui désire, je crois, vous parler.

MAX, apercevant le baron.

Alfred!...

SCÈNE I

LES MÊMES, LE BARON.

LE BARON.
Achève ce que tu as à faire, j'ai le temps.
MAX.
Non, j'ai fini. — Merci, monsieur Blanchard.
BLANCHARD.
Monsieur le comte...

(Il sort.)

SCÈNE III

LE BARON, MAX.

MAX.
Par quel hasard, ici?

LE BARON.
Je fais une tournée départementale. Je me suis dit : « Puisque Max est à Bernay, je vais lui souhaiter le bonjour en passant. »

MAX.
Comment savais-tu que j'étais ici?

LE BARON.
Je t'ai fait espionner.

MAX.
Comment, tu m'as fait espionner?

LE BARON.
Oui, je m'essaye.

MAX.
Je ne comprends pas.

LE BARON.
Non, mais tu vas comprendre. (Il s'assied.) Tu vois un homme qui cultive, dans ce moment-ci, le champ planté d'arbres à pommes d'or qu'on appelle l'élection. Un des députés du département de l'Eure est mort, je me mets sur les rangs pour le remplacer; j'ai déjà fait ma circulaire, je promets à mes mandataires des chemins de fer, des ponts, des canaux; je

3.

vais faire d'Évreux une Venise, et de Louviers un Manchester ; une fois nommé, tu comprends bien que je rentrerai dans les bornes d'un budget de huit cent millions. Avec mes talents administratifs et mon éloquence tribunitienne, je ne serai pas longtemps simple député, je serai de toutes les commissions, on me nommera du conseil d'État ; puis, au premier changement de ministre, j'attraperai un portefeuille. Le portefeuille qui convient à un grand administrateur comme moi, c'est celui de l'intérieur ; le ministre de l'intérieur est le véritable préfet de police, l'autre n'est que son lieutenant. Voici ce que je me suis dit : « J'ai avis que M. le comte Max de Villiers conspire contre le gouvernement. »

MAX.

Moi, je conspire contre le gouvernement ?

LE BARON.

Laisse-moi donc continuer !... Je ne dis pas que tu conspires, je dis que j'ai reçu avis que tu conspirais : eh bien, c'est mon devoir de te convaincre de conspiration ou de t'innocenter. Je lâche donc contre toi mes limiers ; il faut que je sache ce que tu fais, jour par jour, heure par heure, minute par minute ; veux-tu voir, dans mon dossier, le rapport qui m'a été envoyé sur tes faits et gestes depuis que tu as quitté la préfecture, le 29 juillet ?

MAX.

Ma foi, oui, cela m'intéressera.

LE BARON, consultant son carnet.

Attends !... « Parti pour Alençon le 29 juillet ; le même jour, fait visite à un notaire nommé Desbrosses, fort connu pour ses opinions avancées... » Tu vois que les premiers indices sont contre toi.

MAX.

Mais, mon cher Alfred, je n'allais pas chez M. Desbrosses pour y parler politique ; j'y allais...

LE BARON.

Oh ! si tu me dis pourquoi tu y allais, je n'aurai plus le mérite de l'avoir deviné.

MAX.

Continue, alors.

LE BARON.

« Comme la conversation a eu lieu en tête-à-tête, on ne sait pas si le comte Max de Villiers a parlé politique ; mais le résultat visible de l'entretien a été l'achat du château de Juvigny, où est née madame de Chamblay et que son mari a vendu en vertu d'une procuration générale qui expirait le lendemain. Le soir même, M. le comte Max de Villiers est parti pour Paris et en est revenu avec cent vingt mille francs, prix de la terre et du château achetés par lui. » Est-ce exact ?

MAX.

Ma foi, oui, je vous en fais mon compliment, monsieur le futur ministre de l'intérieur.

LE BARON.

Ah !... « Pris une voiture à Alençon ; s'est fait conduire à Juvigny, y est arrivé vers trois heures de l'après-midi, a visité le château, accompagné d'une vieille femme nommée Joséphine, nourrice de madame de Chamblay, est resté deux heures dans la chambre bleue, dite de la Vierge, où est née et où a été élevée madame de Chamblay ; a couché dans la chambre verte, est reparti le lendemain après avoir fait une nouvelle station dans la chambre bleue. » As-tu fait une station dans la chambre bleue ?

MAX.

Mon cher, continue, tu es dans mon esprit à la hauteur de M. Lenoir.

LE BARON.

« De retour à Évreux après six jours d'absence, a fait, le jour même de son arrivée, estimer une bague chez M. Bochard, joaillier dans la Grande-Rue, mais, au lieu de la vendre, a acheté une chaîne de Venise et a pendu la bague à son cou. »

MAX, rougissant.

Alfred !...

LE BARON.

Je ne te demande pas si c'est vrai ou non, je te lis mon rapport. Hum !... « Reparti pour Bernay, loge au *Lion d'or*, achète chez M. Blanchard la petite maison, n° 12, rue de l'Église, appartenant au père Dubois ! » C'est celle-ci... Attends donc, je ne suis pas au bout... « Parti pour Lisieux, y a acheté des instruments de menuiserie et des meubles. » Suit le détail des instruments et des meubles que tu as achetés ; veux-tu le vérifier ?

MAX.

Non, inutile! tu montes pour moi à la hauteur de M. de Sartines.

LE BARON.

Attends donc, attends donc! « Est revenu à Bernay, a fait mettre à leur place, dans la maison achetée, les meubles et les instruments, a commandé un repas de noce à l'hôtel du *Lion d'or*, à la condition que le repas serait servi dans la maison de la rue de l'Église. »

MAX.

Je dois dire qu'aucun détail ne t'a échappé : voici les marmitons qui apportent le dîner.

LE BARON.

Qu'en dis-tu?

MAX.

J'ai fort entendu vanter la police de M. Fouché, mais je crois qu'elle était bien au-dessous de la tienne.

LE BARON.

Alors, tu attesteras que je ferais un bon ministre de l'intérieur?

MAX.

En ce qui concerne la police, oui; mais, dis-moi, que signifie cette plaisanterie?

LE BARON.

Ce n'est point une plaisanterie le moins du monde. Quand je t'ai rencontré sur le boulevard du Jardin botanique, à Bruxelles, je t'ai dit : « Dans trois mois, je serai préfet; » aujourd'hui, je te dis sous cette tonnelle : « Dans trois mois, je serai député; dans un an, ministre. »

MAX, le regardant fixement.

Et tu n'as rien à ajouter?

LE BARON.

Si fait, j'ai à ajouter ceci : Mon cher Max, tu aimes madame de Chamblay et cet amour m'inquiète.

MAX.

Alfred!...

LE BARON.

Ami, je suis encore le seul qui le sache, et ton secret est là (Il pose la main sur sa poitrine.) plus en sûreté, crois-moi, dans mon cœur que dans le tien; mais ce que je sais, Max, un autre peut le savoir de même; il suffit d'écrire à M. le préfet de police de vouloir bien te faire suivre par un de ses agents; M. de Chamblay est un esprit taciturne; je suis comme César, je me défie des faces pâles et maigres. Eh bien, suppose que M. de Chamblay conçoive quelque soupçon, suppose qu'il écrive au préfet de police, et que le préfet de police lui envoie un homme aussi habile que celui qu'il m'a envoyé, suppose encore une chose que je ne suppose pas, mais dont je suis sûr, c'est que tu sois aimé comme tu aimes: on surprend M. Max de Villiers aux genoux de madame de Chamblay...

MAX.

Et on leur brûle la cervelle à tous deux?

LE BARON.

Non.

MAX.

On provoque M. Max de Villiers, et l'on se bat en duel avec lui?

LE BARON.

Non.

MAX.

Mais que fait-on, alors?

LE BARON.

On met madame de Chamblay dans un couvent, on la force de renouveler une procuration générale qui vient d'expirer, et en vertu de laquelle on a vendu cette terre de Juvigny qui devait être sacrée au comte comme ayant été le berceau de sa femme, et on la dépouille du peu qui lui reste; et le monde, sans donner raison à M. de Chamblay, n'ose pas lui donner tout à fait tort.

MAX, fronçant le sourcil.

Et la philosophie de tout cela est-elle que je dois renoncer à madame de Chamblay?

LE BARON.

Ce serait le plus sage, mais c'est tout bonnement impossible. Au point où tu en es, mon pauvre ami, tu renoncerais plutôt à la vie que de renoncer à ton amour. Non, la philosophie de tout cela, puisque tu la demandes, c'est que tu avais besoin d'être prévenu, convaincu même pour prendre à l'avenir les précautions nécessaires; te voilà prévenu, te voilà convaincu, n'est-ce pas? Tu as déjà le courage du lion, ajoutes-y la prudence du serpent. Quand tu iras, je ne puis pas te dire où, mais où tu meurs d'envie d'aller, regarde devant toi, derrière toi, autour de toi ; quand tu y seras arrivé, sonde les planchers, ouvre les armoires ; si c'est au rez-de-chaussée, réserve-toi une porte par laquelle tu puisses sortir ; si c'est au premier étage, une fenêtre par laquelle tu puisses sauter sur les plates-bandes comme Chérubin ; si c'est au second, un escalier dérobé par lequel tu puisses t'évader comme don Carlos ; si c'est au troisième... ma foi, tans pis ! arme-toi, défends-toi et tue le diable avant que le diable te tue : ce n'est peut-être pas précisément le conseil d'un préfet que je te donne là, mais c'est celui d'un ami.

MAX.

Et je l'accepte comme tel.

LE BARON.

Seulement, le suivras-tu ?

MAX.

Je ferai de mon mieux.

LE BARON

On ne peut pas demander davantage à un homme. Et maintenant que te voilà propriétaire dans le département, je te demande ton influence pour me faire nommer député. Tiens, voilà la cloche qui sonne, va à tes affaires et laisse-moi aux miennes.

SCÈNE IV

Les Mêmes, GRATIEN.

GRATIEN.

Monsieur Max ! monsieur Max ! eh bien, mais où êtes vous donc?

MAX.

Me voilà.

GRATIEN.

Mais je vous cherche de tous côtés ; on est à l'église et je viens vous prier, attendu que vous êtes le seul monsieur, de vouloir bien donner le bras à madame la comtesse.

MAX.

Le bras à la comtesse ! mais le comte n'y sera donc pas?

GRATIEN.

Oh! M. le comte est trop fier pour venir à la noce de pauvres gens comme nous.

MAX.

Et la comtesse n'est pas trop fière?

GRATIEN.

Elle, c'est une sainte! Venez-vous?

MAX.

Tu es pressé de voir comme la couronne d'oranger va à Zoé?

GRATIEN.

Oh! je suis tranquille là-dessus, elle ne la blessera pas. (S'arrêtant et montrant Alfred.) A propos, dites donc, si votre ami...

MAX.

Quoi?

GRATIEN.

N'est pas plus fier que vous et qu'il veuille bien en être?

MAX.

Mon ami en serait avec le plus grand plaisir, mais il a sa journée prise.

GRATIEN.

Tant pis, tant pis! il eût passé sa journée avec des gens qui n'engendreront pas la mélancolie. (A Max en s'en allant.) Mais, dites donc, est-ce que ce n'est pas M. le préfet?

MAX.

Mais oui.

GRATIEN.

Bon! et moi qui l'invitais à la noce d'un pauvre paysan; en en voilà une bêtise! (Il sort avec Max.) Un préfet!

SCÈNE V

LE BARON, seul.

Heureux Max! le voilà dans toute la fièvre de son premier amour, à la période d'azur de l'espérance; son cœur s'est révolté à l'idée qu'un autre homme que lui possédât Juvigny, qu'une autre femme qu'elle profanât le sanctuaire de sa jeunesse et de son innocence, et il a tout pris, tout acheté au prix qu'on lui en a demandé.... Mais qu'est-ce que je vois là? M. de Chamblay! serait-il de la noce? Diable! sa présence pourrait bien rembrunir les horizons.

SCÈNE VI

LE BARON, M. DE CHAMBLAY.

M. DE CHAMBLAY.

Je le savais bien, que ce ne pouvait être que vous : je passe et je vois à la porte un cheval de quatre mille francs attelé à un tilbury de Bender ; les tilburys de Bender et les chevaux de quatre mille francs sont rares dans le département ! je me suis dit : « Voyons à qui appartient ce merveilleux attelage ; » c'était à vous, je ne m'étonne plus ! nous avons, en vérité, un préfet modèle, il a les plus beaux chevaux de la France et il donne les meilleurs dîners du département. Et que diable venez vous faire à Bernay, malheureux voyageur égaré ?

LE BARON.

Une visite à un grand propriétaire, auquel je viens demander sa voix.

M. DE CHAMBLAY.

Vous mettez-vous sur les rangs pour la députation ?

LE BARON.

Justement. Un de nos députés est mort, et je désire le remplacer.

M. DE CHAMBLAY.

Je crois que cela sera chose facile.

LE BARON.

En ce cas, voilà ma visite faite.

M. DE CHAMBLAY.

Comment ! c'était ma voix que vous désiriez ?

LE BARON.

C'était chez vous que j'allais ; mais il paraît que je me suis trompé ; au bout du village, j'ai tourné à droite au lieu de tourner à gauche ; je me suis arrêté ici pour demander mon chemin, et l'on m'a obligeamment répondu qu'en traversant ce jardin, je me trouverais à la porte de votre parc.

M. DE CHAMBLAY.

Très-bien ! mais je ne vous tiens pas quitte de votre visite ; je veux que vous sachiez le chemin de Bernay, afin que vous vous en souveniez le jour de l'ouverture... Votre tilbury fera le tour et viendra nous rejoindre.

LE BARON, appelant.

Tom!

(Un Groom paraît; le Baron lui fait un signe.)

M. DE CHAMBLAY.

A propos, j'apprends à l'instant même que c'est M. de Villiers, votre ami, qui a acheté la terre de Juvigny.

LE BARON.

C'est encore une de mes manœuvres électorales: imaginez donc que j'ai lui ai persuadé qu'il devait devenir propriétaire dans le département de l'Eure; mon ami est très-riche, il avait une centaine de mille francs dont il ne savait que faire, il les a mis à Juvigny comme il les eût mis à Bernay, si Bernay était à vendre.

M. DE CHAMBLAY.

Est-ce qu'il serait disposé à acheter une terre de cette valeur?

LE BARON.

Je ne dis pas non.

M. DE CHAMBLAY.

Eh bien, nous reparlerons de cela.

LE BARON.

Très-volontiers; de mon côté, j'y pousserai de tout mon pouvoir; vous comprenez que mon intérêt est que mon ami ait dans le département la plus grande influence possible.

(Il sortent par le côté; on entend le bruit des cloches et les cris des enfants; ceux-ci entrent à reculons du côté de l'église en faisant voltiger leurs mouchoirs et en secouant des branches de fleurs.)

SCÈNE VII

GRATIEN, ZOÉ, MADAME DE CHAMBLAY, MAX, Invités, un Facteur.

LE FACTEUR, arrêtant Gratien.

Pardon, monsieur le marié.

GRATIEN.

Bon! qu'y a-t-il?

LE FACTEUR.

Une lettre.

ZOÉ.

Oh! c'est de quelque pauvre délaissée.

LE FACTEUR.

Pardon, excuse, madame Gratien, mais ça ne peut pas être cela : la lettre arrive d'Amérique par la voie du Havre.

GRATIEN.

D'Amérique par la voie du Havre? Je n'ai jamais été au Havre, pas même en Amérique! Y a-t-il quelque chose à payer?

LE FACTEUR.

Non, la lettre est chargée.

ZOÉ.

Mais décachette-la donc!...

GRATIEN.

Ma foi, je n'ose ; elle est chargée, décachette-la toi-même.

ZOÉ prend la lettre et lit.

« Votre oncle Dominique est mort à Lima, capitale du Pérou ; il vous a laissé une petite maison à Bernay, rue de l'Église, n° 12 ; le dernier désir qu'il a exprimé est que le dîner de noce se fît dans la maison.

» *Signé* L'EXÉCUTEUR TESTAMENTAIRE. »

GRATIEN.

Ah! par exemple, en voilà une farce!

ZOÉ.

Que dites-vous de cela, madame la comtesse?

GRATIEN.

Oui, qu'en dites-vous? je trouve, quant à moi, que ce n'est point une plaisanterie à faire à un mari le jour de ses noces, cela lui fait venir l'eau à la bouche.

MAX.

Mais ne m'avez-vous point parlé d'un oncle que vous aviez en Amérique?

GRATIEN.

C'est-à-dire que je n'avais pas; jamais je n'ai eu qu'un oncle, le voilà, et, Dieu merci, il s'est bien gardé de me jamais rien donner. Ah! si, des taloches, quand j'étais gamin ; n'est-ce pas, mon oncle?

LA COMTESSE.

N'importe, puisque nous sommes en face du numéro 12, entrons-y.

GRATIEN.

Mais cette maison-là, c'est la maison au père Dubois.

LA COMTESSE.

Il a bien vendu ses trois fils, il peut bien vendre sa maison; n'est-ce pas votre avis, monsieur Max?

MAX.

Comment serais-je d'un autre avis que le vôtre?

ZOÉ.

Fais donc ce qu'on te dit, grosse bête ! peut-être bien que l'on voudrait et que l'on pourrait se moquer de nous; mais qui pourrait et qui voudrait choquer madame la comtesse ? Allons, moi, je me risque ; viens !

(Ils entrent, toute la noce les suit.)

SCÈNE VIII

MAX, MADAME DE CHAMBLAY, puis GRATIEN et MAX.

MADAME DE CHAMBLAY.

Je ne vous presse pas de les suivre, je présume que vous connaissez ce qu'ils vont voir.

MAX.

Laissez-moi vous mettre de moitié dans le peu que j'ai pu faire, madame, et, si ce peu mérite une récompense, cette récompense sera doublée et dépassera de beaucoup le mérite de l'action.

MADAME DE CHAMBLAY.

Oui, mais à la condition que vous me raconterez tout cela.

MAX.

Oh ! ce sera bien court... J'ai eu l'honneur de vous dire, madame, la première fois que j'ai eu le bonheur de vous voir, que, sans jouer jamais, j'avais gagné au jeu une somme assez forte.

MADAME DE CHAMBLAY.

Oui, six ou sept mille francs.

MAX.

Eh bien, j'eus l'idée d'attribuer cette somme d'abord au rachat de Gratien, ensuite à son établissement; j'ai donné deux mille francs à Zoé, j'en ai employé trois mille à l'achat de cette maison; enfin, avec les deux mille trois cents francs restants, j'ai acheté les outils et les meubles; vous voyez qu'il n'en coûte pas cher pour faire deux heureux !

MADAME DE CHAMBLAY.

Plus heureux que les heureux celui qui peut en faire !
(Elle tombe dans une rêverie profonde et porte son mouchoir à ses yeux.)

MAX, après l'avoir regardée.

J'ai bien envie de hasarder une chose, madame.

MADAME DE CHAMBLAY.

Laquelle ?

MAX.

C'est de vous dire que je sais quel souvenir vous fait pleurer.

MADAME DE CHAMBLAY.

Vous ?... (Secouant la tête.) C'est impossible.

MAX.

Vous pensez au château de Juvigny.

MADAME DE CHAMBLAY.

Moi ?

MAX.

Vous pensez à cette petite chambre tapissée de mousseline blanche, et tendue en satin bleu de ciel.

MADAME DE CHAMBLAY.

Mon Dieu !...

MAX.

Vous faites en pensée votre prière à cette petite Vierge de marbre, dépositaire de votre couronne et de votre bouquet d'oranger.

MADAME DE CHAMBLAY.

Qu'elle a gardés fidèlement.

MAX.

J'avais donc raison quand je disais que je savais à quoi vous pensiez ?

MADAME DE CHAMBLAY.

J'ignore en vertu de quel don du ciel vous lisez dans les cœurs, mais ce que je ne mets pas en doute, c'est que ce don vous a été fait pour la consolation des affligés.

MAX.

Mais, si les affligés veulent que je les console, encore faut-il qu'ils me disent la cause de leur affliction.

MADAME DE CHAMBLAY.

Puisque vous la connaissez, qu'ont-ils besoin de vous la dire ?

MAX.

Ne sentez-vous pas, madame, que la première consolation

d'une douleur est de la verser dans un cœur ami. Parlez-moi de Juvigny, des jours bénis que vous y avez passés, pleurez en m'en parlant, et vous verrez que vos larmes emporteront la première amertume de votre chagrin.

MADAME DE CHAMBLAY.

Oui, ce fut une grande douleur pour moi lorsque j'appris que Juvigny était vendu, et j'en voulus à M. de Chamblay, non point d'avoir vendu la terre, non point même d'avoir vendu le château, mais de ne point m'avoir prévenue, afin que j'enlevasse, de cette petite chambre que vous connaissez je ne sais comment, tous les objets de mon enfance et de ma jeunesse, dont chacun était un souvenir pour mon cœur. Oh! si seulement j'avais pu rentrer dans cette chambre une dernière fois, prendre congé pour toujours de ces objets chéris, je n'eusse pas été consolée; mais ma douleur eût été moins grande. Dieu ne m'a point donné cette dernière consolation... Parlons d'autre chose, monsieur.

MAX.

Un dernier mot, madame : ce que vous n'avez point obtenu de votre mari, ne pouvez-vous donc l'obtenir de l'acquéreur du domaine ? Il n'a, pour tenir aux objets que vous regrettez, aucun des motifs qui les rapprochaient de votre cœur; il vous permettra de les revoir, de les emporter même. Il faudrait des circonstances particulières et presque impossibles pour que cet acquéreur attachât à ces objets une importance égale à celle que vous y attachez vous-même; une démarche de votre part, un mot, une lettre...

MADAME DE CHAMBLAY.

Je ne le connais aucunement; il habite Paris, m'a-t-on dit, je ne sais pas même son nom.

LA VOIX D'UNE ENFANT.

Maman comtesse! maman comtesse! où est maman comtesse?

SCÈNE IX

Les Mêmes, une Petite Fille, entrant.

MADAME DE CHAMBLAY.

Par ici, petite, par ici !

LA PETITE FILLE.

Oh! merci, maman comtesse! tu veux donc bien que je sois de la noce de Zoé?

MADAME DE CHAMBLAY.

Oui, parce que tu as été sage. Embrasse-moi. (Elle l'embrasse; puis, se relevant et voyant Max pâle qui s'est éloigné d'elle.) Qu'avez-vous?

MAX, balbutiant.

On m'avait dit que vous n'aviez point d'enfant, madame.

MADAME DE CHAMBLAY.

Eh bien?

MAX.

Eh bien, cette enfant, vous appelle sa mère.

MADAME DE CHAMBLAY.

Sans qu'elle soit ma fille, monsieur; vous voyez qu'elle a cinq ans, et je ne suis mariée que depuis trois.

MAX.

Ah! j'ai cru que j'allais mourir!

MADAME DE CHAMBLAY.

C'est la jeune sœur de Zoé dont je vous ai parlé.

MAX, se jetant aux pieds de madame de Chamblay.

Merci! merci!

MADAME DE CHAMBLAY.

Monsieur!

MAX.

Vous avez raison, madame, je suis fou!

(Il serre la petite fille contre son cœur et l'embrasse.)

L'ENFANT.

Mais pourquoi m'embrasse-t-il comme cela, ce monsieur, je ne le connais pas.

MAX.

Parce que je t'aime, mon enfant! parce que j'aime ta sœur! parce que j'aime la création tout entière! Je suis heureux! (Après ce moment d'expansion, il retombe assis, la tête dans ses mains. — Madame de Chamblay conduit la petite fille à la femme de chambre.)

L'ENFANT.

Maman comtesse, M. le comte est à la maison avec M. le préfet, il veut te voir.

MADAME DE CHAMBLAY.

Dis à M. le comte que je rentre dans un instant. (Elle revient à Max.) Vous étiez heureux tout à l'heure; pourquoi donc êtes-vous triste maintenant ?

MAX.

Je ne suis pas triste, je suis rêveur, voilà tout.

MADAME DE CHAMBLAY.

Voulez-vous me dire pourquoi ?

MAX.

Oh ! bien volontiers.

MADAME DE CHAMBLAY.

Je vous écoute.

MAX.

Il y a un an à peu près que j'éprouvai une des plus grandes douleurs que l'on puisse ressentir; je vis mourir ma mère.

MADAME DE CHAMBLAY.

Dieu m'a épargné cette douleur : ma mère est morte le jour de ma naissance.

MAX.

Tout ce que j'avais de larmes dans les yeux, je les ai versées; je me suis nourri de mon amertume jusqu'à ce que ma main lassée en écartât la coupe de mes lèvres, ce fut la première fatigue qu'éprouva ma douleur. Je m'éloignai des objets qui me rappelaient la pauvre morte. Je revins chercher les calmes horizons où le vent murmure dans le feuillage des trembles, où les ruisseaux coulent à l'ombre des saules pleureurs; j'y trouvai, non pas l'absence de la tristesse, mais le sommeil de la douleur... C'est alors que je vous vis. A votre aspect, ma poitrine retrouva les doux soupirs, ma lèvre, les sourires désappris. Il est vrai que je croyais alors que je ne sourirais jamais plus qu'en soupirant; mais, cette fois encore, je me trompais, et, tout à l'heure, je surpris un sourire sur ma bouche, tandis que le soupir qui ne pouvait monter jusqu'à elle retombait au fond de mon cœur. Enfin, en ce moment, tenez, en ce moment, j'ai tout oublié, et un bonheur inconnu, nouveau, inespéré, a séché jusqu'à la fraîcheur de ma dernière larme. Voilà à quoi je réfléchissais, madame, quand, après m'avoir vu heureux, vous avez cru me voir triste ; ce qui vous semblait de l'abattement n'était que de la rêverie et de l'étonnement.

MADAME DE CHAMBLAY.

Heureux celui qui n'a reçu du ciel que des douleurs qui peuvent être consolées !

MAX.

Il y en a donc d'inconsolables?

MADAME DE CHAMBLAY.

Il y en a d'inguérissables, du moins.

MAX.

J'avais cru que la perte d'une mère était de celles-là?

MADAME DE CHAMBLAY.

Mais, si l'esprit de ceux qui nous ont aimés leur survit, cet esprit, vous n'en doutez pas, a conservé pour nous tout l'amour qu'éprouvait le cœur.

MAX.

Oui, en se purifiant encore à la flamme céleste.

MADAME DE CHAMBLAY.

Votre mère vous aimait?

MAX.

L'amour d'une mère est la seule chose que l'on puisse comparer à la puissance de Dieu.

MADAME DE CHAMBLAY.

Eh bien, comment voulez-vous que cet amour exige une douleur éternelle? Il aimerait mal, celui qui, partant pour toujours, imposerait à celui qui reste un regret qui n'aurait pas d'allégement. Non, c'est votre mère qui, invisible, mais toujours présente, marchant à côté de vous comme ces divinités que les poëtes antiques cachent dans les nuages; c'est votre mère qui vous a éloigné de la chambre mortuaire, et qui, de son souffle impalpable, chassait les nuages de votre front. Elle avait son but, cette ombre adorée qui vous guérissait ainsi peu à peu: c'était de vous ramener des portes de son tombeau aux lumineuses splendeurs de la vie; vous y êtes ou vous croyez y être: eh bien, pensez-vous qu'elle regrette votre tristesse, qu'elle réclame vos soupirs, qu'elle aspire à vos larmes? Non, elle est là près de vous, elle sourit à votre bonheur, elle murmure tout bas: « Sois heureux, mon fils, sois heureux!... » Et, maintenant, il faut que je vous quitte: cette enfant m'a dit que j'étais demandée au château.

MAX.

Quand vous reverrai-je?

MADAME DE CHAMBLAY.

Sais-je si je pourrai revenir!

MAX.

Alors, au moment de vous quitter, madame, j'ai une restitution à vous faire.

MADAME DE CHAMBLAY.

Laquelle?

MAX, tirant la bague de sa poitrine.

Cette bague.

MADAME DE CHAMBLAY.

Cette bague n'est plus à moi, je vous l'ai donnée.

MAX.

Pas à moi, madame, aux incendiés du Hameau.

MADAME DE CHAMBLAY.

N'en ont-ils pas reçu le prix?

MAX.

Si fait, madame.

MADAME DE CHAMBLAY.

Alors, vous avez accompli mes intentions; quant à la possession actuelle de cette bague, un autre l'eût achetée, vous avez pris les devants; j'aime mieux qu'elle soit entre les mains d'un ami qu'entre celles d'un étranger.

MAX.

Mais, vous le voyez, madame, elle n'était pas entre les main d'un ami, elle était sur son cœur.

MADAME DE CHAMBLAY.

Eh bien, qu'elle reste où elle était...

(Elle fait vivement deux pas pour s'éloigner.)

MAX.

Madame!... (Madame de Chamblay s'arrête.) Pardon, permettez un échange... oh! attendez!

MADAME DE CHAMBLAY.

J'attends.

MAX.

Prenez cette clef.

MADAME DE CHAMBLAY.

Qu'est-ce que cette clef?

MAX.

Celle de cette petite chambre que vous eussiez voulu revoir une dernière fois, avant que le comte de Chamblay eût vendu Juvigny.

MADAME DE CHAMBLAY.

Je ne comprends pas.

XXV.

MAX.

Ce que j'ai fait pour la bague, madame, je l'ai fait pour Juvigny. J'ai voulu que ce qui avait été à vous fût à moi.

MADAME DE CHAMBLAY.

Oh!... (Elle se jette à son cou.) Max, merci!... merci!...

(Elle se sauve.)

ACTE QUATRIÈME

Les deux balcons de deux fenêtres qui laissent voir l'intérieur de deux chambres. — La chambre à droite du spectateur est celle de Max; la chambre à gauche est celle de madame de Chamblay.

SCÈNE PREMIÈRE

MADAME DE CHAMBLAY, ZOÉ.

ZOÉ.

Dois-je aider madame à se défaire?

MADAME DE CHAMBLAY, assise devant son piano.

Otez-moi mes fleurs seulement, elles me fatiguent.

(Pendant que Zoé lui ôte les fleurs, elle fait entendre quelques accords, puis chante.)

Oh! certes, c'est un sort funeste, épouvantable,
Qu'avant que du sépulcre il ait touché le seuil,
Un cœur, sous les semblants d'une mort véritable,
Soit, tout vivant encor, cloué dans un cercueil!
Mais il est un destin bien plus cruel au monde,
Il est un plus fatal et plus terrible sort,
Il est une douleur bien autrement profonde,
C'est d'être, encor vivant, le cercueil d'un cœur mort.

Elle tombe dans une profonde rêverie. Zoé lui baise la main et va pour sortir; mais, après avoir ouvert la porte, elle revient en scène.)

ZOÉ.

Voici M. Max qui rentre chez lui ; madame n'a rien à lui faire dire?

MADAME DE CHAMBLAY.

Non ; surveille seulement M. de Chamblay, et... tu sais...

ZOÉ.

Oui, madame.

(Elle sort.)

SCÈNE II

MADAME DE CHAMBLAY, pensive au piano; MAX, précédé d'un DOMESTIQUE qui porte un flambeau à trois branches, entre dans sa chambre.

LE DOMESTIQUE.

M. le comte n'a besoin de rien?

MAX.

Non, mon ami.

LE DOMESTIQUE.

Si M. le comte désirait quelque chose il n'aurait qu'à sonner.

MAX.

Merci.

(Le Domestique sort.)

SCÈNE III

MAX, MADAME DE CHAMBLAY.

MAX, au balcon.

Edmée!

MADAME DE CHAMBLAY, au balcon.

Me voici, mon ami.

MAX.

Oh ! chère Edmée, combien j'avais hâte de me retrouver avec vous, et que de choses j'ai à vous dire !

MADAME DE CHAMBLAY.

J'ai bien peur qu'en les récapitulant, ces choses ne se bornent à trois mots.

MAX.

C'est vrai, Edmée ; mais dans ces trois mots sont enfermés tout le bonheur et toutes les espérances de ma vie : *Je vous aime !* C'est vous dire qu'avant de vous voir, je n'avais pas vécu ; c'est vous dire que tous les instants que je passe loin de vous, je ne les vis pas ; c'est vous dire enfin que, de ce monde ouvert à tant d'ambitions, je n'ambitionne qu'une chose, votre amour !

MADAME DE CHAMBLAY.

Eh bien, Max, cet amour, vous l'avez, je n'ai pas même essayé de vous le cacher ; le sentiment que vous m'avez fait éprouver, mon ami, a été tellement nouveau pour moi, que je vous l'ai avoué encore plus peut-être dans mon étonnement que dans mon abandon. Loin de moi, vous ne vivez pas, dites-vous ? Moi aussi, je ne vis loin de vous que par votre pensée ; moi aussi, je n'ai qu'un désir en votre absence, c'est de vous voir. Cette ouverture de chasse à laquelle M. de Chamblay vous avait invité, je l'ai attendue avec une impatience égale à la vôtre. Hier, à cinq heures du soir, n'étais-je pas sur la route par laquelle vous êtes arrivé ? Hier, à onze heures du soir, me doutant bien que vous viendriez, ne fût-ce qu'un instant, je vous attendais !

MAX.

Edmée ! Edmée !

MADAME DE CHAMBLAY.

Je me suis dit ce matin : « Ils vont partir pour la chasse ; s'il ne me voit pas avant son départ, il aura une journée mauvaise, et moi, j'aurai une journée triste, faisons-nous à tous deux une bonne journée ! » et je me suis levée avant l'aube et j'ai attendu votre passage. Ce n'est pas de la dignité d'une femme, comme on dit dans le monde, je le sais bien ; mais pourquoi, quand elle aime, une femme serait-elle digne, c'est-à-dire fausse, avec l'homme qu'elle aime ? Non, je ne suis pas ainsi, je vous jure ; je vous ai attendu, je vous ai donné non-seulement ma main, que vous étiez forcé de me rendre, mais quelque chose que vous pouviez garder et emporter avec vous.

MAX, tirant un mouchoir de sa poitrine et le baisant.

Oh ! oui, oui, ce mouchoir bien-aimé, ce mouchoir marqué,

non pas de votre nom de femme, mais de votre nom de jeune fille, Edmée de Juvigny.

MADAME DE CHAMBLAY.

Ah ! vous vous en êtes aperçu ! à la bonne heure ! il m'a toujours semblé, ami, que la véritable tendresse, que l'amour élevé au-dessus de la passion vulgaire à laquelle on donne ce nom, non-seulement vivait, mais encore s'augmentait de toutes les petites délicatesses. Rien ne vous échappe, Max ; tant mieux ! vous m'aimez sincèrement.

MAX.

Oh ! oui, je vous aime, Edmée.

MADAME DE CHAMBLAY.

Et moi aussi, je vous aime !

MAX.

O Edmée, Edmée, que me dites-vous là ? que me laissez-vous entrevoir ! Je voudrais pouvoir tomber à vos pieds pour vous dire non-seulement combien je vous aime, mais encore combien je vous admire.

MADAME DE CHAMBLAY.

Mon ami, je n'ai jamais fait volontairement de mal à personne ; pourquoi Dieu vous eût-il amené sur mon chemin si cette rencontre devait me faire commettre une faute ou causer mon malheur ? Non, j'ai toute croyance dans le pouvoir infini de Dieu, mais j'ai toute foi dans son immense et éternelle bonté. Depuis quatre ans, je suis malheureuse, malheureuse par la méchanceté des hommes ; c'est au tour de la justice de Dieu d'intervenir... Oui, mon ami, croyons d'abord, parce qu'il est plus facile de croire que de douter, et ensuite parce que la foi est la sœur de l'espérance et de la charité. Or, je vous le jure du fond de mon cœur, Max, je crois !

(Elle écoute.)

MAX.

Qu'avez-vous, Edmée ?

MADAME DE CHAMBLAY.

Silence ! Quelqu'un passe dans le couloir et entre chez vous ; c'est probablement votre ami, M. de Senonches.

MAX, regardant et voyant M. Loubon.

Non, c'est M. Loubon, le notaire de votre mari.

SCÈNE IV

MADAME DE CHAMBLAY, chez elle ; **MAX** et **LOUBON**,
chez Max.

MADAME DE CHAMBLAY.

Le notaire de M. de Chamblay, je comprends.

LOUBON.

Pardon, monsieur Max, de vous déranger à une pareille heure, mais je pars demain matin, et j'ai pensé qu'il était urgent que je vous parlasse ; d'ailleurs, c'est M. de Senonches — vous savez que je suis le notaire de ses tantes — qui m'a dit de venir près de vous.

MAX.

Asseyez-vous, monsieur.

LOUBON.

Non, merci ; en deux mots, j'aurai fini. J'aborde tout net la question. M. de Chamblay veut vendre sa terre de Bernay.

MAX.

C'est-à-dire la terre de la comtesse.

LOUBON.

La vendre ou emprunter dessus ; il veut la vendre six cent mille francs, mais il la donnerait pour cinq cent mille, tant il paraît pressé d'argent.

MAX.

Eh bien ?

LOUBON.

Eh bien, je viens vous dire que vous devriez acheter cela, vous.

MAX.

La terre de Bernay ?

LOUBON.

Oui.

MAX.

Vous n'y pensez pas ! ma fortune est d'un million cinq cent mille francs à peine et en terres ; je ne suis pas assez riche, cher monsieur Loubon.

LOUBON.

On est toujours riche quand on est rangé comme vous

l'êtes ; puis j'ai, dans ce moment-ci, un parti de deux millions comptant avec autant d'espérances à vous offrir.

MAX.

Cher monsieur Loubon, je vous jure que je n'ai jamais moins pensé à me marier qu'en ce moment.

LOUBON.

Achetez sans vous marier; la terre vaut huit cent cent mille francs, haut la main.

MAX.

Mais où diable voulez-vous que je prenne six cent mille francs ?

LOUBON.

Je vous les trouverai.

MAX.

Qui diable vous a donné cette idée-là ?

LOUBON.

M. de Chamblay lui-même. Vous lui êtes apparu comme la Providence en personne; il m'a dit : « Puisque M. de Villiers a ma terre de Juvigny, autant vaut qu'il ait aussi ma terre de Bernay; s'il n'a pas toute la somme, son ami Alfred lui prêtera le complément; d'ailleurs, je ne demande que moitié comptant. »

MAX.

Mais vous ignorez peut-être que la procuration de madame de Chamblay est expirée et qu'elle se refuse à la renouveler.

LOUBON.

M. de Chamblay m'a fait faire un acte de vente en blanc, et il doit me l'apporter revêtu de la signature de sa femme. Achetez Bernay, puisque vous avez acheté Juvigny.

MAX.

Il n'y a qu'une petite différence entre les deux affaires, cher monsieur Loubon : c'est que je savais être particulièrement agréable à madame de Chamblay en achetant Juvigny, et que je lui serais très-désagréable en achetant Bernay.

LOUBON.

Vous refusez?

MAX.

Positivement.

LOUBON.

Alors, n'en parlons plus. (Il salue Max, se retire et s'aperçoit seulement alors que, depuis quelques instants, le baron de Senonches est entré et a entendu la conversation.) Je vous passe la main, monsieur de Senonches.

LE BARON.

Je la prends.

(Loubon sort.)

SCÈNE V

MAX, LE BARON.

LE BARON.

Est-ce que tu as trouvé les terres de Bernay mal tenues pendant ton excursion dans la plaine ?

MAX.

Non, ma foi.

LE BARON.

Est-ce que tu as trouvé la chasse peu giboyeuse, par hasard ?

MAX.

J'ai tué trente pièces.

LE BARON.

Est-ce qu'il y a des réparations à faire au château ?

MAX.

Il me semble aussi solide que s'il était bâti d'hier.

LE BARON.

Alors, achète Bernay, mon cher; tu ne te trouves pas assez riche? tu sais que, si tu as besoin de trois ou quatre cent mille francs, je les ai à ton service : cent mille francs de mes propres, comme on dit en termes de notariat, et cent mille francs par mes tantes, cela ne dépasse pas mes moyens; tu es déjà propriétaire de Juvigny, tu seras propriétaire de Bernay; de sorte que, le jour où M. de Chamblay aura perdu son dernier lopin de terre, et se brûlera la cervelle, tu pourras épouser sa veuve; son second mari lui rendra ce que lui aura enlevé le premier.

MAX, posant sa main sur l'épaule du baron.

Mon ami, ne me parle jamais légèrement de madame de Chamblay, je t'en prie.

LE BARON.

Dieu me garde de parler légèrement d'une pareille femme, cher Max! elle est, pour la bonté du cœur et la beauté de l'âme ce que j'ai connu de mieux jusqu'aujourd'hui. Si toutes les femmes étaient comme madame de Chamblay, il n'y aurait plus de célibataires, ce qui serait un grand bonheur pour la France, dont toutes les statistiques constatent la dépopulation. Mais revenons à M. de Chamblay : tu ne veux donc pas acheter sa terre ?

MAX.

Mais non.

LE BARON.

Ne lui en dis rien avant ton départ du château.

MAX.

Pourquoi cela ?

LE BARON.

Parce qu'il est déjà de très-mauvaise humeur, ayant, à l'heure qu'il est, perdu une trentaine de mille francs, dont vingt mille rien qu'avec moi, et qu'il sera de bien plus méchante humeur demain matin, où, du train dont il y va, il en aura perdu cent mille. M. de Chamblay ne s'aperçoit pas que tu aimes sa femme, parce qu'il compte te vendre sa terre ; mais, quand tu auras refusé d'acheter sa terre, peut-être s'apercevra-t-il alors que tu aimes sa femme.

MAX.

Où veux-tu en venir ?

LE BARON.

A te dire ceci, qui est, je crois, un bon conseil : si l'on chasse encore demain, ne te place pas trop près de M. de Chamblay ; il sera, je te l'ai dit, d'exécrable humeur. Les gens d'exécrable humeur sont distraits ; ne te mets pas trop près de M. de Chamblay, un coup de fusil est bientôt parti, et qui sait où va le plomb ?

MAX.

Alfred!...

LE BARON.

Je ne te dis pas qu'il le ferait exprès, Dieu m'en garde ! mais les gens distraits, c'est une peste en chasse, vois-tu ! c'est pis que les myopes ; les myopes voient encore à une certaine distance, les distraits ne voient à aucune. Adieu.

MAX.

Au revoir.

LE BARON, revenant.

Ah! cependant, s'il tire sur toi, qu'il te manque ou qu'il te touche, ne riposte pas : la loi ne permet pas d'épouser les veuves qu'on a faites soi-même, et, puisque tu aimes madame de Chamblay, je ne sais pas comment le ciel s'y prendra... mais il faut que tu l'épouses, n'est-ce pas? eh bien, le jour où tu l'épouseras...

MAX.

Eh bien, ce jour-là ?

LE BARON.

Eh bien, ce jour-là, tu auras, je crois, une agréable surprise.

MAX.

Comment ?

LE BARON.

Ne te place pas trop près de M. de Chamblay!

(Il sort.)

SCÈNE VI

MADAME DE CHAMBLAY, MAX.

MAX, courant au balcon.

Sommes-nous seuls enfin ?

MADAME DE CHAMBLAY.

Oui, bien seuls!

MAX.

Je ne voulais pas vous demander précisément si nous étions seuls, je voulais vous demander si vous ne craigniez pas d'être troublée.

MADAME DE CHAMBLAY.

Seule, Zoé a la permission d'entrer chez moi sans frapper ou se faire annoncer, et encore n'est-ce que dans le cas où quelque danger me menacerait. Que faisait M. de Chamblay au moment où vous avez quitté le salon ?

MAX.

Je ne sais si je dois vous dire cela, chère amie ; mais, si détachée que vous soyez des biens de la terre, le contre-coup de cette fatale passion du comte vous frappe toujours ; le comte continuait à perdre. Alfred vient de lui gagner vingt mille francs.

MADAME DE CHAMBLAY.
Le malheureux!...

MAX.
Pendant toute la soirée, le comte m'a paru attendre de vous une chose à laquelle vous ne vouliez pas répondre.

MADAME DE CHAMBLAY.
Vous avez remarqué cela, Max?

MAX.
Oui, et, je l'avoue, ses regards, ses signes d'impatience ne m'ont pas laissé sans inquiétude. Que vous demandait-il ou plutôt qu'exigeait-il de vous ?

MADAME DE CHAMBLAY.
Il veut que je consente à la vente de la terre de Bernay, mon dernier bien personnel.

MAX.
Oui, je sais cela : M. Loubon et Alfred m'en ont parlé.

MADAME DE CHAMBLAY.
Voilà l'objet de sa préoccupation. En trois ans, il a dévoré deux millions ; eh bien, je vous avoue que j'hésite à me dépouiller de ce dernier héritage paternel et à revêtir la robe de mendiante ; Bernay vendu, nous n'avons plus rien, et, porteur de ma procuration, il a déjà emprunté dessus une centaine de mille francs ; il a rapporté de Paris un acte de vente en blanc, et, hier et avant-hier, nous avons déjà eu de graves altercations à ce sujet ; avec l'homme que j'aime, avec vous, Max, je supporterais la médiocrité et même la misère ; mais, avec l'homme que je n'aime pas, la misère est une double infortune, et je n'aime pas M. de Chamblay ; demain, s'il continue à perdre, nous aurons quelque nouvelle contestation, et ces contestations, je le sens,—non que je craigne de céder, je sais la mesure de ma volonté, — mais physiquement elles me brisent... (Elle écoute.) Attendez...

MAX.
Quoi ?

MADAME DE CHAMBLAY.
C'est le pas de Zoé.

SCÈNE VII

Les Mêmes, ZOÉ.

ZOÉ, *entrant vivement et refermant la porte derrière elle.*
Madame! madame!...

MADAME DE CHAMBLAY.
Eh bien?

ZOÉ.
M. Alfred, en voulant donner la revanche à M. le comte, vient de faire sauter la banque ; on dit au salon que c'est un coup de plus de trente mille francs, sans compter ce qui était engagé sur parole.

MADAME DE CHAMBLAY.
Après?

ZOÉ.
M. le comte, qui avait déjà, en jouant, bu beaucoup de punch, s'est levé, a passé à l'office et a bu coup sur coup cinq ou six verres de champagne; puis il est monté à sa chambre, et j'ai bien peur que, de chez lui...

MADAME DE CHAMBLAY.
Silence ! il vient.

ZOÉ.
Le voilà.

MAX.
Edmée, si vous aviez besoin de moi...
(M. de Chamblay frappe à la porte.)

MADAME DE CHAMBLAY.
Rentrez chez vous, éteignez vos lumières, et, sur votre honneur, ne venez pas que je ne vous appelle. Sur votre honneur, Max?

MAX.
Sur mon honneur !
(Il éteint les lumières. M. de Chamblay frappe de nouveau.)

ZOÉ.
Et moi, madame?

MADAME DE CHAMBLAY.
Dans ma chambre.
(On frappe encore.)

M. DE CHAMBLAY, *en dehors.*
Êtes-vous couchée, madame ?

MADAME DE CHAMBLAY.
Non, monsieur, me voici.
MAX, à travers la porte.
Vous reverrai-je ?
MADAME DE CHAMBLAY, à Max.
Oui.
(Elle va ouvrir.)

SCÈNE VII

M. DE CHAMBLAY, MADAME DE CHAMBLAY.

M. DE CHAMBLAY.
Je suis aise que vous ne soyez pas encore au lit, madame, j'ai à vous parler d'affaires.

MADAME DE CHAMBLAY.
Ne pourriez-vous remettre cet entretien à demain, monsieur ?

M. DE CHAMBLAY.
Impossible, madame : il faut que demain je sois à Rouen à temps pour partir par le convoi de midi.

MADAME DE CHAMBLAY.
Mais vos hôtes, monsieur, vos convives ?

M. DE CHAMBLAY.
Vous leur ferez les honneurs de la maison et ils ne se plaindront pas du changement de maître.

MADAME DE CHAMBLAY.
Vous savez, monsieur, que, si l'objet de notre entretien doit être le même que celui des deux derniers que nous avons eus ensemble, il est inutile.

M. DE CHAMBLAY.
C'est ce que nous allons voir. J'ai décidé, madame, parce que la chose est absolument nécessaire, de vendre la terre, le château et les fermes de Bernay, voici l'acte de vente en blanc ; je sais que la même personne qui a acheté Juvigny achèterait volontiers, si vous lui en disiez un mot, Bernay et ses dépendances. Vous avez beaucoup d'influence sur cette personne, madame ! je ne vous en fais pas un reproche, au contraire, je m'en félicite, et je suis convaincu qu'au premier mot de vous, elle en donnera bien six cent mille francs. Elle a bien donné de la terre de Juvigny vingt mille francs de plus que cette

terre ne valait, elle donnera bien de la terre de Bernay deux cent mille francs de moins qu'elle ne vaut.

MADAME DE CHAMBLAY.

Vous êtes dans l'erreur, monsieur le comte, je n'ai aucune influence sur la personne que vous voulez dire, et j'en aurais que je ne l'emploierais pas, attendu que la terre de Bernay ne sera pas vendue.

M. DE CHAMBLAY.

Et qui empêchera qu'elle ne soit vendue?

MADAME DE CHAMBLAY.

Moi.

M. DE CHAMBLAY.

Comment cela?

MADAME DE CHAMBLAY.

En ne donnant pas ma signature.

M. DE CHAMBLAY.

Vous ne donnerez pas votre signature, quand je vous dis qu'il est nécessaire que vous me la donniez? (Éclatant.) Oh! oh! vous ne me connaissez pas encore, madame! et, en effet, c'est la première fois que vous osez me résister en face. (Il prend la plume et dépose l'acte sur la table.) Voulez-vous me faire la grâce de signer, madame?

MADAME DE CHAMBLAY.

Non, monsieur.

M. DE CHAMBLAY.

Je vous en prie.

MADAME DE CHAMBLAY.

Inutile.

M. DE CHAMBLAY, la soulevant par-dessous les bras.

Je le veux!

MADAME DE CHAMBLAY.

Ah! monsieur, après les douleurs morales que vous m'avez fait éprouver, vous devriez comprendre que les douleurs physiques ne peuvent rien sur moi.

M. DE CHAMBLAY.

Vous signerez, cependant, madame.

MADAME DE CHAMBLAY.

Que pouvez-vous me faire, monsieur? je ne crains pas la douleur, je vous l'ai dit. Me tuer? je ne crains pas la mort, et, si le suicide n'était pas un crime, il y a longtemps que le fer ou le poison, en me débarrassant de la vie, vous eût débarrassé de moi.

M. DE CHAMBLAY.

Eh bien, nous allons voir, madame, si vous êtes aussi ferme que vous le dites contre la douleur. Décidez-vous à signer ! il est temps de vous décider à signer, je vous dis qu'il est temps !

MADAME DE CHAMBLAY.

Et moi, je vous dis que, si vous ne sortez pas de chez moi, à l'instant même, monsieur, si vous continuez à me menacer, je vous dis que je serai obligée d'appeler un protecteur et de rendre un étranger témoin de l'état où vous êtes et des excès indignes auxquels vous vous portez.

M. DE CHAMBLAY.

Eh bien, que notre destinée s'accomplisse jusqu'au bout ! La tirant à lui.) Signez, madame !

MADAME DE CHAMBLAY, se dégageant par un violent effort et ouvrant la porte de communication.

A moi, monsieur de Villiers !

SCÈNE IX

Les Mêmes, MAX, entrant par la porte que vient d'ouvrir madame de Chamblay.

MAX.

Monsieur le comte, vous êtes un misérable ! monsieur le comte, vous êtes un lâche ! monsieur le comte, vous êtes un gentilhomme indigne du titre que vous portez ! entendez-vous ? c'est moi qui vous le dis, moi, Max de Villiers, et je vous le dis non-seulement en mon nom, mais au nom de toute la noblesse de France. (M. de Chamblay tire un pistolet de sa poche.) Tirez, et vous ne serez plus justiciable de l'épée d'un honnête homme, mais de la hache du bourreau.

M. DE CHAMBLAY.

Un amant à une heure du matin dans la chambre de ma femme, il y a flagrant délit et je suis dans mon droit.

(Il tire ; quoique touché à l'épaule, Max reste debout.)

MADAME DE CHAMBLAY pousse un cri, se précipite sur la plume et signe.

Tenez, monsieur, voilà ce que vous voulez. Sortez maintenant.

(M. de Chamblay jette un coup d'œil sur l'acte et sort vivement.)

SCÈNE X

Les Mêmes, hors M. DE CHAMBLAY.

MADAME DE CHAMBLAY, jetant ses bras au cou de Max.

Et maintenant que je n'ai plus rien à moi, que moi, — à toi, mon bien-aimé, à la vie, à la mort!

ACTE CINQUIÈME

Un grand cabinet donnant de plain-pied sur un parc magnifique.

SCÈNE PREMIÈRE

LE BARON, à un bureau élégant; BERTRAND, en grand costume de chef de cuisine.

LE BARON.

Ah çà! mon cher monsieur Bertrand, il s'agit ici de soutenir dignement l'honneur du drapeau; nous avons demain un dîner de vingt couverts, les plus fines fourchettes du département; je vous ai donné huit jours pour faire vos provisions et penser à votre menu; voyons le résultat de vos méditations.

BERTRAND.

Monsieur le baron avait dit: « Une table de vingt couverts; » j'ai pensé que, pour une table de vingt couverts, il fallait au moins deux potages.

LE BARON.

Vous avez pensé juste, monsieur Bertrand; voyons vos deux potages!

BERTRAND.

L'un à la reine, aux avelines; l'autre une bisque rossolis aux pouparts.

LE BARON.

Très-bien!...

BERTRAND.

Puis quatre grosses pièces.

LE BARON.

Quatre grosses pièces, soit!

BERTRAND.

Je proposerai à M. le baron, un turbot à la purée d'huîtres vertes, une dinde aux truffes de Barbezieux...

LE BARON.

Une dinde aux truffes? Mais c'est un rôti, cela, il me semble!

BERTRAND.

M. le baron fait erreur : cela ne se sert comme rôti que dans la petite bourgeoisie.

LE BARON.

C'est possible, mais il me semblait que j'avais, dans ma jeunesse, mangé des dindes aux truffes, en manière de rôti.

BERTRAND.

C'était les jours où M. le baron s'encanaillait ; la dinde aux truffes est une grosse pièce, et ce serait commettre un crime de lèse-gastronomie que de lui laisser occuper la place du rôti.

LE BARON.

Très-bien, je retire ma proposition.

BERTRAND.

Retirez, monsieur le baron, retirez! La troisième grosse pièce sera, sauf votre avis, une carpe du Rhin à la Chambord, et des reins de sanglier à la Saint-Hubert.

LE BARON.

Bravo, monsieur Bertrand! Voyons maintenant vos quatre entrées.

BERTRAND.

M. le baron sait qu'en province, on ne se procure pas tout ce qu'on veut.

LE BARON.

Pas d'excuses, monsieur Bertrand! avec un homme comme vous, je ne les admets pas. Vos quatre entrées ?

BERTRAND.

Paté chaud de pluviers dorés, six ailes de poulardes glacées aux concombres, dix ailes de canetons au jus de bigarrade, matelote de lottes à la bourguignonne.

UN VALET, annonçant.

M. le comte Max de Villiers.

BERTRAND, impatienté.

En vérité, M. le baron ne peut pas s'occuper un instant avec tranquillité d'affaires sérieuses.

LE BARON.

Oui, c'est terrible, monsieur Bertrand! heureusement que vous vous en occupez pour moi; sans quoi, je ne sais pas comment irait ma préfecture; mais laissez-moi votre menu, je l'étudierai à loisir.

BERTRAND.

J'attendrai à l'office les ordres de M. le baron.

LE BARON, au Valet.

Faites entrer M. de Villiers.

SCÈNE II

Les Mêmes, MAX.

LE BARON, désignant Bertrand, qui va sortir.

Mon cher Max, je t'ai dit qu'un jour ou l'autre, je te présenterais M. Bertrand... Il est en train, à l'heure qu'il est, de se préparer un triomphe pour demain. Hélas! mon cher ami, quoique tu sois invité des premiers, ta voix lui manquera et il ne s'en consolera jamais; son dîner de demain devait être son chef-d'œuvre... — Allez, Bertrand, et soyez digne de vous-même, c'est tout ce que je vous demande.

(Bertrand sort.)

MAX.

Et pourquoi n'assisterai-je pas, demain, au triomphe de M. Bertrand?

LE BARON.

Par la raison infiniment simple, cher ami, que demain, selon toute probabilité, à l'heure où nous dînerons, tu courras la poste sur la route de Calais.

MAX.

Ta police toujours?

LE BARON.

Ma police toujours !... Ose dire que non.

MAX.

Eh bien, soit, je te l'accorde comme fait accompli.

(Il lui tend la main droite.)

LE BARON.

L'autre ! je craindrais de te faire mal en serrant celle-ci.

MAX.

Décidément, mon cher, tu es sorcier.

LE BARON.

Tu vois que ce qu'il y a de mieux à faire désormais, c'est de tout me dire ; car, outre l'appui matériel que je puis te prêter, je te donnerai aussi quelques bons conseils. Ma frivolité apparente est comme ces fleurs qui poussent sur les grèves. Laisse-moi commencer par l'appui matériel.

MAX.

Je t'écoute.

LE BARON.

Eh bien, d'abord, au lieu d'acheter une vieille chaise de poste qui t'a coûté quinze cents francs et qui se brisera au premier cahot, tu aurais dû me demander la mienne, qui est toute neuve et excellente ; aussi tu ne seras pas étonné que j'aie fait dire à la poste d'amener ici les chevaux et d'atteler dans la cour.

MAX.

Mais, mon ami, dans les circonstances où mon départ doit avoir lieu, n'y a-t-il pas quelque chose de compromettant pour toi qu'il date de la préfecture ?

LE BARON.

Le beau mérite, si l'on ne rendait à ses amis que des services qui ne compromettent point celui qui les rend !

MAX.

Tu es admirable, ma parole d'honneur ! Et si l'on te destitue ?

LE BARON.

Tant pis pour le gouvernement, il ne trouvera pas beaucoup de préfets comme moi, va.

MAX.

Et après ?

LE BARON.

Après quoi ?

MAX.

Qu'ai-je fait encore ?

LE BARON.

Une imprudence énorme: tu as été chez tous les banquiers de Bernay et d'Évreux demandant de l'or. Tiens, voici douze rouleaux contenant mille francs chacun.

MAX.

Alors, je vais te les rendre en billets de banque ?

LE BARON.

Garde-les, tes billets de banque, pour le cas où tu serais obligé d'aller jusqu'en Amérique.

MAX.

Oh ! le cas ne se présentera point.

LE BARON.

Qui sait ? si l'idée lui prenait de vous poursuivre !

MAX.

Il n'y a pas de crainte : sa femme n'a plus de signature à lui donner ; je n'en ai pas moins besoin d'un passe-port, et j'ai compté sur toi pour cela.

LE BARON.

Je t'en ai préparé un en blanc, tu vas le remplir de ta main.

MAX.

Pourquoi de ma main ?

LE BARON.

Pour que tu puisses ajouter de la même écriture, au moment de t'embarquer : *Voyageant avec sa femme.*

MAX.

Tu sais donc que l'adorable créature consent à s'exiler ?

LE BARON.

Et c'est ici, mon cher Max, que l'ami va cesser de parler pour faire place au moraliste. L'adorable créature consent à te suivre, dis-tu ?... Mais as-tu réfléchi à la terrible responsabilité dont se charge un honnête homme qui enlève une femme mariée, même à un coquin ? A partir de ce jour-là, tous ses torts disparaissent, et c'est lui qui devient la victime. Partout où vous le rencontrerez, toi ou elle, ce sera à vous de rougir. C'est un lien de toute la vie, songes-y, que l'amant imprudent s'impose, un lien indissoluble et plus sacré que celui du mariage ; il s'engage non-seulement à aimer jusqu'à la mort la femme qui pour lui a manqué à tous ses devoirs, mais encore à la respecter au-dessus de toutes les autres. Je

sais bien qu'après la scène de l'autre nuit, après cette violence
exercée sur elle, après ce coup de pistolet tiré sur toi, il
était impossible que mademoiselle de Juvigny demeurât sous
le même toit qu'un mari joueur, ivrogne et meurtrier...
Mais, mon ami, nous avons des lois, trop restreintes peut-être,
mais qui cependant ont prévu le cas où il devient impossible
à une honnête femme de vivre avec un malhonnête homme ;
ces lois autorisent la séparation de corps et de biens : il est
trop tard pour la séparation de biens, je le sais, madame de
Chamblay est ruinée, et ruinée par le fait de son mari ; mais il
est temps pour la séparation de corps. A ta place, mon ami, —
il est vrai que je ne suis pas amoureux, moi, — j'eusse attendu
quelque temps encore avant de prendre un parti décisif.
M. de Chamblay est un homme fatal, il est né sous quelque
mauvaise planète, sous Saturne probablement ; il est de ceux
qui portent malheur aux autres et à eux-mêmes ; une fois
ruiné, et ce ne sera pas long, M. de Chamblay ne survivra pas
à sa ruine ; l'adorable créature sera libre, et rien ne t'empêchera plus de l'adorer.

MAX.

Et si, avant cela, dans un moment de colère, il la tue !...
Cet homme est capable de tout ; le pistolet qu'il a dirigé sur
moi, il pouvait le diriger sur elle ; la balle qui m'a effleuré
l'épaule pouvait lui traverser la poitrine !... s'il me cherche
une querelle et que je sois obligé de me battre avec lui, je
suis forcé de le ménager : si je le ménage, il me tue ; ou je ne
le ménage pas, et c'est moi qui le tue, deux circonstances qui
me séparent également et à jamais d'Edmée. Mon ami, ne
laissons point le soin de notre bonheur au plus aveugle et au
plus inflexible de tous les dieux, le destin... Si j'étais sûr que
la Providence ne prît quelquefois le nom de hasard, je me
fierais à cette sainte fille de notre religion et je lui dirais :
« Voilà deux cœurs purs et selon l'esprit du Seigneur, qui se
reposent en toi, veille sur eux ! » Mais, quand je tiens le bonheur entre mes bras, ne viens pas me demander de le lâcher
pour son ombre. J'ai la réalité, bien fou je serais de l'échanger
contre l'espérance... Quant à être sûr d'aimer Edmée toujours,
c'est l'affaire de mon cœur, et je connais mon cœur !... Quant
à être certain de la mettre dans mes respects au-dessus des
autres femmes, c'est l'affaire de ma conscience, et je suis sûr
de ma conscience... J'accepte la chaise de poste, j'accepte

ton argent, j'accepte ton passe-port ; mais, quant à tes conseils, je les repousse, sans toutefois les désapprouver. Tu aurais raison si tu t'adressais à deux âmes vulgaires... Merci encore une fois, mon ami. A quiconque te parlera de moi, parle de moi comme d'un homme qui n'a jamais fait défaut à une dette, pas plus à une dette d'argent qu'à une dette de cœur. Maintenant, Edmée, en costume de voyageuse, est dans l'hôtel en face ; je vais l'aller chercher et je l'amène ici, puisque tu permets que ce soit d'ici que nous partions.

LE BARON.

Laisse-moi lui faire dire de venir te rejoindre, il reste encore assez de jour pour que l'on vous voie ensemble, ce qui est à la fois inutile et dangereux. Vous vous tiendrez dans une des chambres retirées de mon hôtel ; l'aubergiste ne pourra pas dire qu'elle est sortie de chez lui avec toi, vous partirez à l'heure que vous voudrez, les chevaux de poste sont commandés pour huit heures. (Il sonne, un Domestique entre.) Georges, allez dire à la dame qui est à l'hôtel en face...

MAX.

Au premier, chambre numéro 3.

LE BARON.

De venir rejoindre ici la personne qui l'attend. *La personne qui l'attend, vous comprenez.* Ne prononcez pas le nom du comte. (Le Domestique sort.) Maintenant, mon cher, guette à la fenêtre la sortie et l'arrivée de la dame, et laisse-moi suivre une affaire de la plus haute importance, le menu de mon dîner de demain... (Pendant que Max va à la fenêtre, le Baron reprend son menu ; le Domestique apporte une lampe.) Voyons, où en étions-nous?... « Quatre plats de rôt. » C'est cela ! « Deux poules faisanes, l'une piquée, l'autre bardée ; buisson composé d'un brochet fourré de dix petits homards et de quarante écrevisses au vin de Sillery. » Ce Bertrand est véritablement un homme supérieur !... « Deux engoulevents, quatre râles, quatre ramereaux, deux tourtereaux, dix cailles rôties, terrine de foies de canard, de Toulouse... »

MAX, s'écriant.

La voilà, cher ami, la voilà !...

LE BARON.

Eh bien, va la recevoir.

(Max s'élance, ouvre la porte, madame de Chamblay paraît.)

SCÈNE III

LE BARON, MAX, MADAME DE CHAMBLAY.

LE BARON, s'inclinant.

Soyez la bienvenue chez moi, madame, et puissiez-vous, en y venant, avoir fait votre premier pas vers le bonheur!

MADAME DE CHAMBLAY.

J'y viens rejoindre un homme que j'aime de toute mon âme, monsieur, et remercier un frère que j'estime de tout mon cœur.

MAX.

Oh! oui, remerciez-le, Edmée, car il a toutes les délicatesses que vous pourriez demander à un cœur de femme, et toute la force que l'on demande à l'âme d'un ami. (Madame de Chamblay tend la main au baron.) Imaginez-vous, Edmée, que le baron nous donne sa voiture, un passe-port en blanc, avec lequel vous pouvez passer pour ma femme, et permet, pour que notre départ reste ignoré, que nous partions de chez lui.

LE BARON.

Dans la situation où vous êtes, on ne saurait prendre trop de précautions.

LE VALET, annonçant.

M. le comte de Chamblay.

MADAME DE CHAMBLAY.

Mon mari!...

MAX.

Que vient-il faire ici?

LE BARON.

Ce ne peut être qu'un hasard qui l'amène. Entrez dans ce cabinet et ne sortez point que je ne vous en ouvre la porte. (Ils entrent dans le cabinet, dont le Baron pousse la porte sur eux. Au Valet.) Faites entrer.

SCÈNE IV.

LE BARON, M. DE CHAMBLAY.

M. DE CHAMBLAY.

Je viens vous faire mes excuses, monsieur, d'avoir été trois jours à acquitter une dette qui ordinairement se paye dans les vingt-quatre heures ; mais, tant avec vous qu'avec les autres joueurs, j'avais perdu près de quatre-vingt mille francs, et vous comprenez que l'on n'a pas toujours quatre-vingt mille francs chez soi, à la campagne ; j'ai donc été obligé de faire un voyage à Paris, et, malgré toute la promptitude possible, je n'ai pu en partir que ce matin par le convoi de neuf heures ; j'ai pris la poste à Rouen, et me voilà, monsieur. J'espère qu'en faisant la part de la difficulté, vous voudrez bien avoir pour moi quelque indulgence.

LE BARON.

Veuillez me permettre, monsieur le comte, de vous dire que j'ignore complétement à quelle dette vous faites allusion.

M. DE CHAMBLAY.

Mais je fais allusion, monsieur le baron, aux quarante mille francs que j'ai perdus contre vous, et, comme vous étiez mon plus fort créancier, c'est à vous que suis venu d'abord. Ce portefeuille contient quarante mille francs en billets de banque ; vous convient-il de les compter ?

LE BARON.

Je vous le répète, monsieur, vous me rendrez un très-grand service à moi, et peut-être en rendrez-vous un plus grand à vous-même, en oubliant ce qui s'est passé à Bernay ; je vous le réitère, monsieur, je ne vous ai rien gagné, vous ne me devez rien, je ne recevrai rien de vous.

M. DE CHAMBLAY.

Je ne comprends pas, monsieur le baron, je ne comprends pas.

LE BARON.

Tenez-vous absolument à comprendre ?

M. DE CHAMBLAY.

J'avoue que cela me ferait plaisir.

LE BARON.

Eh bien, monsieur le comte, vous nous avez donné un excellent dîner arrosé des vins les plus rares, et j'ajouterai des plus capiteux. Nous nous sommes mis à jouer en sortant de table, et je doute qu'aucun de nous s'y soit mis avec une tête bien saine.

M. DE CHAMBLAY.

Excepté moi, monsieur.

LE BARON.

Obligé de faire raison aux nombreux toasts qui ont été portés et que vous avez portés vous-même, il est au moins probable qu'une susceptibilité outrée vous pousse seule à affirmer votre sang-froid au milieu de l'excitation générale. Quant à moi, monsieur, la crainte seule de vous donner un démenti me ramènerait à votre opinion.

M. DE CHAMBLAY.

C'est-à-dire que, le plus galamment du monde, monsieur le baron, et dans un but que je ne comprends pas, vous essayez de me persuader que j'étais ivre ! Eh bien, non, monsieur, j'affirme que je ne l'étais pas.

LE BARON.

Mais il me semble, monsieur, que le démenti que je craignais de vous donner...

M. DE CHAMBLAY.

Pardon, monsieur, je ne vous démens pas, je me justifie. Mais avouez, monsieur le baron, que vous avez quelque autre raison sur laquelle vous appuyez le singulier refus que vous faites de recevoir une somme que je vous dois.

LE BARON.

J'espérais que vous vous contenteriez de la première.

M. DE CHAMBLAY.

Malheureusement, monsieur, vous comprenez que c'est impossible.

LE BARON.

Impossible, monsieur ? réfléchissez avant de répéter ce mot.

M. DE CHAMBLAY.

Impossible !

LE BARON.

Alors, puisque vous m'y forcez, je vais vous expliquer cela. Tant que j'ai cru gagner un argent qui était le vôtre, j'ai regardé notre jeu comme sérieux, et, vous m'eussiez payé le même soir, que j'eusse probablement, sans observation aucune, accepté la somme ; mais, pendant les trois jours qui viennent de s'écouler, j'ai appris des choses qui me forcent à vous dire : Remettez ce portefeuille dans votre poche, monsieur ; je regarderais comme une indélicatesse de recevoir votre argent.

M. DE CHAMBLAY.

Et qu'avez-vous appris, s'il vous plaît, monsieur, qui vous rende si susceptible ?

LE BARON.

J'ai appris que l'argent avec lequel vous voulez me payer n'est pas le vôtre.

M. DE CHAMBLAY.

N'est pas le mien !... Mais à qui est-il donc ?

LE BARON.

C'est la dot de mademoiselle de Juvigny, que sa mauvaise étoile a faite madame de Chamblay.

M. DE CHAMBLAY.

Monsieur le baron, vous recevrez cependant cet argent que je soutiens vous devoir, moi ; vous le recevrez, c'est moi qui vous le dis.

LE BARON.

Eh bien, monsieur le comte, puisque votre mauvaise fortune l'emporte sur ma volonté, je vais en appeler à vous-même. Si par hasard vous aviez joué avec un bandit et un meurtrier, que ce bandit eût perdu avec vous une somme de quarante mille francs qu'il n'avait point, et que vous apprissiez que, pour la payer, il a été forcé de faire violence à une femme et de mettre le pistolet sur la gorge d'un homme, recevriez-vous l'argent qu'il vous apporterait et que vous sauriez venir de pareille source ?

M. DE CHAMBLAY.

Monsieur !...

LE BARON.

Non, n'est-ce pas ? Vous voyez bien que je ne puis recevoir le vôtre.

M. DE CHAMBLAY.

Monsieur le baron, vous venez de me faire, de parti pris, une de ces injures qui ne se lavent que dans le sang.

LE BARON.

Je pourrais vous dire, monsieur, qu'il y a du sang qui ne lave pas, mais qui tache ; cependant, du moment que vous placez la question sur ce terrain-là, je vous y suivrai !... Monsieur le comte, je suis tout à votre disposition. J'ai fait ce que j'ai pu pour ne pas vous donner d'explications, vous les avez exigées; au lieu de baisser la tête sous le poids de la honte, vous me provoquez, j'accepte; la main de Dieu est dans tout ceci... Je vous tuerai, monsieur, je vous tuerai!

M. DE CHAMBLAY.

Des menaces!

LE BARON.

Non! c'est le cri de ma conscience... Votre femme, une sainte créature, a été ruinée, violentée par vous, cela mérite justice! Mon ami, une âme loyale, un cœur droit, a failli être assassiné par vous, cela mérite vengeance! Oh! cette vengeance, il n'en eût pas laissé le soin à un autre, croyez-le bien! mais il aime madame de Chamblay!... mademoiselle de Juvigny, veux-je dire, il est aimé d'elle! Vous voyez bien qu'il faut que ce soit un autre qui vous tue. Eh bien, cet autre... Monsieur le comte, je suis à votre disposition.

M. DE CHAMBLAY.

J'aurai l'honneur de vous envoyer demain mes témoins,

LE BARON.

Oh! demain, je serai bien occupé; j'ai tout le conseil général à recevoir, pas pour mon plaisir, je vous jure.

M. DE CHAMBLAY.

Alors, monsieur, vous me priez de retarder la réparation d'une offense préméditée, profonde, sans excuse?...

LE BARON.

Non pas, vous comprenez mal; au contraire, je vous prie de l'avancer.

M. DE CHAMBLAY.

Expliquez-vous.

LE BARON.

Quand, autrefois, nos grands-pères portaient l'épée au côté et que survenait entre eux un motif de querelle, si cette querelle était sérieuse, si même elle ne l'était pas, ils tiraient l'épée à l'instant même; si c'était le jour, à la lumière du soleil, si c'était la nuit à la lumière de la lune. Quoique nous soyons fort dégénérés de nos aïeux, vous plairait-il de faire comme eux, monsieur le comte?

M. DE CHAMBLAY.

Par malheur, on ne porte plus d'épée.

LE BARON.

J'en ai là deux paires, monsieur, montées par Devisme, l'une en tierce, l'autre en quarte; vous choisirez celles qui vous conviendront le mieux ; il fait un clair de lune magnifique, mon jardin semble fait exprès pour vider ces sortes de différends; s'il vous convient d'accepter mes épées, mon jardin et mon clair de lune, je mets tout cela à votre disposition.

M. DE CHAMBLAY.

Soit, si vous avez aussi des témoins à m'offrir.

LE BARON.

Non, mais entrez au café, à quatre pas d'ici, vous y trouverez dix officiers qui seront heureux de nous aider à vider notre petite querelle.

M. DE CHAMBLAY.

Je vous ai écouté jusqu'au bout, monsieur, c'est vous dire que, dans dix minutes, l'un de nous deux sera mort ! Attendez-nous.

(Il sort.)

SCÈNE V

LE BARON, seul, reprenant son menu; puis UN SECRÉTAIRE
et UN DOMESTIQUE.

« Huit entremets ; grosses pointes d'asperges à la Pompadour et au beurre de Rennes ; croûte aux champignons, émincé à lames de truffes noires à la Béchamel; charlotte de poires à la vanille. »

UN SECRÉTAIRE.

Monsieur le baron, voilà les chevaux de la poste qui arrivent, selon vos ordres, j'ai dit au postillon d'atteler.

LE BARON.

Vous avez bien fait. Allez à ma salle d'armes, détachez les deux paires d'épées qui sont accrochées à la muraille à gauche, et apportez-les ici.

UN DOMESTIQUE.

M. le comte de Chamblay, MM. de Lauzières et Billencourt sont au jardin et attendent M. le baron.

(Le Secrétaire rentre avec les épées.)

LE BARON.

C'est bien, je suis à eux; portez ces épées aux témoins de M. de Chamblay. (Allant au cabinet où il a enfermé Max et madame de Chamblay, et l'ouvrant.) Je crois que vous pouvez sortir maintenant ; je vais faire un tour au jardin, ne partez pas sans me dire adieu?

(Il descend le perron en courant.)

SCÈNE VI

MAX, MADAME DE CHAMBLAY, LE SECRÉTAIRE.

MAX.

Est-ce que les chevaux de la poste sont arrivés, mon ami? il me semble entendre leurs grelots.

LE SECRÉTAIRE.

Oui, monsieur le comte.

MADAME DE CHAMBLAY.

Et on les a mis à la voiture?

LE SECRÉTAIRE.

Devant moi.

MAX, au Secrétaire.

Croyez-vous que le baron tarde à revenir

LE SECRÉTAIRE

Dame, monsieur le comte, c'est selon comme cela tournera.

MADAME DE CHAMBLAY.

Que voulez-vous dire?

LE SECRÉTAIRE.

Je veux dire que M. le baron vient de sortir avec M. le comte de Chamblay et deux officiers qui portaient chacun une paire d'épées.

MAX et MADAME DE CHAMBLAY.

Des épées!...

MAX.

Et où sont-ils allés?

LE SECRÉTAIRE.

Dans le jardin.

MADAME DE CHAMBLAY.

Mon Dieu !

LE SECRÉTAIRE, bas, à Max.

Écoutez, on entend le froissement du fer ?

MAX.

Oh ! je cours...

LE SECRÉTAIRE, l'arrêtant.

Restez !... on n'entend plus rien...

(Silence d'un instant. Puis tous ensemble.)

MAX.

Alfred !

MADAME DE CHAMBLAY

Le baron !

LE SECRÉTAIRE

M. le préfet !

SCÈNE VII

LES MÊMES, LE BARON, avec le plus grand calme.

LE BARON, au Secrétaire.

Faites dételer.

(Le Secrétaire sort.)

MAX.

Que dis-tu ?

LE BARON.

J'ordonne de dételer, tu entends bien.

MADAME DE CHAMBLAY, tremblante.

Mais pourquoi cela, monsieur ?

LE BARON.

Parce que votre départ est devenu inutile.

MAX.

Explique-toi, au nom du ciel !

LE BARON.

Oh ! mon Dieu, c'est bien simple. Nous nous promenions côte à côte, M. de Chamblay et moi, comme deux bons amis, en causant de nos affaires, quand tout à coup — je suis désespéré, madame, de vous dire la chose si brutalement — quand tout à coup, M. le comte a fait un faux pas et est tombé à la renverse en poussant un cri. Nous avons voulu le relever : il était mort !...

MADAME DE CHAMBLAY.

Oh !... terrible ! terrible !...

MAX, bas.

Tu lui as donné un coup d'épée ?

LE BARON, de même.

Que veux-tu, mon ami ! j'ai mis en pratique la maxime que je t'avais citée l'autre jour : « Mieux vaut tuer le diable, que le diable ne nous tue... »

FIN DE MADAME DE CHAMBLAY.

LES BLANCS
ET
LES BLEUS

DRAME EN CINQ ACTES, EN ONZE TABLEAUX

Châtelet. — 10 mars 1869.

DISTRIBUTION

SAINT-JUST...............................	MM. TAILLADE.
PICHEGRU................................	LARAY.
EULOGE SCHNEIDER...................	GOUCET.
LE GÉNÉRAL EISEMBERG..............	EDMOND GALAND.
HOCHE....................................	DALBERT.
UN VIEILLARD............................	DONATO.
FARAUD..................................	TOUZÉ.
FALOU....................................	COURTÈS.
SPARTACUS..............................	WILLIAMS.
TÉTREL...................................	PATONNELLE.
YOUNG...................................	BOILEAU.
FENOUILLOT.............................	BOUCHET.
RAOUL....................................	DELACOUR.
STÉPHEN.................................	HODIN.
MONNET..................................	ABEL BRUN.
AUGEREAU...............................	DELORME.
COCLÈS...................................	THÉOL.
ABATUCCI................................	HUVIER.
DOMERC..................................	LAFERTÉ.
LE GÉNÉRAL PERRIN....................	NOEL.
PROSPER LENORMAND.................	HUCHERARD.
JACQUEMIN..............................	PROST.
EILDEMANN..............................	FABRE.
MAITRE NICOLAS........................	BARBIER.
TITUS. — UN CRIEUR PUBLIC.........	MARTIN.
UN JEUNE HOMME......................	STANISLAS.
UN AIDE DE CAMP......................	AUGUSTE.
UN SOLDAT..............................	BAYARD.
CLOTILDE BRUMPT.....................	Mmes FLEURY.
MADAME TEUTCH.......................	DELVALLÉE.
CHARLES NODIER.......................	G. GAUTHIER.

GERTRUDE....................................	LAGRANGE.
UNE MÈRE.....................................	DAUBRUN.
LA DÉESSE RAISON...........................	MARIE LEROUX.
UN JEUNE COLLÉGIEN.........................	ABRAHAM.
UNE FEMME DU PEUPLE........................	BELLAMY.
ÉTIENNETTE...................................	JENNY BARON.

OFFICIERS, SOLDATS, HOMMES ET FEMMES DU PEUPLE, etc.

ACTE PREMIER

PREMIER TABLEAU

L'auberge de la *Lanterne*, à *Strasbourg*.

Magnifique cuisine de province avec une grande cheminée, une immense table sur laquelle mangent les maîtres et les domestiques. Des cabinets à gauche et à droite; grand escalier au fond, montant aux chambres du premier étage; grande porte donnant sur la rue par un pan coupé.

SCÈNE PREMIÈRE

MADAME TEUTCH, COCLÈS.

MADAME TEUTCH, *appelant pendant que huit heures sonnent au coucou.*

Hé, l'Endormi! hé, l'Endormi!

COCLÈS, *sortant de dessous le manteau de la cheminée.*

D'abord, je ne m'appelle plus l'Endormi ; c'était bon sous le tyran, où on n'était pas libre de se choisir un nom. Je m'appelle Coclès.

MADAME TEUTCH.

Eh bien, Coclès, prends ta lanterne et va-t'en voir à l'hôtel de la *Poste* si la diligence de Besançon est arrivée. L'accusateur public, le citoyen Euloge Schneider, a fait retenir ici une chambre pour le fils d'un de ses amis qui arrive ce soir. Tu demanderas le citoyen Charles, un petit jeune homme de quatorze à quinze ans, et tu l'amèneras ici.

COCLÈS.

Il n'aurait donc pas pu y venir tout seul, ici ?

MADAME TEUTCH.

Il paraît que non, puisque je te l'envoie chercher.

COCLÈS.

Ah!... Voyez donc le temps : il pleut à ne pas mettre un aristocrate à la porte.

MADAME TEUTCH.

Tu n'es pas encore parti ?

COCLÈS.

Non ! sans compter que, s'il ne me plaisait pas de partir, je ne partirais pas.

MADAME TEUTCH.

Tu ne partirais pas ?

COCLÈS.

Je connais *les Droits de l'homme !*

MADAME TEUTCH.

Eh bien, moi, je vais t'apprendre ceux de la femme.

(Elle lui donne un soufflet.)

COCLÈS.

Citoyenne Teucht !...

SCÈNE II

LES MÊMES, AUGEREAU.

AUGEREAU, entrant.

De la rébellion contre ta maîtresse, citoyen l'Endormi ?

COCLÈS.

De la rébellion ! peut-on m'accuser de cela ?

AUGEREAU.

Comment, misérable ! tu oses lever la main sur la respectable citoyenne Teutch ?

COCLÈS.

Mais non, au contraire, puisque c'est elle qui l'a baissée sur moi.

AUGEREAU.

J'ai bien entendu le soufflet.

COCLÈS.

Et moi, je l'ai bien senti.

AUGEREAU.

Allons, pas de réplique ! va chercher le citoyen Charles et prends bien garde qu'il ne se mouille les pieds en route. C'est un fils de famille.

COCLÈS.

Et s'il fait exprès de marcher dans le ruisseau ?...

AUGEREAU, *avec un geste moitié menaçant, moitié comique.*
Jarnidieu !...
COCLÈS, *sortant en courant.*
Faites donc des révolutions, voilà à quoi ça sert!

SCÈNE III

MADAME TEUTCH, AUGEREAU.

MADAME TEUTCH.
Toujours là au moment où on a besoin de lui, comme dans les contes de fées. (*Elle veut lui passer le bras autour du cou.*) Oh! amour d'homme!

AUGEREAU.
Citoyenne Teutch, respect à l'uniforme! ne compromettez pas le 72e de ligne, où j'ai l'honneur d'être sergent-major. Ces démonstrations exagérées sont bonnes pour le tête-à-tête, porte close et rideaux fermés.

MADAME TEUTCH.
Bah! est-ce que nous ne sommes pas seuls, mon beau sergent?

AUGEREAU.
Et les gens qui passent, donc! Ah! ton auberge est bien nommée : l'auberge de la *Lanterne*, citoyenne Teutch! on y voit aussi bien du dehors au dedans que du dedans au dehors.

MADAME TEUTCH.
Mais, voyons, qu'est-ce que ça pourrait vous faire quand on tiendrait quelques petits propos sur notre inclination respective? il me semble, au bout du compte, que c'est sur moi qu'ils retomberaient.

AUGEREAU.
Allons donc, citoyenne Teutch! Les gens qui ne rendraient pas justice à vos mérites physiques diraient que je me fais entretenir par l'auberge de la *Lanterne*, ce qui, nuisant à ma considération, pourrait nuire à mon avancement.

MADAME TEUTCH.
Qui pourrait dire cela?

AUGEREAU.
Les mauvaises langues.

MADAME TEUTCH.
Il est vrai que, depuis un an que tu bois, manges et dors dans mon hôtel, tu ne m'as jamais demandé ton compte.

AUGEREAU.

Citoyenne Teutch, la République est pauvre, ce qui fait qu'elle oublie mensuellement de nous payer notre solde. Quand elle nous payera notre solde, je te payerai ton compte.

MADAME TEUTCH.

Et j'attendrai tant qu'il te plaira, mon petit Pierre.

AUGEREAU.

Citoyenne Teutch!

MADAME TEUTCH.

Eh bien, qu'y a-t-il encore?

AUGEREAU.

Il y a que votre passion vous aveugle tellement, que vous ne voyez pas la patrouille qui passe et que vous oubliez de me donner à souper.

MADAME TEUTCH.

Tiens, méchant garçon, il est là, ton souper!... (Elle le fait entrer dans un cabinet à gauche. Augereau l'enveloppe dans le rideau et l'embrasse au front.) Enfin!

AUGEREAU, frisant sa moustache.

J'aime le mystère, moi! (Il entre en chantant.)

Vive le vin, vive l'amour!

SCÈNE IV

MADAME TEUTCH, un PORTE-BALLE,
descendant l'escalier.

LE PORTE-BALLE, à demi voix.

Madame Teutch! madame Teutch!

MADAME TEUTCH.

Que me voulez-vous, mon brave homme?

LE PORTE-BALLE.

Je veux vous payer.

MADAME TEUTCH.

Vous ne me devez rien.

LE PORTE-BALLE.

Madame Teutch, vous ne sauriez croire le plaisir que vous me faites en ne me reconnaissant pas.

MADAME TEUTCH.

Quel plaisir cela peut-il vous faire, mon bon ami?

LE PORTE-BALLE.

Cela prouve que je suis bien déguisé. Le voyageur du numéro 7.

MADAME TEUTCH.

Le général Perrin !

LE PORTE-BALLE.

Une bonne âme vient de me prévenir que je devais être arrêté cette nuit, et vous voyez... je prends mes précautions. Combien vous dois-je?

MADAME TEUTCH.

Pour un jour et une nuit que vous êtes resté chez moi? Une vieille connaissance comme vous, en vérité, cela n'en vaut pas la peine.

LE PORTE-BALLE.

Voilà un assignat de cent francs; payez-vous, bonne madame Teutch; et donnez le reste à vos domestiques.

MADAME TEUTCH.

Ainsi, vous partez, vous quittez la France ?

LE PORTE-BALLE.

Peste! je n'ai pas envie de me laisser couper le cou, comme Custine et Houchard. — Adieu, madame Teutch, ne m'oubliez pas dans vos prières.

MADAME TEUTCH.

Non, mon brave monsieur Perrin, non...

LE PORTE-BALLE, reparaissant.

A propos, cachez mon sabre et mon chapeau, qui pourraient vous compromettre.

MADAME TEUTCH.

Soyez tranquille. (Il disparaît par la porte latérale.)

SCÈNE V

MADAME TEUTCH, COCLÈS et CHARLES NODIER,
entrant par la porte du fond.

COCLÈS.

Citoyenne Teutch ! citoyenne Teutch !

CHARLES, courant au feu.

Oh! le bon feu !

COCLÈS.

Tenez, le voilà, votre voyageur !

MADAME TEUTCH

Où est-il ?

COCLÈS.

Dans la cheminée.

MADAME TEUTCH, courant à Charles.

Oh ! le pauvre petit ! pourquoi grelotte-t-il ainsi et pourquoi est-il si pâle ?

COCLÈS.

Dame ! citoyenne, je crois qu'il grelotte parce qu'il a froid, et qu'il est pâle parce que, comme il ne fait ni ciel ni terre, il s'est, en traversant la place du Marché, emberlificoté les jambes dans la guillotine ; et ça lui a fait un effet !... Dame ! un enfant...

MADAME TEUTCH.

Et il ne vous est rien arrivé autre chose ?

COCLÈS.

Oh ! si fait, nous avons rencontré le citoyen Tétrel..., vous savez, le directeur de la poste aux chevaux, et sa patrouille ; ils nous ont crié : « Qui vive ? » Ma foi, il pleuvait si fort, que nous avons, au lieu de répondre, enfilé la ruelle du Lycée, et nous voilà.

MADAME TEUTCH.

C'est bien ; je n'ai plus besoin de toi, imbécile !

COCLÈS.

C'est mon pourboire, n'est ce pas ?... Merci, bourgeoise !

CHARLES.

Non, mon ami, ton pourboire, le voici.

COCLÈS.

Peste ! de la monnaie blanche... Depuis un an que je n'en ai pas vu, ça me fait plaisir d'en revoir.

AUGEREAU, du cabinet.

Holà ! la maison !...

COCLÈS.

Dites donc, patronne...

MADAME TEUTCH.

Eh bien ?

COCLÈS.

C'est vous, la maison, n'est-ce pas ?

MADAME TEUTCH.

Oui.

COCLÈS.

Eh bien, voilà le citoyen Augereau qui vous appelle.

MADAME TEUTCH.

Va à tes chevaux et laisse-nous tranquille !

COCLÈS, en s'en allant.

Ne t'inquiète pas, citoyen Augereau, tu vas être servi.

SCÈNE VI

CHARLES, MADAME TEUTCH, AUGEREAU, sur le seuil du cabinet.

MADAME TEUTCH, à Augereau.

Que veux-tu, citoyen ?

AUGEREAU.

Je vois bien ma chope de bière, mais je ne vois pas ma bouteille de vin.

MADAME TEUTCH.

Toute la cave, mon beau sergent !... toute la cave !

AUGEREAU.

Doucement, mes amours ! toute la cave, ce serait trop pour une fois; bouteille à bouteille, je ne dis pas.

MADAME TEUTCH, appelant.

Catherine !... Catherine !...

CATHERINE, se montrant sur l'escalier.

Me voilà, citoyenne.

MADAME TEUTCH.

Une bouteille de bordeaux à M. Augereau.

AUGEREAU.

Merci...

MADAME TEUTCH.

Attendez donc que je vous dise !...

AUGEREAU.

Quoi ?

MADAME TEUTCH.

Le général Perrin, qui occupait le numéro 7, vous savez ?

AUGEREAU.

Oui.

MADAME TEUTCH.

Eh bien, il vient de se sauver déguisé en porteballe.

AUGEREAU.

Cela ne m'étonne pas : il était accusé, du temps qu'il était en garnison à Mayence, d'avoir voulu vendre Mayence à l'ennemi.

MADAME TEUTCH.

Cela ne me regarde pas ; il avait l'habitude de loger chez moi, toutes les fois qu'il passait à Strasbourg. Il y a logé hier comme d'habitude, il a inscrit son nom sur le registre des voyageurs, il est resté vingt-quatre heures, il a payé, il est parti, Dieu le conduise ! (Prenant la bouteille des mains de Catherine.) Tenez, voici votre bouteille de bordeaux, ne dites plus rien.

(Catherine entre dans le cabinet avec Augereau.)

SCÈNE VII

MADAME TEUTCH, CHARLES, GERTRUDE.

GERTRUDE.

Eh bien, est-il arrivé, notre jeune homme ?

MADAME TEUTCH.

Oui ; tenez,... le voilà qui se chauffe. (Elle entre aussi dans le cabinet.)

GERTRUDE.

Il est gentil tout de même... (A Charles.) Citoyen Charles, je viens, de la part du citoyen Euloge Schneider, m'informer si vous êtes arrivé et si vous avez fait un bon voyage.

CHARLES.

Dis au citoyen Schneider que je suis bien reconnaissant de la peine qu'il se donne ; que le voyage a été excellent, et qu'avec sa permission, j'irai demain lui faire visite.

GERTRUDE.

Ce serait un hasard si vous le trouviez ; aussi vous attendra-t-il demain à dîner.

CHARLES.

A quelle heure, s'il te plaît ?

GERTRUDE.

A deux heures. Ne vous faites pas attendre... Je vous préviens que le citoyen Schneider ne rentre pas toujours de bonne humeur. — Adieu, citoyenne Teutch...

(Elle sort.)

6.

SCÈNE VIII

Les Mêmes, hors GERTRUDE.

MADAME TEUTCH, sortant du cabinet.

Galant comme un berger! (Revenant à Charles.) Mon petit ami, voulez-vous me permettre de vous donner un conseil?

CHARLES.

Volontiers, citoyenne.

MADAME TEUTCH.

Ce serait d'abord de faire un bon petit souper.

CHARLES.

Oh! quant à cela, non, merci... Nous avons dîné à Erstein, je n'ai pas la moindre faim; j'aimerais mieux me coucher, je sens que je ne me réchaufferai complétement que dans mon lit.

MADAME TEUTCH.

Eh bien, on va vous le bassiner, votre lit; puis, quand vous serez dedans, on vous donnera une bonne tasse de lait ou de bouillon.

CHARLES.

Du lait, si vous voulez bien.

MADAME TEUTCH.

Du lait, soit!... En effet, pauvre petit, c'est à peine au monde et ça court les grands chemins... tout seul, comme un homme... Ah! nous vivons dans un triste temps! (Allant à la planche où sont suspendues les clefs.) Voyons cela, voyons cela... Le numéro 5... Non, la chambre est trop grande et la porte ferme mal, il aurait froid, le mignon... Le numéro 9... Non, c'est une chambre à deux lits. Ah!... le numéro 7, que vient de quitter le général Perrin.

CHARLES.

Le général Perrin?

MADAME TEUTCH.

Oui.

CHARLES.

De Besançon?

MADAME TEUTCH.

Je crois qu'oui.

CHARLES.

Je le connais, c'est un ami de mon père. Et vous dites qu'il est parti?

MADAME TEUTCH.

Ma foi, il sortait par cette porte-là, tandis que vous entriez par celle-ci.

CHARLES.

J'en suis fâché, j'aurais voulu le voir.

MADAME TEUTCH.

Il est trop tard, mon petit ami... (A elle-même.) C'est ça qui lui convient : un grand cabinet avec une bonne couchette garnie de rideaux pour le garantir des courants d'air ; une jolie cheminée qui ne fume que quand il pleut, avec un Enfant Jésus dessus : ça lui portera bonheur... (Elle embrasse Charles.) Catherine !... Catherine !...

CATHERINE, dans le cabinet d'Augereau.

Citoyenne ?

MADAME TEUTCH.

Viendras-tu, quand on t'appelle ?

CATHERINE, paraissant.

C'est le citoyen Augereau qui m'embrasse.

MADAME TEUTCH.

Citoyen Augereau !...

AUGEREAU.

Calomnie, citoyenne Teutch ! calomnie !..

CATHERINE, se frottant le visage.

Qu'y a-t-il, notre maîtresse ?

MADAME TEUTCH.

Il y a, citoyenne, que, la première fois que tu te laisseras embrasser par les voyageurs, tu auras affaire à moi.

CATHERINE, qui a vu madame Teutch embrasser Charles.

Et le citoyen Charles, ce n'est donc pas un voyageur ?

MADAME TEUTCH.

C'est un enfant, citoyenne, un enfant qui m'est recommandé... Voyons, va préparer le 7 pour ce chérubin-là, et choisis-lui des draps bien fins et bien secs, pendant que je vais lui faire un lait de poule.

CATHERINE.

Le 7, est-ce qu'il n'est pas occupé ?...

(Catherine allume une bougie et sort.)

MADAME TEUTCH.

Justement celui qui l'occupait vient de partir... (A Charles.) Savez-vous pourquoi je vous donne le 7, mon enfant ?

CHARLES.

Oui, citoyenne, j'ai entendu ce que tu disais dans ton monologue.

MADAME TEUTCH.

Monologue! Jésus Dieu! qu'est-ce que c'est que ça?... Est-ce encore un mot révolutionnaire?

CHARLES.

Non, citoyenne, c'est un mot français composé de deux mots grecs, *monos*, qui veut dire *seul*, et *logos, discours*.

MADAME TEUTCH.

Vous savez le grec, à votre âge, citoyen?

CHARLES.

Oh! très-peu, citoyenne, et c'est pour l'apprendre beaucoup mieux que je viens à Strasbourg.

MADAME TEUTCH.

Vous venez à Strasbourg pour apprendre le grec! et avec qui, mon Dieu?

CHARLES.

Avec le citoyen Euloge Schneider, qui vous avait prévenue de mon arrivée et qui vient de m'envoyer inviter à dîner.

MADAME TEUTCH.

Ah! mon pauvre enfant, si vous ne comptez que sur lui pour apprendre le grec...

CHARLES.

Pourquoi ne me l'apprendrait-il pas, puisqu'il était professeur à Bonn? C'est qu'il ne le voudrait pas; il sait le grec comme Démosthènes.

MADAME TEUTCH.

Parce qu'il n'aura pas le temps.

CHARLES.

Et que fait-il donc?

MADAME TEUTCH.

Vous me le demandez?

CHARLES.

Certainement, que je le demande.

MADAME TEUTCH, à voix basse.

Eh bien, il coupe des têtes!

CHARLES.

Il coupe... des têtes?...

MADAME TEUTCH.

Ne savez-vous pas qu'il est accusateur public? Ah! mon

pauvre enfant, votre père vous a choisi là un drôle de professeur de grec.

CHARLES.

Mon père ne savait pas cela quand il m'a envoyé ici. Par bonheur, je ne suis pas recommandé qu'à lui seul... (Il fait un pas vers l'escalier.)

MADAME TEUTCH.

Eh bien, où allez-vous donc?

CHARLES.

Je vais à ma chambre.

MADAME TEUTCH.

Vous ne la trouverez pas.

CHARLES.

Bon! c'est le numéro 7, dont le lit a des rideaux et dont la cheminée ne fume que les jours où il pleut. Dites donc, citoyenne, il doit joliment y fumer aujourd'hui! Bonsoir et bonne nuit, madame Teutch.

(Il sort.)

MADAME TEUTCH, le suivant des yeux.

Mais quel amour d'enfant !...

SCÈNE IX

MADAME TEUTCH, AUGEREAU, TÉTREL, HUIT HOMMES DE PATROUILLE, DOMESTIQUES.

TÉTREL.

Deux sentinelles à cette porte, une à celle-ci... Que personne ne sorte!

MADAME TEUTCH.

Ah! c'est vous, citoyen Tétrel... Qu'avez-vous donc?

TÉTREL.

l'ai que je cherche deux grosses épaulettes accusées de trahison.

AUGEREAU, sortant de son cabinet.

Deux grosses épaulettes, ce n'est pas encore moi.

TÉTREL.

Non, citoyen Augereau; c'est quelqu'un qui a fait son chemin plus vite que toi, quoi qu'il n'ait peut être pas ton mérite. — Allons, citoyenne Teutch, ton registre.

MADAME TEUTCH.

Le voilà.

TÉTREL, lisant.

« Le citoyen... le citoyen... le citoyen général Perrin, numéro 7. » Celui que nous cherchons est ici.

AUGEREAU.

Buisson creux!...

TÉTREL.

Que veux-tu dire?

AUGEREAU.

Que vous arrivez trop tard... Délogé depuis une heure.

TÉTREL.

Allons donc!...

AUGEREAU.

Quand je vous le dis... Douteriez-vous, par hasard, de la parole d'honneur du sergent-major Augereau ?

TÉTREL.

Non ; mais, en attendant, quatre hommes vont monter au numéro 7, visiter les chambres, fouiller les armoires, sonder les matelas.

MADAME TEUTCH.

Ah! citoyens, citoyens, je vous en prie... Je viens à l'instant même de donner la chambre à un petit jeune homme bien doux, bien gentil, qui n'a rien à faire avec le général Perrin.

TÉTREL, à ses Hommes.

Au numéro 7! et faites-moi descendre le jeune homme bien doux, bien gentil, que je l'examine.

MADAME TEUTCH.

Ah! mon Dieu, mon Dieu, ils vont lui faire une frayeur à lui tourner le sang.

TÉTREL.

Il est donc bien nerveux, ton protégé, citoyenne Teutch? (Allant à l'escalier.) Ah çà! faudra-t-il que je monte moi-même ?...

LES HOMMES DE LA PATROUILLE.

Nous voilà... nous voilà...

(Ils font descendre Charles avec le chapeau du général Perrin sur la tête et son sabre au côté.)

UN HOMME DE LA PATROUILLE, poussant Charles.

Avance à l'ordre, général Perrin.

SCÈNE X

Les Mêmes, CHARLES.

TÉTREL.

Que signifie cette plaisanterie ?

UN HOMME DE LA PATROUILLE.

Nous avons trouvé ce citoyen-là monté sur une table, avec ce chapeau sur la tête et ce sabre au côté.

MADAME TEUTCH, à part.

Le chapeau et le sabre du général Perrin !

CHARLES.

La glace était trop haute. J'ai voulu voir comment je serais en militaire : j'ai mis ce sabre à mon côté, ce chapeau sur ma tête, et je suis monté sur une table.

TÉTREL.

Désarmez-le.

AUGEREAU.

Oh ! ce ne sera pas difficile.

TÉTREL.

Connais-tu le général Perrin, jeune louveteau ?

CHARLES.

D'abord, je ne suis pas un louveteau. Je suis le fils d'un homme qui vaut certainement mieux que vous.

TÉTREL, levant le poing.

Hein !

AUGEREAU.

Pas de gestes, citoyen Tétrel. (Tétrel regarde Augereau de travers.) C'est comme ça, que veux-tu ! Quand on a un si beau sabre au côté, on le tire contre des gens qui ont des sabres... et l'on n'assomme pas les enfants à coups de poing.

TÉTREL.

Connais-tu le général ?

CHARLES.

Oui, je le connais : il est de Besançon, c'est un ami de mon père.

TÉTREL.

C'est bien ; voilà tout ce que l'on voulait savoir, beau jouvenceau. Conduisez le citoyen Charles à la prison des Célestins. Demain, il sera fait plus ample informé.

MADAME TEUTCH.

Oh! mon pauvre petit Charles en prison! — Citoyen Tétrel, permets au moins que je lui fasse porter un lit.

TÉTREL.

Allons donc! et les autres coucheraient sur la paille!... où serait l'égalité?

CHARLES.

Rassure-toi, citoyenne Teutch, une nuit est bientôt passée.

MADAME TEUTCH.

Mais demain... demain...

CHARLES.

Demain, je serai mis en liberté. Il y a un décret de la Convention qui défend de poursuivre les enfants pour crime politique avant seize ans; et, comme je n'en ai que quatorze, que je n'ai ni tué ni volé, je suis tranquille. Adieu, citoyenne Teutch... — Merci, citoyen Augereau.

(Il sort.)

SCÈNE XI

Les Mêmes, hors CHARLES.

TÉTREL.

Citoyenne Teutch, as-tu d'autres voyageurs dans ton hôtel?

MADAME TEUTCH, tremblant.

Oui, citoyen Tétrel, encore un.

TÉTREL, haut.

Le citoyen Augereau peut-être?

AUGEREAU.

Non, je ne voyage pas, moi, je permane...

TÉTREL.

Qui, alors?

MADAME TEUTCH.

Il ne m'a pas dit son nom.

TÉTREL.

Il ne t'a pas dit son nom! L'ordonnance veut que tous les voyageurs soient inscrits sur les registres dans les vingt-quatre heures qui suivent leur arrivée.

AUGEREAU.

C'est vrai... Mais, comme il n'y a que quatre heures que celui-là est arrivé, il lui en reste vingt pour faire sa déclaration?

TÉTREL.

Il y a du mystère là-dessous, je veux savoir ce soir comment il se nomme.

MADAME TEUTCH.

Je ne sais pas s'il est chez lui... Envoie-le chercher toi-même, citoyen Tétrel... Je te préviens qu'il n'a pas l'air tendre du tout. Ça fait froid dans le dos quand il parle.

TÉTREL.

Le numéro de sa chambre.

MADAME TEUTCH.

Numéro 11.

TÉTREL.

Que deux de vous aillent dire au voyageur du numéro 11...

SCÈNE XII

Les Mêmes, LE VOYAGEUR.

LE VOYAGEUR, entrant par la droite et montant
lentement l'escalier.

Qui me demande ici ?

TÉTREL.

Moi !

LE VOYAGEUR.

Que désires-tu ?

TÉTREL.

Savoir qui tu es.

LE VOYAGEUR.

De quel droit ?

TÉTREL.

Du droit de ma volonté.

LE VOYAGEUR.

Qui es-tu toi-même ?

TÉTREL.

Tétrel, le président de la Propagande.

LE VOYAGEUR.

Je n'ai pas affaire à vous ; tâchez de ne pas avoir affaire à moi.

TÉTREL.

Allons, pas tant de difficulté. Ton nom ?

LE VOYAGEUR.

Tu veux le savoir ? (Il s'approche de Tétrel et lui dit son nom tout bas. — Tétrel fait un mouvement.) Et maintenant, sur ta tête, que

ce nom ne sorte pas de ta bouche jusqu'à demain avant midi.
(Tétrel fait vivement le salut militaire.)

TÉTREL.

Portez armes !... présentez armes !... Portez armes !... (Les Soldats obéissent, le Voyageur remonte l'escalier.) Par file à gauche, marche !... (Il se remet à la tête de sa patrouille et sort vivement, sans dire un mot.)

AUGEREAU.

Il parait qu'il a son paquet, le citoyen président de la Propagande ; il n'y a pas de mal à cela.

(Le Voyageur, qui s'est arrêté sur l'escalier jusqu'à ce que Tétrel et ses Hommes soient sortis, rentre dans sa chambre.)

SCÈNE XIII

MADAME TEUTCH, AUGEREAU.

MADAME TEUTCH.

Eh bien ?...

AUGEREAU.

Eh bien ?...

MADAME TEUTCH.

Qui cela peut-il être ?

AUGEREAU.

Le diable m'emporte si je m'en doute, par exemple.

MADAME TEUTCH.

A moins que ce ne soit le général Pichegru, qui ne devait arriver que demain.

AUGEREAU.

Allons donc ! le général Pichegru a le double de l'âge de celui-ci.

MADAME TEUTCH.

En tout cas, il parait que c'est un personnage important et je vais le recommander à mes gens afin qu'il ne manque de rien.

AUGEREAU.

Pardon, pardon, citoyenne Teutch ! auparavant, mon café et mon petit verre d'eau-de-vie... Vous savez que, quand je n'ai pas pris mon gloria, je ne suis pas un homme.

MADAME TEUTCH.

Catherine !...

CATHERINE.

Voilà, citoyenne ! voilà !...

MADAME TEUTCH.

Le café et le petit verre du citoyen Augereau. (On les lu
donne. Elle les porte dans le cabinet.) Voici, citoyen Augereau.

CATHERINE, un instant seule.

En voilà un qui est gâté !

(On entend le galop d'un cheval de poste avec des grelots. Un Postillon
aux couleurs de la République saute à bas du cheval, à la porte.)

SCÈNE XIV

CATHERINE, un POSTILLON.

LE POSTILLON.

Hé ! l'Endormi ! va tenir mon cheval. Allons donc ! tu bâil-
leras demain.

COCLÈS, à part.

En voilà un qui ne se gêne pas. C'est à faire pleurer les
sans-culottes. (Haut.) C'est bon, on va le tenir, votre cheval,
monsieur l'aristocrate.

LE POSTILLON, appelant.

Hé ! la maison ! Un verre de vin de Moselle. (Frappant avec
son fouet sur la table.) Est-ce que tout le monde est mort ici ?...

SCÈNE XV

LES MÊMES, MADAME TEUTCH, sortant
du cabinet d'Augereau.

MADAME TEUTCH.

Si le feu est à la maison, dites-le tout de suite. C'est donc
toi, beau postillon, qui fais tout ce tapage-là.

LE POSTILLON, regardant autour de lui et levant son chapeau.

Silence !

MADAME TEUTCH.

Jésus Dieu ! c'est vous, monsieur Raoul ?

RAOUL.

Oui, c'est moi. M'êtes-vous toujours dévouée, madame
Teutch ?

MADAME TEUTCH.

Pour que je cessasse de l'être, il me faudrait oublier que
je dois tout à votre famille, monsieur Raoul. Mais comment
avez-vous pu venir de ce côté du Rhin, vous qui êtes émigré, qui vous battez contre la République ?...

RAOUL.

La mère de Clotilde Brumpt se meurt. Le comte doit passer le Rhin cette nuit de son côté pour lui faire ses adieux; ma présence peut être nécessaire, ne fût-ce que pour le défendre. J'ai reçu une lettre de Clotilde et je suis venu.

MADAME TEUTCH.

Et à quoi puis-je vous être bonne, monsieur Raoul?

RAOUL.

Je ne puis aller prendre un cheval à la poste aux chevaux, qui est tenue par ce misérable Tétrel... S'il me reconnaissait, je serais perdu. Je ne puis faire les six lieues qui me restent à faire, avec le cheval que j'ai, qui est déjà fourbu; j'ai pensé que vous auriez un cheval frais à me donner, et que je ne pouvais pas m'adresser à une créature plus discrète et plus dévouée que vous... Me suis-je trompé?

MADAME TEUTCH.

Non, vous ne vous êtes pas trompé; si je n'en avais pas, j'en volerais un pour vous. Oui, j'en ai un, mon bon monsieur Raoul. Ça aura peut-être le trot un peu dur, mais ça ne vous laissera pas en route... — L'Endormi! mets la selle au Cuirassier, fais-lui manger double mesure d'avoine.

L'ENDORMI, à part.

Le Cuirassier?... Je vais lui donner le Dragon... C'est le carcan des postillons. (A la cantonade.) Hola! Caracalla qui caracole! (Il sort.)

RAOUL.

Merci, madame Teutch; je vais avec lui pour le presser. D'ailleurs, dans l'écurie, je suis mieux caché et j'ai moins de chance d'être reconnu qu'ici.

MADAME TEUTCH.

Dieu vous garde, monsieur Raoul! et mettez bien mes respects aux pieds de toute la sainte famille.

RAOUL.

Encore une fois, merci, chère madame Teutch!... Mais qu'est-ce que cela?

MADAME TEUTCH.

En effet!

RAOUL.

Écoutez-donc! on dirait une fusillade du côté du pont de Kehl. (On entend crier dans la rue : « Alarme, alarme! ») Ah! par ma foi, voilà qui est bien heureux, cela va m'aider à sortir de Strasbourg. — Adieu, madame Teutch, adieu!

CRIS DANS LA RUE.

Aux remparts! aux remparts! L'ennemi!
(Quelques-uns de ceux qui courent ont des torches, des fusils.
On voit passer des estafettes au galop.

AUGEREAU, sortant de son cabinet.

L'ennemi! où est-il?

MADAME TEUTCH.

Au pont de Kehl... Seigneur mon Dieu! si nous allions être pris d'assaut! Ne me quittez pas, monsieur Augereau!

AUGEREAU.

Mon fusil... mille baïonnettes!

MADAME TEUTCH.

Mon Dieu! qu'est-ce que ça peut être?

AUGEREAU, chargeant son fusil.

C'est ce soudard d'Eisemberg qui avait les avants-postes de Kehl, et qui se sera laissé surprendre.
(Les tambours battent la générale. Cris « Aux remparts! » Augereau disparaît avec les gens qui passent et qui crient. Scène de tumulte dans la rue. On entend le galop de plusieurs chevaux.)

LA VOIX D'EISEMBERG.

Gare, gare! *Der Teufel!*

SCÈNE XVI

MADAME TEUTCH, EISEMBERG, Fuyards, les Domestiques, puis LE VOYAGEUR.

Un Cavalier s'arrête à la porte de l'hôtel. Il saute à bas de son cheval; il est sans chapeau, enveloppé d'un manteau qui, en s'ouvrant, laisse voir qu'il n'a que son pantalon et sa chemise. Il jette la bride aux mains de Coclès et entre, son sabre entre ses dents. Sur le seuil, il prend son sabre et le remet au fourreau.

EISEMBERG, entrant.

Vents et tonnerre, en voilà une poursuite!
(Il va à la cheminée, s'assied à califourchon sur une chaise et se réchauffe.)

MADAME TEUTCH, s'approchant.

Ah! Dieu du ciel! comment! c'est toi, citoyen général?

EISEMBERG, brutalement.

Oui, c'est moi!... Après?

MADAME TEUTCH.

Que s'est-il passé ?

EISEMBERG.

Il s'est passé que je me suis laissé surprendre à Kehl, comme un imbécile, et que, si la porte ne s'était pas refermée à temps, l'ennemi entrait avec nous dans la ville.

(Deux autres Cavaliers arrivent : l'un est en hussard et n'a que sa pelisse et son pantalon, il est blessé au bras; l'autre, en dragon, sans casque, avec son uniforme à demi boutonné.)

TOUS DEUX, ensemble.

Le général est-il ici ?

EISEMBERG.

Ah ! c'est toi, Briffaut; il paraît que tu as attrapé une égratignure ?

BRIFFAUT.

Ce n'est rien.

EISEMBERG.

Et toi, Fleury ?

FLEURY.

Un coup de sabre au front... Qui était de grand'garde, mon général ?

EISEMBERG.

Le capitaine Rossignol.

FLEURY.

Eh bien, à votre place, je le ferais fusiller carrément, il ne l'aurait pas volé.

EISEMBERG.

Ce n'est pas la peine : les Prussiens s'en sont chargés. (Pendant ce temps-là, sept ou huit autres Cavaliers sont arrivés de la même manière et sont allés se ranger devant le feu, autour de leur général.) Les autres savent que c'est ici le point de ralliement, n'est-ce pas ?

BRIFFAUT.

Oui, général.

EISEMBERG.

Holà ! citoyenne Teutch, à souper pour dix-huit ou vingt personnes.

MADAME TEUTCH.

Mais, Seigneur Dieu ! je n'aurai jamais assez à manger pour tant de monde.

EISEMBERG.

Bah ! nous ne serons pas difficiles, nous savons bien que nous n'étions pas attendus.

(On entend le canon dans le lointain.)

BRIFFAUT.

Entendez-vous les autres, général ?

EISEMBERG.

Oui, ils se cognent, tandis que nous nous chauffons.

MADAME TEUTCH, appelant.

Catherine ! Gretchen ! Coclès !...

FLEURY.

Attendez, madame Teutch, nous allons vous donner un coup de main... (Tous se mettent à la besogne, ouvrent les armoires, tirent des serviettes, des assiettes, des verres, et placent le tout sur la table.

EISEMBERG, prenant le bout de la table.

Sacrebleu ! citoyenne, il fait meilleur ici qu'à Kehl

FLEURY.

A-t-on jamais vu de pareils brigands?... Réveiller de braves gens au milieu de leur premier sommeil !

BRIFFAUT.

Ma foi, moi qui ne dormais pas, ils m'ont dérangé bien désagréablement.

EISEMBERG.

Le général en chef m'avait dit : « Faites-vous tuer à la tête du pont de Kehl, plutôt que de le laisser passer aux Prussiens. »

BRIFFAUT.

Eh bien ?

EISEMBERG, riant.

J'y ai pensé trop tard, quand j'ai été de l'autre côté du pont.

FLEURY, riant.

Nous sommes prêts à attester, général, que c'est votre cheval qui vous a emporté. (Depuis le commencement du souper, le Voyageur du n° 7 a paru sur l'escalier, d'où il écoute tout ce qui se dit.)

EISEMBERG.

Le fait est que je lui dois une belle chandelle, à mon cheval ; sans lui, je boirais de l'eau et je mangerais un morceau de pain sec dans quelque mauvais corps de garde prussien, au lieu de manger les oies grasses et de boire le vin de la citoyenne Teutch ; mais, comme nous n'en sommes pas moins bons citoyens pour avoir pris une panique, citoyens, buvons à la Ré...

LE VOYAGEUR, du haut de l'escalier.

Assez de blasphèmes!

EISEMBERG, se retournant vers lui.

Hein?...

LE VOYAGEUR.

J'avais entendu dire qu'il existait des hommes assez misérables pour fuir devant l'ennemi ; mais je ne savais pas qu'il y en eût d'assez éhontés pour railler leur propre fuite.

EISEMBERG, se levant; tous se lèvent.

Qui es-tu, pour oser nous parler ainsi?

LE VOYAGEUR.

Je suis celui qui vient vous dire : A partir de ce moment, l'armée du Rhin, sous le double commandement de Hoche et de Pichegru, non-seulement ne fuira plus, mais ne reculera plus devant l'ennemi. Partout où je serai, on ira en avant, et l'échafaud, marchant à ma suite, se chargera de rallier les fugitifs... Ah! vous manquez à votre devoir, vous ne vous gardez pas, vous vous laissez surprendre comme des conscrits! vous fuyez comme des mercenaires! On vous a dit de vous faire tuer d'un côté du pont, et vous y pensez quand vous êtes arrivé à l'autre bout! enfin, quand vous vous arrêtez, c'est dans une auberge, à moitié nus, non pas pour faire face à l'ennemi, mais pour boire, pour manger, pour ajouter à votre déshonneur!

EISEMBERG.

Je t'ai demandé qui tu étais; encore une fois, je te demande qui tu es. Réponds!

LE VOYAGEUR.

Je suis celui que la Convention a chargé de veiller sur la gloire de la nation et sur l'honneur de la patrie. Je suis celui que la France a envoyé à sa frontière pour dire à l'ennemi : « Tu n'iras pas plus loin. » Je suis celui, enfin, qui a reçu droit de vie et de mort sur les traîtres et les lâches, et qui, tous tant que vous êtes, vous envoie au tribunal révolutionnaire, comme des lâches et des traîtres... Je suis Saint-Just!...

ACTE DEUXIÈME

—

DEUXIÈME TABLEAU

A l'hôtel de ville de Strasbourg.

Une vaste salle. Porte au fond. Portes latérales et grande fenêtre à balcon. — Saint-Just, devant une glace, est occupé à mettre sa cravate. Un Secrétaire écrit près de lui.

SCÈNE PREMIÈRE

SAINT-JUST, TITUS.

SAINT-JUST, achevant de dicter.
« Sera condamné à mort... »
TITUS, répétant.
« Condamné à mort. »
SAINT-JUST.
Mets cet arrêté avec les autres, je le signerai tout à l'heure. Écris !...

« Citoyen représentant et ami, une supplique de mon petit village de Blérancourt m'apprend qu'il est menacé de perdre un marché qui le fait vivre. S'il y a une question d'argent là-dessous, je te donne l'autorisation de faire vendre ma maison, mon jardin et les trente arpents de terre que je possède sur la commune. C'est toute ma fortune ; mieux vaut que je sois ruiné et que tout un village vive. Si je ne meurs pas pour la République et qu'un jour tu n'aies pas de pain à partager avec moi, j'entrerai, comme journalier, chez l'homme qui aura acheté mes terres. Fais sans retard, sans observation, et comme je dis.

Fraternité. » SAINT-JUST. »

(Il signe. — A son Secrétaire.) Mets l'adresse : « Au citoyen Robespierre, rue Honoré, numéro 334, chez le citoyen Duplay, menuisier. »

« *Au comité de salut public.*

» Citoyens,

» Je suis arrivé hier au soir à Strasbourg. J'ai trouvé la ville, je ne dirai pas déchirée par deux partis, mais décimée par deux hommes. L'un est le chef de la Propagande Tétrel, l'autre est l'accusateur public Euloge Schneider. J'aurai les yeux sur ces deux hommes. Si je les crois utiles à la gloire de la France, je les encouragerai; si, au contraire, je les trouve aveugles et nuisibles, frappant au hasard et sans discernement, ne distinguant pas la faute du crime, je les étoufferai, comme Hercule au berceau étouffa les deux serpents. »

(On entend des rumeurs dans la rue.)

VOIX DU DEHORS.

Saint-Just!... Saint-Just! Justice! audience! audience!

SAINT-JUST.

Qu'est-ce que cela? Vois, Titus.

TITUS.

Il y a un rassemblement sous tes fenêtres, citoyen. On demande justice; tout un peuple veut te parler.

SCÈNE 11

LES MÊMES, MADAME TEUTCH, ouvrant la porte.

MADAME TEUTCH.

Moi d'abord, citoyen Saint-Just.

SAINT-JUST.

Tiens, c'est ma bonne hôtesse de *la Lanterne.*

MADAME TEUTCH.

On a arrêté chez moi, citoyen Saint-Just, un pauvre petit enfant de quatorze ans, qui était arrivé il y a une heure à peine et qui n'avait commis d'autre crime que de coucher dans la chambre qu'avait occupée le général Perrin. Il m'est confié par ses parents de Besançon, et mon devoir est de venir te demander de le faire relâcher, ou tout au moins de l'interroger bien vite pour t'assurer de son innocence.

SAINT-JUST.

Et qui l'a fait arrêter?

MADAME TEUTCH.

Le citoyen Tétrel, celui qui voulait te faire arrêter toi-même.

SAINT-JUST, à son Secrétaire.

Écris l'ordre d'amener le prisonnier devant moi. — Citoyenne Teutch, tu porteras cet ordre à la prison, et, puisque tu t'intéresses à cet enfant, tu veilleras à ce qu'on me l'amène le plus tôt possible.

MADAME TEUTCH.

Merci, citoyen ! Ah ! pauvre cher enfant ! J'espère bien qu'il ne couchera pas deux nuits de suite sur la paille.

SAINT-JUST, à madame Teutch.

Citoyenne, dis, en t'en allant, que tous ceux qui auront à parler au citoyen Saint-Just, peuvent monter ; ses audiences sont publiques. — Titus, veille à ce que chacun passe à son tour.

(Titus sort derrière madame Teutch. Saint-Just s'assied à la table et signe les décrets qu'il vient de rendre.)

SCÈNE III

SAINT-JUST, TITUS ; puis DIVERS GROUPES DE GENS DU PEUPLE.

Entre d'abord un groupe de deux personnes composé du père et de la mère ; ensuite, un autre groupe de huit personnes composé du père, de la mère, et de cinq garçons et filles de dix-huit à vingt ans ; enfin, un troisième groupe composé de deux pères, deux mères et plusieurs enfants.

SAINT-JUST.

Que voulez-vous ? que demandez-vous ?

PREMIER GROUPE.

Justice !

SAINT-JUST.

Pour qui ?

PREMIER GROUPE.

Pour notre père.

DEUXIÈME GROUPE.

Pour notre grand-père.

TROISIÈME GROUPE.

Pour notre aïeul.

SAINT-JUST.

Contre qui, justice ?

PREMIER GROUPE.

Contre l'accusateur public Schneider, qui a condamné à mort un vieillard de quatre-vingts ans.

SAINT-JUST.

Qu'avait fait ce vieillard ?

UN HOMME.

Il va te le dire lui-même. On le conduisait à l'échafaud. Il devait être exécuté ce matin; mais le peuple n'a pas voulu qu'un pareil acte de barbarie s'accomplît, il a forcé les gendarmes à amener la charrette devant ta porte, elle est en bas.

SAINT-JUST.

Titus, fait monter le condamné. — Alors, ce vieillard, c'est votre tige à tous, et vous n'êtes que les branches du même arbre?

PREMIER GROUPE.

Oui, citoyen, nous sommes ses enfants, ses petits-enfants et ses arrière-petits-enfants !

SCÈNE IV

Les Mêmes, un Vieillard aveugle, appuyé sur l'épaule d'un de ses Fils. MADAME TEUTCH rentre, accompagnée de CHARLES et d'un Gendarme.

Le Secrétaire leur fait signe de s'asseoir et d'assister sans bruit à la scène qui va se passer. Les trois groupes se sont réunis autour du Vieillard. Saint-Just, qui a son chapeau sur la tête, salue.

L'HOMME qui a déjà parlé.

Mon père, vous êtes devant le représentant du peuple Saint-Just.

LE VIEILLARD.

Qu'est-ce qu'un représentant du peuple? C'est la première fois que j'entends donner ce titre-là? est-ce le bailli? est-ce le maire? est-ce le bourgmestre ?

L'HOMME.

C'est plus que tout cela, mon père : c'est l'homme qui peut disposer de votre vie, ou vous accorder votre grâce, ou ratifier votre mort.

LE VIEILLARD.

Qui lui a donné ce droit-là ?

L'HOMME.

La Révolution.

LE VIEILLARD.

La Révolution !... Depuis que je suis devenu aveugle... et il y a longtemps déjà... tout est rentré pour moi dans la nuit... Qu'est-ce que la Révolution ?

SAINT-JUST.

Je vais te le dire, vieillard. La Révolution, c'est la proclamation des droits de l'homme, l'égalité entre les citoyens, l'abolition des priviléges, le droit pour tous, la justice pour tous.

LE VIEILLARD.

Si le droit et la justice existaient pour tous, nous ne serions pas ici, moi en condamné, et mes enfants en suppliants. Du temps que je n'étais pas aveugle, nous avions les huissiers qui saisissaient nos meubles, qui les vendaient, quand nous ne payions pas les gabelles, et les recors qui nous conduisaient en prison si la vente de nos meubles ne suffisait pas à acquitter ce que nous devions au roi ; mais les chaînes et l'échafaud n'étaient que pour les crimes et l'on ne nous condamnait pas à mort pour avoir suivi le beau précepte de l'Évangile : *Aime ton prochain comme toi-même !*

SAINT-JUST.

Et tu as été condamné à mort pour avoir suivi ce précepte ?

LE VIEILLARD.

Oui !

SAINT-JUST.

Qu'as-tu donc fait ?

LE VIEILLARD.

Je revenais de puiser de l'eau à la rivière, car, tout aveugle que je suis, j'ai, grâce à un de mes enfants ou de mes petits-enfants, deux bons yeux qui voient à la place des miens ; j'entends une voix qui me dit : « Je meurs ! de l'eau ! j'ai soif ! » Je m'approche en tendant ma cruche au mourant ; il boit, me remercie et meurt. Voilà mon crime !

SAINT-JUST.

Impossible !

LE VIEILLARD.

Ce blessé était un Autrichien ; il parlait allemand, je l'avais pris pour un fils de l'Alsace. Et, d'ailleurs, j'aurais su qu'il était Autrichien, que je lui aurais donné mon eau tout de même.

SAINT-JUST.

Et voilà ton crime ?

LE VIEILLARD.

Voilà mon crime !

SAINT-JUST.

Vieillard, je voudrais avoir une couronne de chêne à t'offrir ; c'est à tes compatriotes de te la donner. Tu as bien fait ! un homme blessé n'est plus un ennemi ; un homme qui meurt devient le compatriote de tous, puisque nous devons tous mourir. Tu es libre.

LE VIEILLARD.

Libre !

SAINT-JUST, s'approchant du Vieillard.

Vieillard, bénis-moi.

LE VIEILLARD.

Je te bénis, jeune homme, car, à ta voix, je reconnais que tu ne dois pas avoir trente ans encore, et je te bénis, non pas parce que tu me sauves la vie, — ce peu qui me reste de jours ne valait pas la peine d'être regretté, — je te bénis parce que tu viens de faire un acte de justice et une sainte action ! (Le Vieillard sort au milieu de tous ses enfants.)

SAINT-JUST, resté un instant pensif.

Et quand on pense qu'ils allaient abattre ce chêne, dont l'ombre s'étend sur trois générations !

SCÈNE V

SAINT-JUST, MADAME TEUTCH, CHARLES, TITUS.

MADAME TEUTCH.

Citoyen Saint Just ?

SAINT-JUST.

Ah ! oui, c'est vrai ; voilà l'enfant dont tu m'as parlé ?

MADAME TEUTCH.

Oui, citoyen.

SAINT-JUST.

Laisse-moi l'interroger. (Il fait de la main signe à madame Teutch de s'éloigner. — A Charles.) Viens ici ! Pourquoi pleures-tu ? As-tu peur de moi ?

CHARLES.

Je pleure, non pas que j'aie peur de toi, mais ce que je viens de voir m'a fait pleurer. Pourquoi aurais-je peur de toi ? Je suis innocent et l'on dit que tu es juste.

SAINT-JUST.

Tes parents sont-ils émigrés ?

CHARLES.

Mon père préside le tribunal de Besançon ; mon oncle est chef de bataillon.

SAINT-JUST.

Quel âge as-tu ?

CHARLES.

Quatorze ans.

SAINT-JUST.

C'est ma foi vrai, il a l'air d'une petite fille. (Il fait asseoir Charles). Mais, enfin, tu avais fait quelque chose pour qu'on t'arrêtât ?

CHARLES.

J'ai occupé la même chambre qu'avait occupée le général Perrin ; on m'a trouvé dans sa chambre, on m'a arrêté... Par malheur, j'ai avoué que je le connaissais, attendu qu'il est de Besançon comme moi, et que mon père m'a dit que, même au péril de la vie, un homme ne devait pas mentir.

SAINT-JUST.

Tu te crois donc un homme ?

CHARLES.

Je fais mon apprentissage, du moins.

SAINT-JUST.

Et tu as dit à ceux qui sont venus que tu connaissais le général Perrin ?

CHARLES.

Oui... Ils m'ont demandé alors si je savais où il était ; je leur ai répondu que non. Je ne le savais pas, mais je l'aurais sû, que j'aurais répondu que non.

SAINT-JUST.

Et tu aurais menti, cette fois-là ?

CHARLES.

Il y a des cas où le mensonge est permis.

SAINT-JUST.

Tu es encore enfant, et, par conséquent, je ne discuterai pas avec toi cette grande question morale que tu abordes avec toute l'ignorance de ton âge. Seulement, je te dirai : Le général Perrin était un traître, et, pour un traître, c'est-à-dire pour la plus misérable chose qu'il y ait en ce monde, ce n'est pas la peine de se parjurer,

CHARLES.

Citoyen Saint-Just, c'était mon compatriote.

SAINT-JUST.

Il y a un sentiment plus saint que le compatriotisme : c'est le patriotisme. Avant d'être citoyen de la même ville, on est enfant de la même patrie. Un jour viendra où la raison aura fait un grand pas, où l'humanité passera avant la patrie elle-même, où tous les hommes seront frères, où toutes les nations seront sœurs... Tu ne savais pas où était le général Perrin, tu ne pouvais pas le dire ; mais, si tu l'eusses su, si tu eusses dérobé un traître, un homme qui demain tournera la pointe de son épée contre la France, tu eusses eu tort de te mettre entre lui et le glaive de la loi. Je ne suis pas de ceux qui ont le droit de prêcher d'exemple : étant un des plus humbles serviteurs de la liberté, je la servirai dans la mesure de mes moyens, je la ferai triompher dans la mesure de ma force, ou je mourrai pour elle, c'est toute mon ambition. Qu'est-ce que tu es venu faire à Strasbourg ?

CHARLES.

Je suis venu pour étudier, citoyen.

SAINT-JUST.

Quoi ?

CHARLES.

Le grec.

SAINT-JUST, riant.

Et quel est le savant qui te donne des leçons de grec à Strasbourg ?

CHARLES.

Il ne m'en donne point encore. Je suis arrivé hier et n'ai pas eu le temps de le voir ; seulement, je dîne avec lui ce soir. C'est Euloge Schneider.

SAINT-JUST.

Comment ! Euloge Schneider sait le grec ?

CHARLES.

C'est un des premiers hellénistes de l'Allemagne : il a traduit Anacréon.

SAINT-JUST, se dressant.

Oui, oui, il a traduit Anacréon, et il envoyait à la guillotine un veillard aveugle qui avait donné à boire à un mourant. Eh bien, soit, va apprendre le grec d'Euloge Schneider; si je croyais que tu dusses en apprendre autre chose, je te ferais étouffer.

MADAME TEUTCH, courant à l'enfant.

Charles !

(Charles lui fait signe de se tranquilliser.)

SAINT-JUST.

Ah! ce sont des marchands de grec comme lui qui perdent la cause de la Révolution! Ce sont eux qui condamnent à mort un vieillard de quatre-vingts ans, qui mettent trois générations en deuil d'un seul coup! Et c'est ainsi que ces misérables se flattent de faire aimer la Montagne?... Ah! je le jure! je ferai bientôt justice de tous ces attentats qui mettent chaque jour nos plus précieuses libertés en danger. Une justice exemplaire et terrible est urgente, je la ferai. Ils osent me reprocher de ne pas leur donner assez de cadavres à dévorer : je leur en donnerai! La Propagande veut du sang : elle en aura! et, pour commencer, je la baignerai dans celui de ses chefs! qu'une occasion me fournisse un prétexte, que la justice soit de mon côté, et ils verront! Maintenant, tu comprends que tu es libre; seulement, n'oublie pas ce que tu as vu, et, si jamais on dit devant toi que Saint-Just n'est pas l'homme de la Révolution, de la liberté et de la justice, dis hautement qu'on a menti !... Adieu! (Charles veut prendre la main de Saint-Just pour la baiser.) Comment t'appelles-tu ?

CHARLES.

Charles Nodier.

SAINT-JUST.

Charles Nodier, grandis, sois honnête homme et bon citoyen!

(Il l'embrasse au front.)

TROISIÈME TABLEAU

Chez Euloge Schneider.

Salle à manger, avec cabinet de travail à côté.

SCÈNE PREMIÈRE

MONNET, GERTRUDE.

Gertrude achève de mettre le couvert dans la salle à manger. Monnet, assis, lit dans le cabinet à côté. — On sonne à la porte.

GERTRUDE.

Ne vous ennuyez pas, citoyen Monnet... Tenez, voila un convive qui vous arrive.

MONNET.

Je ne m'ennuie jamais quand je suis seul, citoyenne Gertrude.

GERTRUDE, ouvrant à Charles et l'introduisant.

Entre, mon petit ami ! le citoyen Schneider est encore à la Propagande ; mais un de nos convives est arrivé, que tu dois connaître, car il a habité Besançon. Laisse-moi achever de mettre mon couvert et passe dans ce cabinet, tu l'y trouveras.

MONNET, apercevant Charles sur le seuil de la porte.

Mais je ne me trompe pas, c'est mon petit ami Charles.

CHARLES.

Ah ! le citoyen Monnet ! quel bonheur de vous revoir ! Vous n'êtes donc plus prêtre ?

MONNET.

Mon enfant, ce n'était pas ma vocation, c'était la volonté de mes parents qui m'avait poussé vers les ordres. Est arrivé le décret de la Législative qui a annulé le vœux ; j'en ai profité, je me suis fait militaire, et, à la place d'un assez mauvais prêtre que j'eusse offert à Dieu, j'ai offert un assez bon soldat à la patrie.

CHARLES.

Mais qu'as-tu donc au bras ? est-ce que tu es blessé ?

MONNET.

Dans l'échauffourée de cette nuit, une balle m'a effleuré l'épaule.

CHARLES.

Mais que s'est-il donc passé, cette nuit ?

MONNET.

Il s'est passé, mon cher enfant, que Strasbourg a manqué d'être enlevé par surprise.

CHARLES.

Comment cela ?

MONNET.

Le général Eisemberg, avec une brigade, était chargé de garder Kehl; il s'est laissé surprendre au milieu de son sommeil et s'est sauvé avec tout son état-major, à moitié nu comme lui. Le citoyen Saint-Just les a tous envoyés au tribunal révolutionnaire. Il y en a vingt et un à juger.

CHARLES.

Est-ce que tu crois qu'ils seront condamnés ?

(On sonne.)

MONNET.

Tiens, on sonne !... Entendez-vous, citoyenne Gertrude on sonne.

GERTRUDE.

Oui, citoyen Monnet, on y va, on y va !

MONNET, à Charles.

Si c'est Young, nous allons avoir des nouvelles, car, à coup sûr, il aura voulu assister au jugement; c'est le nouvelliste de son quartier.

GERTRUDE.

Entrez, citoyen Young, entrez !...

SCÈNE II

Les Mêmes; YOUNG entre, accroche son manteau à une patère. et pose son chapeau sur la table.

MONNET.

C'est toi, Young... Eh bien ?...

YOUNG.

Condamnés !

MONNET.

Tous ?...

YOUNG.

Tous !...

MONNET.

C'est dur, mais l'exemple profitera. (Montrant Charles.) Un de mes anciens élèves du collége de Besançon qui parle latin comme Cicéron.— Connais-tu le citoyen Young, Charles ? Il est cordonnier et poëte tout à la fois. Il fait des souliers comme son confrère d'Athènes qui donnait des conseils à Apelles, et des vers comme Marie-Joseph Chénier.

CHARLES.

Je connais le citoyen de nom : mon père m'a bien souvent parlé de lui ! mais, comme, par malheur, il n'est poëte qu'en allemand, je ne puis le féliciter que par ouï-dire.

(Eildemann entre sans être annoncé, conduit par Gertrude.)

SCÈNE III

Les Mêmes, EILDEMANN, SCHNEIDER.

EILDEMANN entre, va droit à la table et se verse un verre de vin.

Si le peuple du marché n'est pas content demain, c'est qu'il ne sera pas raisonnable. Vingt et un coups !... quelle boucherie !

MONNET, à tous.

Vous n'avez pas vu Schneider ? Je commence à être inquiet. Il nous donne rendez-vous à deux heures pour dîner, il en est bientôt trois...

(On entend un coup de sonnette furieux.)

YOUNG.

Tenez, voilà un coup de sonnette qui sent son maître d'une lieue.

(La porte s'ouvre, Schneider paraît, le front ruisselant de sueur et sa cravate relâchée. Il jette son chapeau au bout de la chambre et s'essuie avec son mouchoir.)

MONNET.

Mais viens donc, Schneider ! nous étions d'une inquiétude mortelle.

SCHNEIDER.

Vous aviez bien tort, citoyens ! je vous apporte une nouvelle qui va, sinon vous réjouir, du moins vous étonner... Dans huit jours, je me marie.

ENSEMBLE.

Toi !

SCHNEIDER.

Oui, n'est-ce pas? ce sera un grand événement pour Strasbourg, quand cette nouvelle ira de bouche en bouche : « Vous ne savez pas? Schneider, le professeur de grec à Bonn, le capucin de Cologne, se marie... » Oui ! c'est comme cela ; Young tu feras l'épithalame; Eildemann le mettra en musique, et Monnet, qui est gai comme un catafalque, le chantera. (A Charles.) Il faudra, par le premier courrier, annoncer cela à ton père, Charles. Viens m'embrasser.

CHARLES.

Voici la lettre qu'il m'avait remise pour toi, citoyen Schneider.

SCHNEIDER.

Donne. (Il ouvre la lettre.) Le grec? t'apprendre le grec?... Pauvre Nodier, il se croit encore à nos heures de jeunesse et de tranquillité. J'ai bien autre chose à faire que de t'apprendre le grec. Il faut que je fasse couper la tête à Tétrel, ou qu'il me la fasse couper. Ton père me dit que tu as une seconde lettre pour Pichegru?

CHARLES.

Oui, citoyen.

SCHNEIDER.

Eh bien, porte-la-lui demain, sans perdre un instant. La place n'est pas sûre près de moi; demande à Eildemann, à Monnet et à Young, si, chaque fois qu'ils me quittent, ils ne portent pas la main à leur tête pour savoir si elle tient toujours à leurs épaules.

MONNET.

Mais, enfin, avec qui te maries-tu?

SCHNEIDER.

Je n'en sais ma foi rien encore, et ça m'est bien égal. J'ai envie d'épouser ma cuisinière, ce sera d'un bon exemple pour la fusion des classes.

YOUNG.

Mais que t'est-il donc arrivé, voyons?

SCHNEIDER.

Oh! presque rien, si ce n'est que j'ai été interpellé, interrogé et accusé... Oui, accusé!...

EILDEMANN.

Où cela?

SCHNEIDER.

A la Propagande.

MONNET.

Ah! c'est un peu fort! une société que tu as créée!

SCHNEIDER.

N'as-tu pas entendu dire qu'il y avait des enfants qui tuaient leur père?

YOUNG.

Mais par qui as-tu été attaqué?

SCHNEIDER.

Par Tétrel!... Comprenez-vous ce démocrate qui a inventé le luxe du sans-culottisme, qui a des fusils de Versailles, des pistolets avec des fleurs de lys dessus, des haras comme un prince, qui est on ne sait pourquoi l'idole de la populace strasbourgeoise, peut-être parce qu'il est doré comme un tambour-major! Il me semblait cependant que j'avais donné des garanties, moi... Eh bien, non, l'habit du commissaire rapporteur n'a pu faire oublier le froc du capucin ni la soutane du chanoine. Qui donc a immolé à la liberté plus de victimes que moi? Ne viens-je pas de faire tomber en moins d'un mois vingt-six têtes? Combien en veulent-ils donc, si ce n'est pas assez?

MONNET.

Calme-toi, Schneider, calme-toi.

SCHNEIDER.

C'est qu'en vérité, c'est à en devenir fou, entre la Propagande, qui me dit : « Pas assez! » et Saint-Just qui va me dire : « Trop! » Hier, j'ai encore fait arrêter six de ces chiens d'aristocrates; aujourd'hui, quatre. On ne voit, dans Strasbourg et ses environs, que mes hussards de la mort. J'ai, il y a deux nuits, fait arrêter un émigré qui a eu l'audace de passer le Rhin dans une barque de contrebandiers et qui est venu à Plobsheim conspirer avec sa famille. Celui-là, par exemple, il est sûr de son affaire. Je comprends maintenant une chose: c'est que les événements sont plus forts que les volontés et que, s'il est des hommes qui, pareils aux chariots de guerre de l'Écriture, déchirent et écrasent les peuples sur leur passage, c'est qu'ils sont poussés par cette puissance irrésistible et fatale qui déchire les volcans et précipite les cataractes... (Éclats de rire.) Bah! qu'est-ce que la vie, après tout? un cauchemar éveillé! Est-ce la peine qu'on s'en occupe tant qu'il dure, et qu'on le regrette quand il s'en va?... Ma foi, non!.. mettons-nous à table! *Valeat res ludicra*, n'est-ce pas, Charles? (Ils s'asseyent.)

YOUNG, s'asseyant.

Et en quoi cela te force-t-il de te marier dans huit jours?

SCHNEIDER.

Ah! c'est vrai, j'oubliais le plus beau! Est-ce qu'ils ne me reprochent pas mes orgies et mes débauches! Oh! mes orgies, parlons-en; pendant trente-quatre ans de ma vie, je n'ai bu que de l'eau et mangé que du pain noir; c'est bien le moins qu'à mon tour je mange du pain blanc et morde dans de la viande; Mes débauches! s'ils croient que c'est pour vivre comme un anachorète que j'ai jeté le froc aux orties! ils se trompent. Eh bien, il y a un terme moyen à tout cela : c'est que je me marie. Je serai, tout aussi bien qu'un autre, fidèle époux et bon père de famille, que diable! si toutefois le citoyen Tétrel m'en laisse le temps.

EILDEMANN.

As-tu fait choix, au moins, de l'heureuse fiancée que tu admets à l'honneur de partager ta couche?

SCHNEIDER.

Bon! du moment que c'est une femme que je cherche, le diable m'en enverra une.

YOUNG.

A la santé de la future épouse de Schneider, et, puisqu'il a pris le diable pour procureur, que le diable la lui envoie moins riche et belle!

TOUS LES CONVIVES, se levant.

Hourra pour la femme de Schneider!

SCÈNE IV

Les Mêmes, GERTRUDE.

GERTRUDE, ouvrant la porte.

Il y a là une citoyenne demandant à parler au citoyen Euloge pour affaire pressée.

SCHNEIDER.

Bon! je ne connais pas d'affaire plus pressée que de continuer le dîner qui est commencé. Qu'elle revienne demain.

GERTRUDE.

Je le lui ai dit; mais elle a répondu que, demain, ce serait trop tard.

SCHNEIDER.

Pourquoi n'est-elle pas venue plus tôt, alors?

UNE VOIX, dans l'antichambre.

Parce que cela m'était impossible, citoyen. Laisse-moi te voir, laisse-moi te parler, je t'en supplie!

SCHNEIDER, faisant signe à Gertrude de venir à lui.

Est-elle jeune?

GERTRUDE.

Ça peut avoir dix-huit ans.

SCHNEIDER.

Jolie?

GERTRUDE.

Oh! la beauté du diable!

YOUNG.

Tu entends, Schneider, la beauté du diable. Maintenant que nous savons d'où elle vient, il ne s'agit plus que de s'assurer qu'elle est riche, et voilà ta fiancée toute trouvée. (à Gertrude.) Ouvre, Gertrude, et sans faire attendre; la belle enfant doit être de ta connaissance : elle vient de la part du diable.

CHARLES.

Et pourquoi pas de la part de Dieu?

YOUNG.

Parce que notre ami Schneider est brouillé avec Dieu et très-bien, au contraire, avec le diable; je n'en sais pas d'autre raison.

MONNET.

Et puis parce qu'il n'y a que le diable qui exauce aussi vite les prières qu'on lui adresse.

SCHNEIDER.

Eh bien, qu'elle entre donc!

SCÈNE V

Les Mêmes, CLOTILDE DE BRUMPT.

CLOTILDE.

Citoyens, lequel de vous est le commissaire de la République?

SCHNEIDER, sans se lever.

Moi, citoyenne.

CLOTILDE.

J'ai à te demander une grâce d'où ma vie dépend.

SCHNEIDER.

Il ne faut pas que la présence de mes amis t'inquiète : par goût et par état, ce sont des admirateurs de la beauté. Voilà mon ami Eildemann, qui est musicien.

CLOTILDE.

Je connais sa musique et sais par cœur son *Ariane dans l'île de Naxos*. (Eildemann s'incline.)

SCHNEIDER.

Voici mon ami Young, qui est poëte.

CLOTILDE.

Je connais ses vers, quoiqu'ils me soient moins familiers que la musique d'Eildemann.

SCHNEIDER.

Enfin, voici mon ami Monnet qui n'est ni poëte ni musicien, mais qui a des yeux et un cœur et qui est tout disposé, je le vois dans son regard, à plaider d'office ta cause.

CLOTILDE.

Je remercie du fond du cœur le citoyen Monnet.

SCHNEIDER.

Quant à mon jeune ami Charles, ce n'est encore, tu le vois, qu'un écolier, mais déjà assez savant pour conjuguer le verbe *aimer* dans trois langues. Tu peux donc t'expliquer devant eux, à moins que ce que tu as à me dire ne soit assez intime... pour nécessiter la tête-à-tête. (Schneider se soulève sur sa chaise, tend la main à Clotilde pour lui indiquer le cabinet).

CLOTILDE, vivement.

Non, non, monsieur. (Se reprenant.) Pardon, citoyen, ce que j'ai à te dire ne redoute ni la lumière, ni la publicité !

SCHNEIDER.

Alors, prends un siége.

CLOTILDE.

Merci ; il convient aux suppliantes d'être debout.

SCHNEIDER.

En ce cas, procédons régulièrement. Je t'ai dit qui nous étions, dis-nous qui tu es.

CLOTILDE.

Je m'appelle Clotilde Brumpt.

SCHNEIDER.

De Brumpt, tu veux dire ?

XXV. 8

CLOTILDE.

Il serait injuste de me reprocher un crime qui précédait de trois ou quatre cents ans ma naissance.

SCHNEIDER.

Tu n'as pas besoin de m'en dire davantage ; je sais ce que tu viens faire ici. (Clotilde fléchit le genou ; Schneider soulève le voile dont elle est enveloppée.) Oui, oui, tu es belle et tu as surtout la beauté des races maudites, la grâce et la séduction; mais nous ne sommes point des Asiatiques pour nous laisser séduire par des Hélène ou des Roxelane. Ton père est coupable, ton père conspire, ton père mourra!

CLOTILDE, s'écriant.

Ah! non, non, mon père n'est point un conspirateur.

SCHNEIDER.

S'il ne conspirait pas, pourquoi a-t-il émigré ?

CLOTILDE.

Il a émigré, parce que, appartenant au prince de Condé, il a cru devoir suivre son maître dans l'exil; mais, fils pieux, comme il a été serviteur fidèle, il n'a pas voulu combattre contre la France, et, depuis deux ans qu'il est proscrit, son épée n'est pas sortie une seule fois du fourreau.

SCHNEIDER.

Que venait-il faire en France, et pourquoi a-t-il traversé le Rhin?

CLOTILDE.

Hélas! mon deuil te le dit, citoyen commissaire!-Ma mère était mourante de ce côté-ci du fleuve, à quatre lieues à peine. L'homme dans les bras duquel elle avait passé vingt années heureuses de sa vie, attendait avec anxiété un mot qui lui rendît l'espoir; chaque message lui disait : « Plus mal, plus mal! plus mal encore!... » La nuit passée, il n'y put tenir, il se déguisa en paysan et traversa le fleuve avec un batelier. Sans doute la récompense promise tenta ce malheureux : Dieu lui pardonne! il dénonça mon père, et, cette nuit même où il était rentré chez nous, il fut arrêté. Demande à tes agents à quel moment : au moment où ma mère venait de mourir! Ah! si jamais une rupture d'exil fut pardonnable, c'est celle que commet un mari pour dire un dernier adieu à la mère de ses enfants. Tu me diras, je le sais bien, que la loi est positive et que tout émigré qui rentre sur le sol de la France mérite la peine de mort. Oui, s'il y rentre la ruse dans le cœur ou les armes à la main, pour conspirer et pour combattre, mais non pas lorsqu'il y rentre pour plier les genoux devant un lit d'agonie.

SCHNEIDER.

Citoyenne Brumpt, la loi n'est pas entrée dans toutes ces subtilités sentimentales; elle a dit : « Dans tel cas, dans telle circonstance, pour telle cause, il y aura peine de mort. » L'homme qui se met dans le cas prévu par la loi, connaissant la loi, est coupable; or, s'il est coupable, il doit mourir.

CLOTILDE.

Non, s'il est jugé par des hommes et si ces hommes ont un cœur.

SCHNEIDER.

Un cœur ! est-ce que tu crois que l'on est toujours maître d'avoir un cœur? On voit bien que tu n'as pas entendu ce dont on m'accusait aujourd'hui à la Propagande : justement d'avoir un cœur trop faible aux sollicitations humaines. Est-ce que tu crois que mon rôle ne serait pas plus facile et plus agréable, voyant une belle créature comme toi à mes pieds, de la relever, de sécher ses larmes, que de lui dire brutalement : « Tout est inutile et vous perdez votre temps?» Non : par malheur la loi est là, et les organes de la loi doivent être inflexibles comme elle.... La loi n'est pas une femme; la loi, c'est une statue de bronze tenant une épée d'une main et une balance de l'autre. Rien ne doit peser dans les plateaux de cette balance, que l'accusation d'une part, et de l'autre la vérité; rien ne doit détourner la lame de cette épée de la ligne terrible qui lui est tracée. Demain, je partirai pour Plobsheim, l'échafaud et l'exécuteur me suivront. Si ton père n'a point émigré, s'il n'a point furtivement traversé le Rhin, si l'accusation est injuste enfin, ton père sera mis en liberté. Mais, si l'accusation que ta bouche confirme est vraie, après-demain, sa tête tombera sur la place publique de Plobsheim.

CLOTILDE.

Ainsi, tu ne me laisses aucun espoir?

SCHNEIDER.

Aucun !

CLOTILDE, se levant.

Alors, un dernier mot.

SCHNEIDER.

Dis.

CLOTILDE.

Non! à toi seul.

SCHNEIDER, s'avançant vers le cabinet.

Alors, viens! (Clotilde marche la première. Il la suit, il entre dans le cabinet et referme la porte derrière lui. Gertrude sert le champagne.

CLOTILDE.

Pour que tu me pardonnes la dernière tentative que je vais faire près de toi, citoyen Schneider, il faut que tu te dises que j'ai attaqué ton cœur par tous les moyens honnêtes et que tu les as repoussés; il faut que tu te dises que je suis au désespoir, et que, n'ayant pu réussir par mes prières et mes larmes, l'argent... (Schneider fait un mouvement dédaigneux.) Je suis riche, ma mère est morte, j'hérite d'une fortune immense qui est à moi, à moi seule, citoyen Schneider; je peux disposer de deux millions, j'en aurais quatre, que je te les offrirais; je n'en ai que deux, les veux-tu? Prends-les et sauve mon père!

SCHNEIDER, lui posant la main sur l'épaule.

Demain, j'irai, comme je te l'ai dit, à Plobsheim; tu viens de me faire une proposition, je t'en ferai une autre.

CLOTILDE, avec hauteur.

Tu dis?

SCHNEIDER.

Je dis que, si tu veux, tout pourra s'arranger.

CLOTILDE.

Si cette proposition tache en un point quelconque mon honneur, il est inutile de me la faire.

SCHNEIDER.

Non, en rien.

CLOTILDE.

Alors, tu seras le bienvenu à Plobsheim.

(Elle sort du cabinet, salue vivement les convives et sort.)

SCÈNE VI

Les Mêmes, hors CLOTILDE.

SCHNEIDER, revenant à la table et se versant un plein verre de vin.

Avec ce vin généreux, buvons à la citoyenne Clotilde Brumpt, fiancée de Jean-Georges-Euloge Schneider. (Tous répètent le toast.—A Gertrude.) Ai-je des hussards de planton?

GERTRUDE.

Deux.

SCHNEIDER.

Qu'on aille me chercher maître Nicolas.

GERTRUDE.

C'est inutile d'envoyer chez lui : il attend vos ordres dans la cuisine.

SCHNEIDER.

Qu'il entre.

CHARLES, voulant s'en aller.

Citoyen Schneider...

SCHNEIDER.

Reste donc, je n'ai rien de caché pour mes amis.

MONNET, à Charles.

Regarde bien ce monsieur-là.

SCÈNE VII

Les Mêmes, MAITRE NICOLAS

SCHNEIDER.

Demain, à neuf heures, nous partons.

NICOLAS.

Pour quel pays?

SCHNEIDER.

Pour Plobsheim.

NICOLAS.

Nous nous y arrêterons?

SCHNEIDER.

Vingt-quatre heures.

NICOLAS.

Combien d'aides?

SCHNEIDER.

Deux!... Tout est en état?

NICOLAS.

Belle question!... Attendrai-je à la porte de Kehl, ou viendrai-je te prendre ici?

SCHNEIDER.

Tu viendras me prendre ici, à neuf heures précises.

NICOLAS.

C'est bien !

(Il fait un mouvement pour sortir.)

SCHNEIDER.

Attends! tu ne sortiras pas sans que nous ayons trinqué ensemble.

NICOLAS, s'inclinant.

Soit, pour l'honneur. (Schneider verse du vin rouge dans un verre.) Je ne bois pas de vin rouge.

SCHNEIDER.

C'est juste, à cause de la couleur; tu es donc toujours nerveux, citoyen Nicolas ?

NICOLAS.

Toujours.

SCHNEIDER prend une bouteille de vin de champagne et la passe à Nicolas.

Tiens, décapite-moi cette citoyenne-là. (Schneider rit, mais seul; les autres essayent de l'imiter. Nicolas reste sérieux. Il tire un couteau de sa poche, le passe plusieurs fois sur le goulot de la bouteille, puis, d'un coup sec de ce couteau, fait sauter le cou, le bouchon et les fils de fer de la bouteille. Le vin s'en élance comme d'un cou tranché. Nicolas verse à tout le monde, mais il n'y a que cinq verres pleins sur les six, celui de Charles est vide. Eildemann, Schneider, Monnet, Young choquent leurs verres contre celui de Nicolas en criant : « Vive la nation! » Mais, dans le choc, le verre de Schneider se brise. Quelques gouttes de vin restaient dans la bouteille; Schneider la prend par le goulot et la porte à sa bouche; mais les aspérités du verre lui coupent les lèvres.) Mille tonnerres!... (Il brise la bouteille à ses pieds.)

NICOLAS.

Toujours pour demain à la même heure ?

SCHNEIDER.

Oui, et va-t'en au diable !... (Il porte à sa bouche son mouchoir, qu'il retire plein de sang, et se laisse tomber sur une chaise. Eildemann et Young vont à lui pour lui porter secours.)

CHARLES, retenant Monnet par le pan de son habit.

Qu'est-ce donc que maître Nicolas ?

MONNET.

Tu ne le connais pas ?

CHARLES.

Comment veux-tu que je le connaisse ? Je suis à Strasbourg depuis hier seulement.

MONNET.

C'est l'homme le plus connu de la ville. (Monnet passe la main sur le cou de Charles.)

CHARLES.

Est-ce que ce serait...?

MONNET, à voix basse.

Le bourreau!

CHARLES, désignant Schneider.

Et que va-t-il faire, lui, avec le bourreau, à Plobsheim?

MONNET.

Il te l'a dit : il va se marier... c'est son témoin !...

ACTE TROISIÈME

QUATRIÈME TABLEAU

Le cabinet de travail de Pichegru.

Entrée à gauche. Fenêtre tenant toute la largeur du fond.

SCÈNE PREMIÈRE

PICHEGRU, ABBATUCCI, DOUMERC, FARAUD,
Officiers et Soldats.

Pichegru est courbé sur une carte d'Allemagne. Plusieurs de ses Officiers travaillent autour de lui à de petites tables, avec des Soldats de planton, tout prêts à porter leurs ordres.

FARAUD entre et fait le salut militaire.

Pardon, mon général, mais c'est un envoyé du ministère de la guerre qui arrive de Paris à franc étrier.

PICHEGRU.

Fais entrer !

SCÈNE II

Les Mêmes, PROSPER LENORMAND.

PROSPER, couvert de boue comme un homme qui a fait une longue route.

Le citoyen général Pichegru ?

PICHEGRU.

C'est moi!

PROSPER, lui donnant un papier.

De la part du citoyen ministre de la guerre. (Tous les jeunes gens qui travaillent autour de Pichegru lèvent la tête. Chacun attend avec anxiété.)

PICHEGRU, en lisant la dépêche.

Bonnes nouvelles, mes enfants! nous allons marcher à l'ennemi; l'armée de la Moselle est réunie à l'armée du Rhin. Hoche est nommé général en chef des deux armées.

ABBATUCCI.

Mais vous, général?

PICHEGRU.

Moi, je serai général de l'armée du Rhin sous les ordres du général Hoche.

DOUMERC.

Mais Hoche est un enfant, général.

PICHEGRU.

Un enfant de génie, citoyen! que Dieu le fasse vivre et vous verrez. (A Prosper.) Le général Carnot ajoute, citoyen Lenormaud, qu'il désire que je vous attache à mon état-major et que je vous donne l'occasion de vous distinguer dans la campagne qui va s'ouvrir. A partir d'aujourd'hui, vous êtes mon officier d'ordonnance. (Aux jeunes gens qui l'entourent.) Citoyens, vous me ferez plaisir en traitant le citoyen Lenormand en bon camarade. (A Prosper.) Tu dois mourir de faim et de fatigue, fais-toi donner à souper et un lit.

PROSPER.

Merci, général; mais, pardon, est-il vrai que le citoyen Saint-Just soit en mission à Strasbourg?

PICHEGRU.

Il est arrivé avant-hier.

PROSPER.

Je serai bien heureux de le revoir, c'est mon plus ancien camarade. Nous sommes nés dans le même village et nous avons fait nos études dans le même collége. C'est lui qui m'avait recommandé au général Carnot, et le général Carnot s'est souvenu de la recommandation, puisqu'il m'a envoyé à toi. Je crois pouvoir te dire, citoyen général, que, si tu as quelque chose à demander au représentant Saint-Just, tu ne pourras choisir un intermédiaire qui lui soit plus agréable que moi.

PICHEGRU.

On ne demande rien à Saint-Just : on fait son devoir. Saint-Just est sombre et inflexible comme le Destin. Fais-toi donner à déjeuner et... bon appétit !

PROSPER.

Merci, général ; mais je commencerai par me mettre au lit, je suis brisé de fatigue.

PICHEGRU.

Comme tu voudras.

(Prosper sort. Pendant les derniers mots de cette scène, Charles a attendu à la porte, se faisant montrer Pichegru par Faraud.)

SCÈNE III

PICHEGRU, ABBATUCCI, DOUMERC, CHARLES, FARAUD, LES OFFICIERS.

PICHEGRU.

Qu'est-ce encore ?

FARAUD.

Mon général, c'est un jeune citoyen qui demande à entrer dans les grenadiers.

PICHEGRU.

Diable ! il lui faudra une bonne recommandation pour cela ?

CHARLES.

J'ai celle de mon père, général.

PICHEGRU, lisant la lettre que lui donne Charles.

Comment ! tu es le fils de mon brave et cher ami ?...

CHARLES, l'interrompant.

Oui, citoyen général.

PICHEGRU.

Il me dit qu'il te donne à moi ?

CHARLES.

Reste à savoir si vous acceptez le cadeau ?

PICHEGRU, le regardant.

Que veux-tu que je fasse de toi, voyons ?..

CHARLES.

Ce que vous voudrez !

PICHEGRU.

On ne peut faire de toi un soldat, en conscience : tu es trop jeune et trop faible.

CHARLES.

Citoyen général, je ne croyais pas avoir le bonheur de to

voir sitôt : mon père m'avait donné une lettre pour un autre de ses amis, qui devait me tenir au moins un an auprès de lui, pour m'apprendre le grec.

PICHEGRU, riant.

Ce ne serait pas Euloge Schneider, je suppose ?

CHARLES.

Si fait !

PICHEGRU.

Eh bien ?...

CHARLES.

Eh bien, il paraît, citoyen général, qu'Euloge Schneider va se marier !...

PICHEGRU.

Se marier ?...—Entendez-vous la nouvelle, citoyens? Euloge Schneider se marie. Qui diable peut épouser un pareil homme ?...

CHARLES.

Une femme qui y est forcée, probablement? Pardon, général, mais, pour en revenir à la lettre de mon père...

PICHEGRU.

Que préfères-tu? retourner près de ton père, ou rester près de moi ?

CHARLES.

Rester près de toi, général.

PICHEGRU.

Eh bien, alors, je t'attache comme secrétaire à l'état-major. Sais-tu monter à cheval ?

CHARLES.

Je dois dire, général, que, comme écuyer, je ne suis pas tout à fait de la force de Saint-Georges.

PICHEGRU.

Tu apprendras... (On entend un bruit de trompettes.) Qu'est-ce que c'est que cela ?...

(Tout le monde se lève et court à la fenêtre.)

UN CRIEUR, à cheval, au milieu de deux Trompettes, dans la rue.

Au nom du comité du salut public, le citoyen Saint-Just ordonne:

1º Que tout soldat ou tout officier qui se déshabillera, soit de jour, soit de nuit, devant l'ennemi, sera puni de mort.

2º Que tout fantassin qui reculera sur le champ de bataille, autrement que pas à pas et en faisant face à l'ennemi sera puni de mort.

3° Que tout cavalier qui tournera le dos à l'ennemi, autrement que pour porter un ordre de son chef, sera puni de mort.

Strasbourg, le 24 frimaire an ɪɪ de la République une et indivisible.

(Les Trompettes s'éloignent en sonnant.)
ABBATUCCI.

Ah çà! mais il devient fou, le citoyen Saint-Just.
DOUMERC.

C'est le général Eisemberg qui nous vaut cela, avec sa panique du pont de Kehl, où ils se sont tous laissés surprendre en chemise.
PICHEGRU.

Dans tous les cas, tenez-vous pour avertis: le citoyen Saint-Just ne plaisante pas avec ses arrêtés.
ABBATUCCI.

Comme il y a plus d'un mois que nous ne nous sommes déshabillés, il ne nous sera pas difficile d'obéir à cette partie de l'ordonnance.
PICHEGRU.

Ni aux autres non plus, je l'espère, citoyens, puisqu'elles ordonnent de ne pas fuir. (Faraud entre, remettant à Pichegru un billet sur lequel sont écrites quelques lignes sans signature.) Je ne te connais pas au régiment, toi!...
FARAUD.

Arrivé d'hier, mon général, volontaire parisien.
PICHEGRU.

Répondant au nom...?
FARAUD.

De Faraud.
PICHEGRU.

C'est bien... J'aime à connaître mes hommes par leur nom... (Après avoir lu.) Qu'est-ce que cela, citoyens? quelqu'un qui, en excellent latin, me demande un quart d'heure d'audience. (Tirant sa montre.) Nous avons encore une demi-heure avant le déjeuner; veuillez me laisser seul avec cet original. (Les jeunes gens sortent.) Doumerc, je te recommande le citoyen Charles. (A Faraud.) Fais entrer!

SCÈNE IV

PICHEGRU, STÉPHEN.

Stéphen entre. Il est coiffé d'un bonnet de poil de renard, est habillé d'une espèce de peau de chèvre passée au cou comme une chemise et serrée à la taille par une ceinture de cuir; les manches d'une chemise de laine rayée passent par les ouvertures de cette cuirasse qui est lacée dans le dos et dont le poil est tourné en dedans. De longues bottes lui montent jusqu'aux genoux. Cheveux blonds, moustaches couleur de lin. Pichegru va à lui et le regarde.

PICHEGRU.

Hongrois ou Russe ?

STÉPHEN.

Polonais.

PICHEGRU.

Alors, exilé ?

STÉPHEN.

Pis que cela !

PICHEGRU.

Pauvre peuple, si brave et si malheureux ! (Pichegru tend la main à Stéphen.)

STÉPHEN.

Attendez !... Avant de me faire cet honneur, il s'agit de savoir si je le mérite.

PICHEGRU.

Tout Polonais est brave ; tout exilé a droit à la poignée de main d'un patriote.

STÉPHEN, tirant un petit sachet de sa poitrine.

Connaissez-vous Kosciuszko ?

PICHEGRU.

Qui ne connaît le héros de Dubienka !...

STÉPHEN.

Alors, lisez !

PICHEGRU prend le billet et lit.

« Je recommande à tous les hommes luttant pour l'indépendance et la liberté de leur pays, ce brave, fils de brave, frère de brave : il était avec moi à Dubienka... THADDÉE KOSCIUSZKO.» Vous avez là un beau brevet de courage, monsieur ! voulez-vous me faire l'honneur d'être mon aide de camp ?

STÉPHEN.

Je ne vous rendrais pas assez de services et me vengerais mal ; or, ce qu'il me faut, à moi, c'est la vengeance.

PICHEGRU.

Quels sont ceux dont vous avez à vous plaindre particulièrement ? Sont-ce les Russes, les Autrichiens ou les Prussiens ?

STÉPHEN.

De tous trois, puisque tous trois oppriment et dévorent ma malheureuse patrie.

PICHEGRU.

D'où êtes-vous ?

STÉPHEN.

De Dantzick. Je suis du sang de cette vieille race polonaise qui, après l'avoir perdu en 1308, l'a reconquis en 1454.

PICHEGRU.

Ton nom ?

STÉPHEN.

Stéphen Moïnski.

PICHEGRU.

Et tu veux être espion ?

STÉPHEN.

Appelez-vous espion l'homme sans peur qui, par son intelligence, peut faire le plus de mal à l'ennemi ?...

PICHEGRU.

Oui.

STÉPHEN.

Alors, je veux être espion.

PICHEGRU.

Tu risques, si tu es pris, d'être fusillé.

STÉPHEN.

Comme mon père !

PICHEGRU.

Ou pendu.

STÉPHEN.

Comme mon frère !

PICHEGRU.

Le moins qui te puisse arriver, c'est d'être bâtonné.

STÉPHEN.

Comme je l'ai été !

PICHEGRU.

Rappelle-toi que je t'offre une place dans l'armée comme lieutenant, ou près de moi comme officier interprète.

STÉPHEN.

Et moi, citoyen général, rappelez-vous que, m'en trouvant indigne, je la refuse; en me condamnant, ils m'ont mis au-dessous de l'homme : eh bien, c'est d'en bas que je frapperai.

PICHEGRU.

Soit... Maintenant, que désires-tu?

STÉPHEN.

De quoi acheter d'autres vêtements, et vos ordres.

PICHEGRU *coupe avec des ciseaux une bande d'assignats à son registre et la lui donne.*

Tiens.

STÉPHEN.

Vos ordres, maintenant.

PICHEGRU, *lui posant la main sur l'épaule.*

Écoute-bien ceci.

STÉPHEN.

J'écoute.

PICHEGRU.

Je suis prévenu que l'armée de la Moselle, commandée par Hoche, fait sa jonction aujourd'hui, demain au plus tard. Cette jonction faite, nous attaquerons Wœrth, Frœschwiller et Reichshoffen. Eh bien, il me faut connaître le chiffre des hommes et des canons qui défendent ces places, ainsi que les positions les meilleures pour les attaquer. Tu seras aidé par la haine que nos paysans et nos bourgeois alsaciens portent aux Prussiens.

STÉPHEN.

Vous rendrai-je ces renseignements ici ou en campagne?

PICHEGRU.

Viens dans trois jours où je serai.

STÉPHEN.

J'irai, mais je vous reverrai d'ici là.

(Il sort.)

SCÈNE V

PICHEGRU va ouvrir la porte aux jeunes gens de son état-major. Ils entrent. DOUMERC lit un journal. FALOU, CHARLES, ABBATUCCI.

PICHEGRU.

Que lisez-vous là, Doumerc?

DOUMERC.

Le Moniteur, général ; il y a de bonnes nouvelles de Toulon. Il paraît que nous sommes en chemin de le reprendre.

PICHEGRU.

Voyons cela ! (Rumeurs croissantes, grand bruit venant du fond, battements de tambours.) Qu'est-ce que cela ? (Chaque Officier court à son sabre. Pichegru appelle un Chasseur qui passe.) Hé ! Falou !...

FALOU.

Mon général ?...

PICHEGRU.

Que se passe-t-il donc ? Est-ce que l'ennemi attaque encore ?

FALOU.

Non, mon général: c'est le général Eisemberg que l'on conduit à la guillotine avec tout son état-major. Pour prouver que leur fuite d'hier n'était qu'une panique et qu'ils n'ont pas peur de la mort, ils ont demandé à aller à pied à l'échafaud.

PICHEGRU.

Ils ont bien fait... Mais est-ce que c'est la route que suivent ordinairement les condamnés?

DOUMERC.

Non, général; mais on a jugé à propos de vous faire, ainsi qu'à nous, les honneurs de ce spectacle instructif. (Quatre Tambours passent avec des roulements sourds, puis huit Cavaliers de front, puis les Condamnés à pied, l'uniforme sur l'épaule.)

SCÈNE VI

Les Mêmes, les Condamnés, EISEMBERG ; puis SAINT-JUST.
Pichegru, qui a fait un mouvement en avant, veut se reculer en apercevant le général Eisemberg.

EISEMBERG.

Reste, Pichegru, et écoute-moi... (Tous les jeunes gens se découvrent.) Pichegru, je vais à la mort et te laisse avec bonheur au faîte de la gloire où ton courage t'a porté. Je sais qu'au fond du cœur tu rends justice à notre bravoure et fais la part d'une surprise de nuit sur les âmes les mieux trempées. C'est pourquoi je voudrais te prédire en te quittant une fin meilleure que la mienne. Mais garde-toi de cette espérance. Houchard et Custine sont morts, je vais mourir, Beauharnais va mourir. Tu mourras comme nous. Le peuple, auquel tu as donné ton bras, n'est pas avare du sang de ses défenseurs, et, si le fer de l'étranger t'épargne, sois tranquille, tu n'échapperas pas à celui des bourreaux. Adieu, ami!... — Et, maintenant, marchez, vous autres! (Pichegru ferme la fenêtre et reste appuyé contre elle. Le bruit des tambours diminue. Chacun exprime par son attitude la sensation qu'il éprouve.)

PICHEGRU.

Qui de vous sait le grec? Je donne ma plus belle pipe de Cummer à celui qui me dira quel est l'auteur grec qui parle des prophéties des mourants.

FALOU, à part.

Quel malheur que je ne save pas le grec!

PICHEGRU.

Eh bien?

CHARLES.

Je sais un peu le grec, général, mais je ne fume pas du tout.

PICHEGRU.

Alors, je te donnerai autre chose et qui te fera plus de plaisir qu'une pipe.

CHARLES.

Eh bien, général, c'est Aristophane, dans un passage qui, je crois, peut se traduire ainsi : « L'esprit des sibylles est dans ceux qui vont mourir. »

PICHEGRU.

Bravo! Demain ou après, tu auras ce que je t'ai promis, en attendant que j'aie ce que tu m'annonces... Maintenant, enfant, je n'ai plus qu'un désir, c'est que Hoche arrive bien vite et que nous n'ayons plus à assister à toutes ces tueries de place publique.

SAINT-JUST, paraissant.

Tu vas être servi à souhait, général: Hoche arrive à l'instant même, et je suis aise d'assister à votre entrevue.

PICHEGRU.

Pourquoi cela, citoyen représentant?

SAINT-JUST.

Parce qu'à mon avis, on te fait une injustice en te mettant sous les ordres de Hoche. Or, j'ai voulu juger par moi-même de ce que je puis attendre de votre bonne intelligence.

PICHEGRU.

(On entend sonner les trompettes. — A tout son État-Major.)

Citoyens, n'oubliez pas que c'est notre général en chef que nous avons l'honneur de recevoir.

SCÈNE VII

Les Mêmes, HOCHE, et son État-Major.

HOCHE, entrant et apercevant Pichegru, met le chapeau à la main ; tout son État-Major en fait autant.

Général, la Convention a commis une erreur : elle m'a nommé, moi, soldat de vingt-cinq ans, général en chef des deux armées du Rhin et de la Moselle, oubliant que c'était un des plus grands hommes de guerre de notre époque qui commandait celle du Rhin. Cette erreur, je viens la réparer, général, en me mettant sous vos ordres et vous priant de m'apprendre le rude et difficile métier de la guerre. J'ai l'instinct, vous avez la science ; j'ai vingt-cinq ans, vous en avez trente-trois ; vous êtes Miltiade, je suis à peine Thémistocle ; mais l'oreiller sur lequel vous êtes couché m'empêche de dormir ; je vous demande une part de votre lit. (Il se tourne vers ses Officiers.) Citoyens, voilà votre général en chef. Au nom du salut de la République et de la gloire de la France, je vous prie, et, au besoin, je vous ordonne de lui obéir comme je lui obéirai moi-même. (Tout l'État-Major s'incline en signe d'adhésion.) Je jure obéissance, pour toutes les choses de la guerre, à mon aîné, à mon maître, à mon modèle, l'illustre général Pichegru !

HOCHE.

Votre main, général ?

PICHEGRU.

Dans mes bras. (Ils se jettent dans les bras l'un de l'autre.)

SAINT-JUST.

Que les généraux de toutes les armées conservent un pareil accord entre eux, et la France n'aura rien à craindre de nos ennemis... Vive la nation !...

SCÈNE VIII

Les Mêmes, PROSPER.

PROSPER, dans la coulisse.

Il est ici, j'ai reconnu sa voix.

SAINT-JUST.

C'est la voix de Prosper, mon meilleur ami, que je n'ai pas revu depuis le collège...

PROSPER, se jetant dans ses bras.

Mon cher Saint-Just!...

SAINT-JUST.

Ah! malheureux!... malheureux, que tu es!...

DOUMERC, à part.

Qu'y a-t-il donc?

ABBATUCCI, montrant Prosper à moitié habillé.

Déshabillé devant l'ennemi...

PROSPER.

Eh bien, ne me reconnais-tu pas? As-tu oublié notre jeunesse, nos études, et toute une amitié d'enfance, enfin?...

SAINT-JUST.

Au contraire, et c'est parce que je me souviens de tout cela que j'ai faibli un instant.

PROSPER.

Comment?...

SAINT-JUST.

Ce matin, j'ai publié un décret par lequel je punis de mort tout homme qui, en face de l'ennemi, sera surpris sans uniforme, même pendant son sommeil. Vous avez entendu, citoyens. Qu'on emmène ce malheureux, et que justice soit faite!...

(Prosper regarde un instant Saint-Just, qui baisse les yeux, détourne la tête, puis fait de la main signe qu'on l'emmène. Prosper va de lui-même jusqu'à la porte, au milieu d'un profond silence.)

PICHEGRU, s'avançant.

Saint-Just, un mot!...

SAINT-JUST.

Pour quoi faire?...

PICHEGRU.

Pour t'empêcher de commettre un crime. J'affirme que ton ami Prosper Lenormand ignorait le décret qui a été publié ce matin pendant son sommeil.

PROSPER.

Je le jure!...

SAINT-JUST, tendant les bras à son ami.

Eh! malheureux, que ne le disais-tu?...

PROSPER.

On aurait cru que moi, ton ami, j'avais peur. (Ils se précipitent dans les bras l'un de l'autre.

SAINT-JUST, tendant la main à Pichegru, tout en embrassant son ami.

Pichegru, je te dois les plus heureux moments de ma vie!

ACTE QUATRIÈME

CINQUIÈME TABLEAU

L'intérieur de la chambre de Clotilde de Brumpt. Un angle de la chambre formant cabinet est converti en une chapelle où brulent des cierges. Clotilde travaille à une échelle de corde.

SCÈNE PREMIÈRE

CLOTILDE, puis ÉTIENNETTE.

CLOTILDE, seule.

J'ai passé la nuit en prières et au travail. Puisse Dieu permettre, si les prières ont monté jusqu'à lui, que le travail ait un résultat. Étiennette a promis de m'amener ce matin, le fils du concierge de la prison où est enfermé mon père. Je ne sais quelle influence elle peut avoir sur ce jeune homme, mais elle m'a répondu de lui. (On entend du bruit.) Est-ce toi, Étiennette?

ÉTIENNETTE, paraissant.

Oui, mademoiselle. L'échelle est elle finie?

CLOTILDE.

Je l'achève. Jacquemin est-il là?

ÉTIENNETTE.

Il me suit.

CLOTILDE.

Fais-le entrer.

ÉTIENNETTE.

Entrez, Jacquemin!

SCÈNE II

Les Mêmes, JACQUEMIN.

CLOTILDE, à Jacquemin.

Vous devinez d'avance l'objet de notre entretien, n'est-ce pas ? mon père est en prison, menacé de mort pour avoir traversé le Rhin ; ma mère se mourait, vous le savez encore, puisque, hier, tout le village l'a conduite au cimetière. Je me désespérais quand cette chère enfant (Elle indique Étiennette.) s'est approchée de moi et m'a dit : « Madame, il y a un homme qui peut sauver votre père ; cet homme a un bon cœur et un bon esprit ; c'est le fils du geôlier Jacquemin. » Quel prix mettez-vous au salut de mon père ?

JACQUEMIN.

Citoyenne, je ne voudrais pas faire d'une bonne action une affaire d'argent, mais je ne voudrais pas non plus que mon père, perdant sa place à cause de moi, mourût dans la misère. J'aime Étiennette, et c'est à cet amour que je sacrifierai mon devoir, car, en laissant échapper M. le comte de Brumpt, je trahirai le pays qui me paye. Je me charge de faire tenir au prisonnier une lime, et cette échelle de corde. Appréciez vous-même, citoyenne, ce que vaut le dévouement que je voudrais vous offrir pour rien.

CLOTILDE.

Je ferai à votre père une pension de deux mille francs, et vous donnerai à vous, ou plutôt à Étiennette, puisque vous voulez recevoir la somme de ses mains, dix mille francs en argent.

JACQUEMIN, s'inclinant.

C'est plus que je n'eusse demandé, citoyenne : je vais emporter cette échelle. Étiennette va me donner une lime, pour qu'on ne me voie pas en acheter une. Une fois le comte hors de prison, le reste vous regarde.

(On frappe à la porte.)

CLOTILDE, tressaillant.

Qui peut frapper à cette heure ?

(Étiennette et Clotilde se regardent.)

JACQUEMIN,

Il serait dangereux qu'on me vît ici, mademoiselle, et surtout à une pareille heure. Que Étiennette me conduise donc par quelque corridor où je ne rencontre personne.

ÉTIENNETTE, *désignant le cabinet de gauche.*

Entrez dans cette chambre ; j'irai vous y prendre, quand j'aurai vu qui a frappé. (*Elle court à la porte de la rue en criant.*) Voilà ! voilà ! (*Clotilde tombe sur une chaise, s'essuie le front, ouvre un livre et fait semblant de lire.*)

ÉTIENNETTE, *reparaissant.*

Mademoiselle, c'est M. Raoul de Gransay.

CLOTILDE.

Juste ciel ! c'est la Providence qui l'envoie. Fais-le entrer.

SCÈNE III

Les Mêmes, RAOUL DE GRANSAY.

CLOTILDE.

Raoul !

RAOUL.

Clotilde ! (*Ils se jettent dans les bras l'un de l'autre.*)

CLOTILDE.

Que venez-vous faire ici ? Je vous croyais en sûreté de l'autre côté du Rhin.

RAOUL.

Je viens vous aider à sauver votre père.

CLOTILDE.

Vous avez appris l'arrestation du comte ?

RAOUL.

Hier ! Et, comme, dans ces jours de terreur, il n'y a pas loin de la prison à l'échafaud, je suis accouru.

CLOTILDE, *à Étiennette.*

Étiennette, fais vite sortir Jacquemin, et surtout qu'il ne se doute pas que Raoul est arrivé.

RAOUL, *aux genoux de Clotilde.*

Oui, me voilà, me voilà, Clotilde ! Donnez-moi donc votre front, resté si beau et si pur au milieu de nos alarmes. Puis dites-moi ce que vous avez déjà fait pour essayer de venir en aide à votre père, afin que nous voyions ce qui nous reste à faire.

CLOTILDE.

Où avez-vous appris son arrestation ?

9.

RAOUL.

A Strasbourg, où j'étais retourné en vous quittant l'autre nuit, et où j'étais caché chez cette bonne madame Teutch, à l'hôtel de *la Lanterne* : grâce à elle, j'ai trouvé deux hommes dévoués et une barque. Il ne s'agit que de tirer votre père de la prison; un quart d'heure après, il sera en sûreté. Et d'abord qui l'a fait arrêter, des trois pouvoirs qui se disputent Strasbourg?

CLOTILDE.

Schneider.

RAOUL.

C'est le pire des trois. J'espère que vous n'avez fait aucune démarche près de ce misérable !

CLOTILDE.

Au contraire, je l'ai vu.

RAOUL.

Il est venu ici?

CLOTILDE.

C'est moi qui suis allée chez lui.

RAOUL.

Vous, Clotilde, dans la maison de cet infâme ? vous, seule avec lui?

CLOTILDE.

Je n'ai pas été un instant seule avec lui.

RAOUL.

Quelles propositions a-t-il osé vous faire?

CLOTILDE.

C'est moi, et non pas lui, qui ai abordé les propositions.

RAOUL.

Que lui avez-vous offert?

CLOTILDE.

Ma fortune!...

RAOUL.

Et il a refusé?...

CLOTILDE.

Il m'a dit qu'il me ferait connaître ses intentions.

RAOUL.

Et vous n'avez pas entendu reparler de lui?...

CLOTILDE.

Non.

RAOUL.

Il y a quelque chose de sombre sous ce silence... Mais me

voici, je veillerai sur vous. Je ne vous quitte plus, j'ai trop souffert depuis notre séparation!

SCÈNE IV

Les Mêmes, ÉTIENNETTE, entrant vivement;
elle a la figure toute bouleversée.

CLOTILDE.

Oh! mon Dieu! qu'y a-t-il, Étiennette?

ÉTIENNETTE.

Ah! mademoiselle, on dit que M. Schneider et ses hussards de la mort ont couché au village d'Eschau, qui n'est qu'à deux lieues d'ici.

RAOUL.

Il vous tient parole Clotilde, il vient vous dicter ses conditions. Vous aviez tenté quelque chose pour la fuite de votre père, n'est-ce pas? Où en étiez-vous?

CLOTILDE.

J'ai acheté le fils du geôlier; il a dû remettre à mon père un échelle de corde, que j'ai passé la nuit à faire, et lui remettre aussi une lime pour scier ses barreaux. La nuit prochaine, il devait s'évader.

RAOUL.

La nuit prochaine, il sera trop tard.

CLOTILDE.

Que faire, mon Dieu? que faire?

RAOUL.

Tout pour avancer, pour activer cette fuite.

CLOTILDE.

Raoul!

RAOUL.

Le nom du fils du geôlier?

CLOTILDE.

Jacquemin.

RAOUL.

Jacquemin... Bien... Que Dieu nous protége tous! (Il sort.)

CLOTILDE, à Étiennette.

Est-ce qu'il y a eu quelque exécution au village d'Eschau?

ÉTIENNETTE.

Non; mais, comme les chemins sont en mauvais état, et que la charrette qui conduit l'échafaud s'y était embourbée,

Schneider a fait retomber la faute sur le maire et l'adjoint du pauvre village : pendant une heure, ils sont restés attachés aux deux piliers de la guillotine.

CLOTILDE.

Qu'espérer d'un pareil homme ?

ÉTIENNETTE.

Ah ! mon Dieu ! on entend du bruit du côté de la prison. (Elle court à la fenêtre.) Mademoiselle ! oh ! mademoiselle ! ce n'est pas possible !

CLOTILDE.

Quoi ?

ÉTIENNETTE.

Ça ne peut pas être lui !...

CLOTILDE.

Mais qui ?...

ÉTIENNETTE.

Votre père !... Regardez...

CLOTILDE, courant à la fenêtre.

Oui, c'est lui ! mon père... libre !... libre !... Je cours... (La porte du fond s'ouvre. Schneider paraît un bouquet à la main.)

SCÈNE V

CLOTILDE, SCHNEIDER, ÉTIENNETTE.
Étiennette sort sur un geste de Schneider.

SCHNEIDER.

Citoyenne, ce sont les plus belles fleurs que j'ai pu trouver le 27 frimaire, c'est-à-dire le 16 décembre, car je ne te crois pas très-familière avec le nouveau calendrier ; le 16 décembre, c'est ce que j'ai trouvé de mieux ; et, comme Tarquin, j'ai été obligé de me promener dans plusieurs jardins et dans pas mal de serres, avant de trouver à abattre, du bout de ma baguette, les roses et les lilas qui composent ce bouquet.

CLOTILDE.

Ce bouquet est une merveille, citoyen Schneider, et ces fleurs, si parfumées et si riantes, me sont un témoignage des intentions avec lesquelles tu as abordé cette maison. (Elle lui désigne un siége.)

SCHNEIDER.

Mes intentions sont celles d'un homme à qui tu as ouvert un nouvel horizon... pendant la visite que tu lui as faite hier.

Je m'étais souvent demandé, belle Clotilde, à quoi tiennent les destinées humaines et comment le chant d'un oiseau, ou le vol d'un papillon peuvent influer sur notre existence... Être bon, être mauvais, tout cela dépend de la façon dont on est entré dans la vie. Il s'agit, tout en marchant les yeux bandés, de choisir le bon chemin... J'y suis entré par la porte de la misère et du travail; au lieu de voir, comme devant les riches et les heureux, les obstacles s'aplanir devant moi, j'ai eu à les combattre et à les surmonter. La fable des sept têtes de l'hydre, toujours coupées, toujours renaissantes, a été pour moi une sombre et sévère vérité. Il est doux et facile de prier, quand on sait que la prière aura un résultat; mais prier une idole de marbre qui restera sourde à vos prières!... on se lasse à la fin, lorsque, cette idole, on peut la briser... Alors, à la moindre résistance, le mot *Je veux* vient à la bouche...

CLOTILDE.

Même quand tu parles à une femme ?...

SCHNEIDER.

Ai-je seulement le temps de voir à qui je parle?... Crois-tu que je me fasse illusion sur la vie que je mène et sur les résultats qu'elle doit avoir? Attaqué que je suis, si je n'attaque pas... pour vivre, il faut que je tue... On dit que je suis cruel... Je me défends, voilà tout... Je n'avais jamais aimé, jamais songé au mariage, au bonheur d'être père, d'être époux... Tu ne diras pas que j'avais prévu cet enchaînement de circonstances... Ta mère tombe malade... ton père, en émigration, rentre en France pour la voir une dernière fois. Il est pris, conduit en prison; tu viens pour me demander sa grâce; je te vois... un sentiment inconnu s'éveille dans mon cœur... Le voilà, ce bonheur que j'ai toujours cherché : être aimé d'une jeune fille pure, chaste, noble... moi, aimé quand je suis laid, odieux, vieux avant l'âge? est-ce qu'il y a chance que je sois aimé?... Qui me fera un autre visage comme à Éson? qui m'apprendra ces douces paroles à l'aide desquelles on verse dans un autre cœur le trop plein du sien... Quand je lui dirai que je l'aime, elle rira... Eh bien, non, j'aime mieux qu'elle pleure, j'aime mieux qu'elle tremble, j'aime mieux qu'elle me haïsse; mais qu'elle soit à moi, je fais alors ce que j'ai fait, une chose infâme, je le sais bien... ma vie n'est-elle pas infamée déjà!... Je lui dis: «J'irai te voir...» Je dresse l'échafaud sous sa fenêtre. (Il ouvre la fenêtre, Clotilde jette un cri de terreur à la vue de l'échafaud.)

CLOTILDE.

Ah! mon père!

SCHNEIDER.

Je viens et je lui dis : « Demain, tu seras ma femme... ou, là, à l'instant, sous tes yeux, la tête de ton père va tomber.»

CLOTILDE.

Moi, ta femme? Mon père aimera mieux mourir.

SCHNEIDER.

Aussi, est-ce toi que je charge de lui transmettre mon désir : ta pitié filiale t'inspirera, Clotilde... Mon crime compte sur tes vertus. Eh bien?

CLOTILDE, très-calme.

Vous avez raison... c'est le seul moyen.

SCHNEIDER.

Et à quand fixes-tu le jour de notre union?

CLOTILDE.

Par bonheur, la loi nouvelle, nous dispense de tout délai, et ce que j'ai à te demander n'est qu'un caprice d'orgueil.

SCHNEIDER.

Parle!...

CLOTILDE.

J'exige de ta tendresse une de ces grâces qu'on ne refuse pas à sa fiancée; ce n'est pas à Plobsheim, c'est-à-dire dans un pauvre village d'Alsace que le premier de nos citoyens doit accorder son nom à la femme qu'il aime et qu'il a choisie. (Elle se lève.) Je veux que le peuple me reconnaisse pour l'épouse de Schneider et ne me prenne pas pour sa maîtresse. Demain, à telle heure que tu voudras, nous partirons pour Strasbourg, et je te donnerai ma main, devant les citoyens, les généraux et les représentants.

SCHNEIDER.

Je le veux bien; je veux tout ce que tu voudras, mais à une condition.

CLOTILDE.

Laquelle?

SCHNEIDER.

C'est que ce n'est pas demain que nous partirons, mais aujourd'hui.

CLOTILDE.

Impossible. Il va être onze heures et demie, et les portes de la ville ferment à trois.

SCHNEIDER.

Elles fermeront à quatre, alors.

CLOTILDE.

Il faut faire tout ce que vous voulez.

SCHNEIDER, tendant la main à Clotilde.

Venez Clotilde.

CLOTILDE.

Le temps seulement de prendre un talisman de famille, sans lequel les jeunes filles ne se marient pas chez nous. (Pendant que Schneider va fermer la fenêtre, Clotilde tire d'un petit coffret placé sur la table un poignard qu'elle tient à la main quand Schneider revient vers elle.)

SIXIÈME TABLEAU

Un paysage de neige le plus pittoresque possible.

Dans un coin du théâtre, un paysan habillé en bûcheron, achève de nettoyer une espèce de carré long pour en faire un bivac. Au milieu du silence le plus profond, on voit s'avancer cinq ou six cavaliers portant le costume de chasseurs et sept ou huit fusiliers à pied. Ils viennent en éclaireurs pour sonder la forêt.

SCÈNE PREMIÈRE

FALOU, à cheval; FARAUD, à pied; STÉPHEN, déguisé en bûcheron.

STÉPHEN.

Chut !

FALOU.

Qui vive ?...

STÉPHEN.

Chut !...

FALOU.

Qui vive ?...

STÉPHEN.

Par ici, citoyen Falou.

FALOU.

Allons, bon! voilà que je suis connu dans le canton! Qu'est-ce que tu fais là?

STÉPHEN.

Moi? Je prépare le bivac du général.

FALOU.

De quel général?

STÉPHEN.

Du général Pichegru, donc!

SCÈNE II

Les Mêmes, PICHEGRU et son État-Major

Vers la fin de la scène précédente, l'État-Major du général s'est approché à cheval. On y retrouve tous les jeunes gens qu'on a vus dans le cabinet du quartier général à Strasbourg.

PICHEGRU.

Pied à terre, messieurs! (Tout l'État-Major entre sans bruit, comme l'ont fait les éclaireurs.) Tiens, il me semble que voilà une excellente place pour notre bivac.

STÉPHEN.

Si le général la trouve bonne, je serai bien content.

PICHEGRU.

Et c'est toi qui as préparé cette place?

STÉPHEN.

Oui, mon général!

PICHEGRU.

Pour moi?

STÉPHEN.

Ne la trouvez-vous donc pas bien choisie, à l'abri du vent, avec la vue de toute la plaine, une échappée sur le village de Dawendorff.

PICHEGRU.

Tu savais donc que je devais passer par ici?

STÉPHEN.

Vous le voyez bien, puisque je vous attendais là. Maintenant, il ne fait pas chaud, si vous allumiez un peu de feu?

PICHEGRU.

Et si l'ennemi voit le feu?

STÉPHEN.

Il n'y a pas de danger, nous sommes dans un fond.

PICHEGRU.

Tu as donc été ingénieur ?

STÉPHEN.

Ingénieur ! qu'est-ce que c'est que ça ? (Il sort.)

PICHEGRU, bas, à un de ses Aides de camp.

Ne perdez pas de vue cet homme... Il s'agit de chercher un peu de bois sec ; vous ne serez pas plus fâchés que moi de vous réchauffer, n'est-ce pas ? Seulement, par ce temps-ci, il sera peut-être difficile d'en trouver ?

STÉPHEN, rentrant en apportant une brassée.

En voilà, général, et qui va flamber comme des copeaux.

PICHEGRU.

Je parie que tu as du feu maintenant ?

STÉPHEN.

Je n'en ai pas, mais ce n'est pas difficile à trouver ?

PICHEGRU, à ses Aides de camp.

Faites placer les sentinelles perdues, et, sous peine de mort, que pas une ne fasse feu, à moins d'y être forcée par l'ennemi. (On emmène une dizaine d'hommes à pied, parmi lesquels Faraud, tandis que chacun choisit un campement.)

PICHEGRU.

Quelqu'un de vous s'est-il occupé de la cantine ?

(Les Officiers se regardent.)

ABBATUCCI.

Vous n'avez pas donné d'ordre, général.

PICHEGRU.

Tu sais bien que je ne donne jamais d'ordre pour cela ; chacun prend pour lui, il en reste toujours pour les autres.

LES OFFICIERS, les uns aux autres.

As tu quelque chose, camarade ?

UN OFFICIER.

Ma foi, non !

FALOU.

J'ai du tabac.

PICHEGRU.

As-tu quelque chose, Charles ?

CHARLES.

Moi, général, j'ai deux pommes; si vous en voulez une ?

PICHEGRU.

Eh bien, citoyens, il faudra se contenter d'une goutte d'eau-de-vie. Appelez la déesse Raison !... (On entend répéter les appels : « Déesse Raison !... déesse Raison !... »

UNE AUTRE VOIX.

Où est la déesse Raison ?

FALOU.

Aux volontaires de l'Indre !

(On entend appeler encore.)

SCÈNE III

Les Mêmes, LA DÉESSE RAISON.

LA DÉESSE.

Me voilà, général ; que désirez-vous ?

PICHEGRU.

Déesse, on a oublié les provisions, de sorte qu'il s'agit de souper avec un petit verre et une pipe de tabac. Ceux qui auront encore faim après ce somptueux repas, serreront la boucle de leur culotte...

LA DÉESSE.

Eh bien, mon petit Faraud, où est-il donc ?

FALOU.

Il est en faction. (A Stéphen.) Mais que diable fais-tu donc ?

STÉPHEN.

Je vous dressais une table, général.

PICHEGRU.

Pour quoi faire, une table ?

STÉPHEN.

Pour manger donc !

PICHEGRU.

Manger quoi ?

STÉPHEN.

Ah ! voilà ! Je me suis dit : « Le général ne pense jamais à lui qu'après avoir pensé aux autres ; il est capable d'avoir oublié la cantine ; ma foi, je vais à tout hasard lui commander un jambon et un bon pâté : s'il a oublié son souper, on y aura pensé pour lui. »

PICHEGRU.

Et ce pâté ?

STÉPHEN.

Le voilà !

PICHEGRU.

A défaut de pain, nous avons la croûte !

STÉPHEN.

Non pas, voilà du pain. Oh ! oh ! on pense à tout !

PICHEGRU.

Excepté à du vin ?

STÉPHEN.

Ah ! ça, j'avoue que je n'ai pas jugé utile d'en faire provision.

ABBATUCCI.

Malheureux !

STÉPHEN.

Parce que je me suis dit comme ça : « Il y a le citoyen Fenouillot, commis voyageur en vins qui va passer sur la route au point du jour, avec sa voiture et ses échantillons; le général s'entendra avec lui... (Bruits de grelots.) Et tenez, tenez, voilà les grelots de son cheval. Dites à deux ou trois de ces messieurs de vous l'amener, il ne demandera pas mieux que de vous faire une livraison.

PICHEGRU, à quelques Officiers.

Allez, citoyens, allez... (A Charles.) Il me semble que j'ai vu cet homme quelque part ou plutôt que j'ai entendu sa voix. Te le rappelles-tu, toi ?...

CHARLES.

Non, mon général.

PICHEGRU, à lui-même.

Est-ce que ce serait ?... Oui... c'est Stéphen! (Haut.) Ma foi! déesse Raison, ce sera pour le dessert; seulement, si tu veux avoir ta part du pâté, ne t'éloigne pas trop.

LA DÉESSE.

Convenu, général. (Elle sort.)

FENOUILLOT, dans la coulisse.

Citoyens, citoyens, où me conduisez-vous

UNE VOIX, dans la coulisse.

Au général!

FENOUILLOT, dans la coulisse.

A quel général ?

LA VOIX, dans la coulisse.

Au général Pichegru.

SCÈNE IV

Les Mêmes, FENOUILLOT.

FENOUILLOT, paraissant.

Ah ! général !

PICHEGRU.

Eh bien, qu'arrive-t-il, citoyen Fenouillot ?

FENOUILLOT.

Comment, tu sais mon nom ?

PICHEGRU.

Et ta profession, même. Tire-nous quelques échantillons de ta carriole, des meilleurs.

DOUMERC.

Inutile, général, on y a songé.

PICHEGRU, à Fenouillot.

Alors, fais-nous le plaisir de souper avec nous.

FENOUILLOT.

Ah ! général, c'est trop d'honneur.

PICHEGRU.

Tu viens de Dawendorff ?

FENOUILLOT.

Oui, général.

PICHEGRU.

Et les Prussiens ne t'ont pas bu tout ton vin ?

FENOUILLOT.

Il ne s'en est pas fallu de beaucoup.

PICHEGRU.

Et comment diable as-tu été te fourrer dans les griffes de ces messieurs ?

FENOUILLOT.

J'ai été arrêté par un parti de Prussiens qui s'apprêtaient à vider mes échantillons sur la route ; par bonheur, un officier arriva qui me conduisit au général en chef. Je croyais en être quitte pour la perte de mes cent cinquante bouteilles d'échantillon, et j'en étais d'avance consolé, lorsque le nom d'espion commença de circuler ; à ce mot-là, vous comprenez, général, que je dressai l'oreille et que, ne me souciant pas d'être fusillé, je me réclamai du chef des émigrés.

PICHEGRU.

Le prince de Condé !

FENOUILLOT.

Je me serais réclamé du diable!... On me conduisit au prince, je lui montrai mes papiers, je répondis franchement à ses questions, il goûta mon vin, il vit que ce n'était pas du vin de malhonnête homme, et déclara à MM. les Prussiens qu'en ma qualité de Français il me retenait comme son prisonnier.

PICHEGRU.

Et votre prison fût dure?

FENOUILLOT.

Pas le moins du monde : quoique, je l'avoue, quand hier la nouvelle de la prise de Toulon est arrivée, n'ayant pu, comme bon Français, cacher ma joie, le prince, avec lequel je causais en ce moment, m'ait congédié de fort mauvaise humeur.

PICHEGRU.

Comment!... que dites-vous là? que Toulon a été repris aux Anglais?

FENOUILLOT.

Oui, général.

PICHEGRU.

Et quel jour?

FENOUILLOT.

Le 19.

PICHEGRU.

Nous sommes aujourd'hui le 22, impossible; que diable! le prince de Condé n'a pas de télégraphe à sa disposition.

FENOUILLOT.

Non! mais il a la poste aux pigeons, et les pigeons font seize lieues à l'heure. J'ai vu, aux mains du prince de Condé, le petit billet attaché à l'aile de l'oiseau; le billet était petit, mais écrit très-fin, de sorte qu'il contenait quelques détails.

PICHEGRU.

Et ces détails, les connaissez-vous?

FENOUILLOT.

Le 19, la ville s'était rendue; le même jour, une partie de l'armée assiégeante y était entrée, et, le soir, par ordre d'un commissaire de la Convention, on avait fusillé deux cent treize personnes.

PICHEGRU.

Et c'est tout?

FENOUILLOT.

C'est tout. A propos, est-ce que c'est vrai, citoyen, général, ce que disait le duc de Bourbon, en faisant le plus grand éloge de vous?

PICHEGRU.

Il est bien aimable, le duc de Bourbon! que vous disait-il?

FENOUILLOT.

Il me disait que c'était son père, le prince de Condé, qui vous avait donné votre premier grade.

PICHEGRU.

C'est vrai.

ABBATUCCI.

Et comment cela, général?

PICHEGRU.

Je servais comme simple soldat au corps royal d'artillerie, lorsqu'un jour le prince, qui était présent aux exercices du polygone de Besançon, s'approcha de la pièce qui lui semblait la mieux servie; mais, dans le moment où le canonnier l'écouvillonnait, le coup partit et lui enleva un bras. Le prince m'attribua cet accident en m'accusant d'avoir mal fermé la lumière avec le pouce. Je le laissai dire; puis, pour toute réponse, je lui montrai ma main ensanglantée. J'avais le pouce déchiré, renversé, presque détaché de la main... Voici la cicatrice... Le prince, en effet, me fit sergent. (Charles, sous prétexte de regarder la main de Pichegru, la lui baise.) Que fais-tu donc, Charles?

CHARLES.

Moi? rien! je vous admire!

PICHEGRU.

Abbatucci, veillez à ce que rien ne manque aux soldats. Il serait difficile de leur donner le superflu. Tâchez de leur donner le nécessaire. (Aux autres Officiers.) Vous connaissez tous, citoyens, les régiments avec lesquels vous avez l'habitude de combattre, vous savez ceux sur lesquels vous pouvez compter; rassemblez leurs officiers à l'ordre, et dites-leur que j'écris aujourd'hui au comité de salut public que, dans trois jours, il n'y aura plus un ennemi sur la terre de France; qu'ils se souviennent d'une chose, c'est que ma tête répond de ma parole!

SCÈNE V

PICHEGRU, FENOUILLOT.

PICHEGRU.

Et maintenant, à nous deux, citoyen.

FENOUILLOT.

A nous deux, général.

PICHEGRU.

Jouons cartes sur table !

FENOUILLOT.

Je ne demande pas mieux.

PICHEGRU.

Vous ne vous nommez pas Fenouillot, vous n'êtes pas commis voyageur en vins, vous n'étiez pas prisonnier du prince de Condé, vous êtes son agent !

FENOUILLOT.

C'est vrai, général.

PICHEGRU.

Vous saviez me rencontrer sur votre route, et vous vous êtes fait arrêter tout exprès pour me faire des propositions royalistes, au risque d'être fusillé.

FENOUILLOT.

C'est encore vrai, général.

PICHEGRU.

Mais vous vous êtes dit : « Le général Pichegru est un brave, il comprendra qu'il y a un véritable courage à faire ce que j'ai fait ; il refusera mes propositions, ne me fera peut-être pas fusiller, et me renverra au prince avec son refus. »

FENOUILLOT.

C'est toujours vrai ! Cependant, j'espère qu'après m'avoir entendu...

PICHEGRU.

Après vous avoir entendu, il y a un cas où je vous ferai fusiller, je vous en préviens d'avance.

FENOUILLOT.

Lequel ?

PICHEGRU.

C'est celui où le prince aurait mis un prix à ma trahison.

FENOUILLOT.

Ou à votre dévouement ! (Tout en dialoguant, Pichegru a bourré sa pipe.)

PICHEGRU.

Tant qu'il y aura un ennemi sur la terre de France, toute négociation avec un prince émigré sera de la trahison.

FENOUILLOT.

En tout cas, général, voici une lettre du prince adressée à vous directement et qui vous fera connaître les intentions de Son Altesse royale.

PICHEGRU.

Fumez-vous, citoyen ?

FENOUILLOT.

Non, général.

PICHEGRU, allumant sa pipe avec la lettre du prince de Condé.

Eh bien, moi, je fume.

FENOUILLOT.

Que faites-vous, général ?

PICHEGRU.

Vous le voyez, citoyen, j'allume ma pipe.

(On entend un coup de fusil, puis les sentinelles crient : « Alarme alarme ! » en se rapprochant. Tous les Officiers qui avaient disparu du bivac arrivent de tous les côtés pour prendre l'ordre du général.)

PICHEGRU, à Fenouillot.

Ta parole de ne pas rejoindre le prince de Condé avant cinq heures du soir ?

FENOUILLOT.

Vous l'avez, général.

(Beaucoup de bruit. On amène le volontaire Faraud. Abbatucci et Charles trainent chacun un loup par les pattes.)

CHARLES.

Tenez, général, voilà de quoi vous faire deux bons tapis de pieds.

PICHEGRU.

Qu'est-ce que cela ?

ABBATUCCI.

C'est l'ennemi sur lequel vient de tirer votre sentinelle.

PICHEGRU.

Où est-elle, ma sentinelle ?

SCÈNE VI

Les Mêmes, FARAUD.

FARAUD s'avance.

Voilà, mon général.

PICHEGRU.

Comment ! c'est toi, malheureux, qui donnes l'alarme à toute l'armée pour deux ou trois mauvais loups qui tournaient autour de toi ?

FARAUD.

Ah ! général, vous êtes bien bon !... d'abord, ils n'étaient pas deux ou trois, ils étaient une douzaine ; ensuite, ils ne tournaient pas seulement autour de moi, ils voulaient me manger.

PICHEGRU.

Tu devais te laisser dévorer jusqu'au dernier morceau, plutôt que de tirer un coup de fusil.

FARAUD, montrant sa main et sa joue ensanglantées.

Vous voyez qu'ils avaient commencé, les brigands ; mais je me suis dit : « Faraud, si l'on te place là, c'est de peur que l'ennemi n'y passe, et qu'on a compté sur toi pour l'empêcher de passer. »

PICHEGRU.

Eh bien ?

FARAUD.

Eh bien, moi mangé, général, rien n'empêchait plus l'ennemi de passer.

PICHEGRU.

Il a raison, cet animal-là.

FARAUD.

C'est ce qui m'a déterminé à faire feu. La question de sûreté personnelle n'est venue qu'après, parole d'honneur !

PICHEGRU.

Mais ce coup de feu, malheureux, il a pu être entendu des avant-postes ennemis.

FARAUD.

Ne vous inquiétez pas de cela, mon général, ils l'auront pris pour un coup de fusil de braconnier.

PICHEGRU.

Tu es Parisien ?

FARAUD.

Oui ; mais je fais partie du premier bataillon de l'Indre, je m'y suis engagé volontairement à son passage à Paris.

PICHEGRU.

Eh bien, Faraud, si j'ai un conseil à te donner, c'est de ne te représenter à moi qu'avec les galons de caporal, pour me faire oublier la faute de discipline que tu viens de commettre.

FARAUD.

Et que faut-il faire pour cela, mon général ?

PICHEGRU.

Il faut amener demain, ou plutôt ce soir, à ton capitaine, deux prisonniers prussiens.

FARAUD.

Soldats ou officiers, mon général ?

PICHEGRU.

Mieux vaudrait des officiers, mais on se contentera de deux soldats.

FARAUD.

On fera son possible, mon général.

PICHEGRU.

Déesse Raison, donne un coup à boire à ce poltron, qui nous promet deux prisonniers pour demain.

FARAUD, tendant son verre.

Et si j'allais n'en faire qu'un, mon général ?

PICHEGRU.

Tu ne serais caporal qu'à moitié, et tu ne porterais qu'un galon.

FARAUD.

Non, ça me ferait loucher. Eh bien, ce soir, mon général, vous aurez les deux, ou vous pourrez dire : « Faraud est mort. » A votre santé, mon général !

UNE SENTINELLE, au dehors.

Qui vive ? (Saint-Just paraît.)

SCÈNE VII

CHARLES, PICHEGRU, STÉPHEN.

STÉPHEN, entrant vivement.

Général, voici le représentant du peuple Saint-Just. (Il dis paraît.)

PICHEGRU.

Par ici, citoyen représentant, par ici ! A quelque heure du jour ou de la nuit que l'on m'annonce ta présence, elle est la bienvenue.

SCÈNE VIII

Les Mêmes, SAINT-JUST.

SAINT-JUST.

Il y a longtemps que l'on m'a dit que tu étais celui de nos généraux qui se gardait le mieux la nuit. J'ai voulu savoir si c'était vrai et si mes instructions étaient bien suivies.

PICHEGRU.

Qu'as-tu trouvé ?

SAINT-JUST.

Partout la surveillance la plus exacte et la plus grande obéissance à mes ordres. Maintenant (S'asseyant, sur un signe de Pichegru.) je te préviens que j'ai écrit à la Convention en annonçant la victoire de demain.

PICHEGRU.

Il eût été plus prudent de n'écrire qu'après.

SAINT-JUST.

Doutes-tu de toi ou de tes hommes ?

PICHEGRU.

Je ne doute ni de moi ni de mes hommes, mais il est permis de douter de la fortune.

SAINT-JUST.

Homme de peu de foi ! Le génie de l'avenir veille sur la France... car la France porte en elle l'indépendance des nations. Décrétons la victoire, et la victoire obéira. Tu sais que je n'ai jamais menti, ne me fais pas mentir. Quand attaques-tu Dawendorff ?

PICHEGRU.

Aussitôt qu'un espion, dans lequel j'ai la plus grande confiance, m'aura transmis les renseignements que j'attends sur la position de l'ennemi.

CHARLES, entrant, à Pichegru.

Pardon, général, un jeune homme, qui dit être sous le poids de la plus vive douleur et trembler pour la femme qu'il aime, demande à vous parler à l'instant même. Il prétend que vous pouvez, d'un mot, faire plus que lui sauver la vie.

PICHEGRU, à Saint-Just.

Permets-tu, citoyen représentant?

(Saint-Just tire *le Moniteur* de sa poche et se met à lire.)

SCÈNE IX

Les Mêmes, RAOUL.

RAOUL.

Oh! citoyen général, que tu es indulgent de me recevoir!

PICHEGRU.

Dis vite : d'un moment à l'autre, l'armée peut être obligée de se mettre en marche.

RAOUL.

Je suis émigré. Je ne rentre pas en France pour fomenter la guerre civile, et la preuve, c'est que j'accours à toi, et, plein de confiance dans ta loyauté, je commence par te dire qui je suis.

PICHEGRU.

Je ne te demande pas ton nom ; tu es malheureux, tu souffres, ton nom est homme : que veux-tu?

RAOUL.

Un misérable, Schneider, a fait arrêter, hier, le père de ma fiancée et l'a mise entre une union infâme avec lui et l'échafaud de son père, dressé devant ses fenêtres. Pour sauver son père, elle s'est faite martyre !... elle a consenti !... Demain, il l'amène à Strasbourg pour l'épouser. J'ai le serment de Clotilde, qu'elle ne sera jamais son épouse ; mais, quand on voit tous les jours des hommes faiblir, ne peut-on pas craindre la faiblesse d'une femme? Je suis venu à toi, citoyen général, et je te demande si un pareil crime, si la spoliation du corps et de la fortune se passera sous tes yeux, quand tu as la force, quand tu as l'épée?

PICHEGRU.

Mon épée n'est pas celle de la justice. C'est celle de la patrie. Ma force m'est donnée contre l'ennemi et non contre mes compatriotes. Je puis, si la fortune me favorise, chasser l'ennemi hors de France. Je ne puis ni ouvrir ni fermer les portes d'une prison. Jeune homme, je te plains, mais je ne puis rien pour toi.

RAOUL.

Je m'attendais à ta réponse; mais, si tu ne peux rien pour

moi, il y a à Strasbourg un homme qui peut tout. Cet homme, tu le connais. A défaut d'amitié, vous avez l'un pour l'autre une mutuelle estime. Cet homme est le représentant du peuple Saint-Just.

PICHEGRU.

C'est vrai, celui-là est tout-puissant.

(Saint-Just et Pichegru échangent un regard.)

RAOUL.

Eh bien, il ne laissera pas sous ses yeux se renouveler le crime d'Appius et de Virginie, il ne laissera pas une pauvre fille sans défense, qui n'a commis d'autre crime que d'être noble, s'ouvrir le cœur, pour conserver ce cœur à celui qu'elle aime. Qui sauve un individu a le même mérite, aux yeux du Seigneur, que celui qui sauve un pays. Eh bien, donne-moi une lettre qui m'introduise près de Saint-Just; dis-lui franchement qui je suis ; dis-lui que je me livre à lui pieds et poings liés ; dis-lui que je lui apporte ma tête, mais qu'il sauve la vieillesse et l'innocence, c'est-à-dire les deux choses les plus respectables de ce monde.

SAINT-JUST, lui touchant l'épaule.

Viens avec moi, jeune homme, je te ferai voir Saint-Just.

RAOUL.

Vous! Quand?

SAINT-JUST.

A notre arrivée à Strasbourg.

RAOUL.

Vous savez que vous pouvez tout me demander, ma vie, mon sang, mon âme!

SAINT-JUST.

Tu verras Saint-Just.

RAOUL.

Et nous partons ?...

SAINT-JUST.

A l'instant même !

RAOUL, prenant la main de Pichegru.

Oh! général!...

SAINT-JUST.

Adieu, Pichegru. Tu sais que j'ai écrit à la Convention. — Viens, viens, jeune homme.

(Il sort avec Raoul.)

10.

SCÈNE X

Les Mêmes, hors SAINT-JUST et RAOUL. — STÉPHEN.

STÉPHEN.

Général !

PICHEGRU.

Stéphen ! c'était bien lui.

STÉPHEN.

L'ennemi occupe le village de Dawendorff. On peut le tourner par les défilés de Frœschwiller, qui ne sont point gardés. Le prince de Condé, loge à la mairie de Dawendorff. Il a avec lui la caisse des émigrés, qui renferme près d'un million en or anglais.

PICHEGRU.

Tu en es sûr? Bien! (Appelant.) Doumerc, faites sonner à cheval. (On sonne à cheval et le rideau baisse au moment où le corps d'armée se remet en marche.)

ACTE CINQUIÈME
SEPTIÈME TABLEAU

La fin d'un combat. Dans la mairie d'un petit village de la frontière. Les Français en chassent les Autrichiens et les Prussiens. Le combat se livre autour d'une caisse ferrée, que l'ennemi veut tirer à lui et dont les Français veulent s'emparer. Faraud frappe à grands coups sur les défenseurs et finit par s'emparer de la caisse. Les Français entrent par toutes les ouvertures en criant : « Victoire ! victoire ! » On entend en même temps les tambours battant la charge dans la rue, les trompettes sonnant des fanfares. Des cris de « Vive le général Pichegru ! » Faraud est à cheval sur sa caisse, comme Bacchus sur son tonneau.

SCÈNE PREMIÈRE

FARAUD, PICHEGRU, entrant ; FALOU, Soldats ; puis ABBATUCCI, DOUMERC et CHARLES.

PICHEGRU.

C'est ici le quartier général ; prévenez tous les officiers. (Sortent quelques Soldats.) Avez-vous vu Hoche ?

PROSPER.

Général, il est de l'autre côté du village, à la poursuite de l'ennemi...

PICHEGRU, à Faraud.

Que fais-tu là, toi ?

FARAUD.

Mon général, je crois que je tiens la caisse.

PICHEGRU.

Quelle caisse ?

FARAND.

Celle des émigrés : écusson bleu, avec trois fleurs de lys de France.

PICHEGRU.

En as-tu la clef ?

FARAUD.

Oh! non, ils n'ont pas eu la complaisance de nous la laisser.

PICHEGRU.

Emportez cette caisse. (Deux Soldats emportent la caisse.) Deux hommes en sentinelle à côté, et qu'on prévienne le payeur général...

(Prosper sort.)

FARAUD.

Ah ! pauvre payeur, comme ça va le déranger, lui qui n'a rien à faire depuis six mois! (Il sort.)

PICHEGRU, à Abbatucci qui entre.

Rien de grave ? je t'ai vu tomber de cheval.

ABBATUCCI.

Non, mon général : c'est mon cheval qui a été blessé et pas moi.

PICHEGRU.

Et toi, Doumerc ?

DOMERC.

Une égratignure sur le front, mon colback a paré le coup.

PICHEGRU.

Et Charles, mon petit Charles ? Ohé !

CHARLES, paraissant.

Voilà, mon général.

PICHEGRU, à Charles.

Tu es content, tu as vu le feu ?

CHARLES.

Je croyais que c'était bien plus effrayant que ça...

PICHEGRU, se retournant vers la déesse Raison.

Sais-tu qu'il faudra que je te donne un baril d'honneur? je t'ai vue aujourd'hui au milieu du feu et de la mitraille, ni plus ni moins qu'un vétéran.

LA DÉESSE.

Bah! mon général, depuis deux ans, elles me connaissent, les balles. Votre chirurgien-major m'en a extrait une du bras, demandez-lui si j'ai fait la grimace.

SCÈNE II

Les Mêmes, PROSPER, Soldats.

PICHEGRU.

Eh bien, Prosper, a-t-on fait ouvrir la caisse?

PROSPER.

Oui, mon général, en présence de témoins.

PICHEGRU.

Que contenait-elle?

PROSPER.

Sept cent soixante-quinze mille francs en guinées anglaises.

PICHEGRU, à Abbatucci.

Combien est-il dû à nos hommes?

ABBATUCCI.

Cinq cent mille francs à peu près.

PICHEGRU.

Qu'on fasse la paye à l'instant. Ne m'a-t-on pas dit que le bataillon de l'Indre avait horriblement souffert?

ABBATUCCI.

Oui, général.

PICHEGRU.

On gardera vingt-cinq mille francs, à répartir dans le bataillon de l'Indre; plus, cinquante mille francs pour les besoins de l'armée.

ABBATUCCI.

Et les deux cent mille francs restants?

PICHEGRU.

Prosper les portera à la Convention, avec les deux drapeaux que nous avons pris. (Abbatucci sort.) Il est bon de montrer que les républicains ne se battent pas pour l'or.

PROSPER.

Merci, mon général; mais raison de plus pour que j'en finisse avec ce diable de Falou, qui m'a fait cadeau d'un cheval; je n'ai pas encore pu mettre la main dessus... Ah! le voilà...

(Il sort.)

DOUMERC.

Que diable a donc Prosper? (Dans la rue, cris de « Vive le général! »)

CHARLES.

Qu'est-ce que cela?

PICHEGRU.

Ce sont nos soldats, à qui on fait la paye!...

SCÈNE III

Les Mêmes, FALOU, amené par PROSPER.

PROSPER.

Enfin, je le tiens! Pourquoi ne voulais-tu pas venir?

FALOU.

Mon capitaine, parce que je me doutais que c'était encore pour me dire des bêtises.

PROSPER.

Comment, pour te dire des bêtises?

FALOU, au général.

Tenez, je vous en fais juge, mon général. Nous chargeons, n'est-ce pas?... Je me trouve en face d'un officier prussien qui me porte un coup de tête... Je pare prime, je riposte par un coup de pointe, et je lui fait avaler plus de six pouces de lame...

PICHEGRU.

Diable! tu es généreux quand tu t'y mets...

FALOU.

Il tombe naturellement... Je vois un cheval magnifique qui n'avait plus de maître, et le capitaine qui n'avait plus de cheval : il se débattait comme un diable dans un bénitier, au milieu de cinq ou six aristocrates; j'en tue un, j'en blesse un autre. «Allons, capitaine, que je lui crie, le pied dans l'étrier!» Une fois le pied dans l'étrier, le... le reste a été vite en selle, et tout a été dit, quoi!

PROSPER.

Tout n a pas été dit, car tu ne peux pas me faire cadeau d'un cheval.

FALOU.

Pourquoi donc? Vous êtes trop fier pour rien recevoir de moi ?...

PROSPER.

Non, et la preuve, ta main!

(Ils se donnent la main.)

FALOU.

Me voilà payé, et même je devrais vous rendre, mais pas de monnaie !

(Il regagne la porte.)

PICHEGRU, l'appelant.

Viens ici, mon brave...

(Falou se retourne la main au colback.)

Tu es Fanc-Comtois?

FALOU.

Un peu, général.

PICHEGRU.

D'où ?

FALOU.

De Boussières.

PICHEGRU.

Tu as encore tes parents ?

FALOU.

Une vieille grand'mère de quatre-vingts ans.

PICHEGRU.

Et de quoi vit-elle?

FALOU.

De ce que je lui envoie; mais, comme la République me doit cinq mois de solde arriérée, la bonne femme vit bien mal!.. Par bonheur, on dit que, grâce au fourgon du prince de Condé, nous allons être mis au courant. Brave prince! c'est ma grand-mère qui va te bénir!

PICHEGRU.

Comment, ta mère va bénir un ennemi de la France?

FALOU.

Est-ce qu'elle s'y connaît ! le bon Dieu sait bien qu'elle radote.

PICHEGRU.

Alors, tu vas lui envoyer la solde?

FALOU.

On gardera bien un petit écu pour boire la goutte.

PICHEGRU.

Garde tout!

FALOU.

Et la vieille?

PICHEGRU.

Je m'en charge.

(On entend le tambour. — « Vive le Général! »)

SCÈNE IV

PICHEGRU, HOCHE, un Soldat.

On entend les trompettes qui sonnent des fanfares et les tambours qui battent au champ.

PICHEGRU.

Ah! voilà Hoche qui revient de la poursuite de l'ennemi (Il va à la porte.) Eh bien, mon cher général? (A l'entrée du général Hoche, tous les assistants se lèvent.)

HOCHE, entrant avec ses Officiers dans tout le désordre de gens qui viennent de se battre.

Encore deux ou trois coups de collier comme celui-là, et l'ennemi sera hors de France.

PICHEGRU.

Sans compter que nous avons mis la main sur la caisse du prince de Condé et que nous avons fait la paye.

HOCHE.

Morbleu! faire la paye avec l'argent de l'Angleterre, c'est deux fois bien joué. Pendant ce temps-là, nous avons reconduit ces messieurs les Prussiens et les Autrichiens aussi loin que nous avons pu. Combien de canons et de drapeaux de votre côté?

PICHEGRU.

Un drapeau et quatre canons. Et vous?

HOCHE.

Trois canons et un drapeau ; mais ce qui fait votre grande supériorité sur nous, c'est la caisse!

PICHEGRU.

J'ai cru, sauf ton approbation, pouvoir faire prendre vingt-cinq mille francs à répartir dans le bataillon de l'Indre, qui a le plus souffert; il reste cinquante mille francs, au sujet desquels tu t'entendras avec le payeur; le reste sera employé à la Convention.

HOCHE.

Gardons les gratifications pour les journées de demain et d'après-demain, qui seront chaudes. J'ai envie de mettre à prix à six cents francs les canons autrichiens ou prussiens qu'on prendra.

PICHEGRU.

Par ma foi, c'est une idée, ne la laisse pas tomber à l'eau.

(Entrée de Faraud.)

SCÈNE V

LES MÊMES, FARAUD, avec des galons de papier sur ses manches, suivi de DEUX SOLDATS du bataillon de l'Indre; puis, LA DÉESSE RAISON.

PICHEGRU.

Qu'y a-t-il, Faraud ?

FARAUD, portant la main à son schako.

Mon général, ce sont les délégués du bataillon de l'Indre.

PICHEGRU.

Ah! oui, qui viennent me remercier, n'est-ce pas?

FARAUD.

Au contraire, général : ils viennent pour refuser la gratification en question.

HOCHE.

La refuser ?

PICHEGRU.

Et pourquoi?

FARAUD.

Ils disent comme ça qu'ils n'ont pas fait plus que leurs camarades, et que, par conséquent, ils ne doivent pas avoir plus qu'eux.

PICHEGRU.

Et les morts, refusent-ils aussi ?

FARAUD.

Qui ça ?

PICHEGRU.

Les morts ?...

FARAUD.

On ne les a pas consultés, mon général.

PICHEGRU.

Et bien, tu diras à ceux qui t'envoient que je ne reprends pas ce que j'ai donné... La gratification que je destinais aux vivants sera distribuée aux pères, mères, frères, sœurs et filles des morts. Avez-vous quelque chose à dire contre cela ?

FARAUD.

Pas la moindre chose, mon général.

PICHEGRU.

C'est bien heureux ! Maintenant, viens ici. (Il regarde les galons de Faraud.) Qu'est-ce que ces sardines-là ?

FARAUD.

Ce sont mes galons de caporal.

HOCHE.

Pourquoi en papier ?

FARAUD.

Parce que nous n'en avions pas en laine, général.

HOCHE.

Et pourquoi t'a-t-on nommé caporal ?

FARAUD.

Le général le sait bien.

PICHEGRU.

Mais non, je ne le sais pas.

FARAUD.

Mais puisque vous m'avez ordonné de faire deux prisonniers.

PICHEGRU.

Eh bien ?

FARAUD.

h bien, je les ai faits : deux Prussiens.

PICHEGRU.

C'est vrai, cela ?

FARAUD.

Lisez plutôt. Ah ! j'ai pris toutes mes précautions, allez !

PICHEGRU lit.

« Le fusilier Faraud, de la 2ᵉ compagnie du bataillon de l'Indre, a fait deux prisonniers prussiens... » Eh bien, après ?

FARAUD, tendant son autre bras.

Voilà !

PICHEGRU.

« En raison de quoi, sauf l'autorisation du général en chef je l'ai nommé caporal. » — Ratifiez-vous, Hoche ?

HOCHE.

De grand cœur!

FARAUD, après un temps.

Général, il me reste à vous prier d'être mon témoin...

PICHEGRU.

Ton témoin ! Est-ce que tu te bats ?

FARAUD.

Pis que cela, mon général : je me marie.

PICHEGRU.

Bon ! avec qui?

LA DÉESSE, survenant.

Avec moi, mon général. Je lui avais promis d'être sa femme le jour où il serait nommé caporal.

PICHEGRU.

Tu n'es pas malheureux, coquin !... la plus jolie et la plus honnête vivandière de l'armée... Et puisque tu m'as pris pour ton témoin, je la dote.

LA DÉESSE.

Vous me dotez, mon général?

PICHEGRU.

Oui, je te donne un âne et deux tonnelets d'eau-de-vie.

LA DÉESSE.

Un mari et un âne à la fois?.. Ah! c'est trop général, c'est trop!

FARAUD.

Ah ! mon général, vous êtes cause que je n'ose plus rien vous demander.

PICHEGRU.

Dis toujours.

LA DÉESSE.

Eh bien, mon général, il faut, sauf votre permission, que la journée finisse comme elle a commencé, par un bal.

FARAUD.

Nous avons fait danser l'ennemi ce matin.

LA DÉESSE.

Nous voudrions bien danser ce soir.

HOCHE.

Alors, comme second témoin, c'est moi qui payerai le bal.

PICHEGRU.

Et la place de la mairie fournira le local. Mais, j'y songe, tu te maries ce soir, et si tu es tué demain ?

FARAUD, regardant la déesse Raison.

Ah ben... d'ici à demain, j'ai de la marge. Je léguerai nos enfants à la patrie.

HUITIÈME TABLEAU

Une place de village en Alsace. Çà et là, des traces de l'action qui s'y est engagée. Au lever du rideau, roulement de tambours commandé par Spartacus, debout sur une table.

SPARTACUS.

Écoutez la loi ! — Attendu qu'au bivac il ne se trouve pas toujours un municipal avec du papier timbré et une écharpe, pour ouvrir les portes du temple de l'hyménée, moi, Pierre-Antoine Bichonneau, dit Spartacus, tambour-maître du bataillon de l'Indre, je vais procéder à l'union légitime de Pierre-Claude Faraud et de Rose Charleroi, vivandière au 24° régiment. (Spartacus fait exécuter un second roulement.) Approchez, les conjoints ! — En présence des citoyens généraux Lazare Hoche et Charles Pichegru, assistés du bataillon de l'Indre, du 24° et de tous ceux qui ont pu tenir sur cette place, au nom de la République une et indivisible, indivisible, entendez-vous bien? c'est une allégorie ! je vous unis et vous bénis. (Spartacus fait exécuter un nouveau roulement pendant lequel deux sergents étendent sur la tête des deux époux un tablier de sapeur.) Citoyen Pierre-Claude Faraud, tu promets à ta femme protection et amour, n'est-ce pas?

FARAUD.

Parbleu !

SPARTACUS.

Citoyenne Rose Charleroi, tu promets à ton mari constance, fidélité et petits verres à discrétion.

ROSE.

Oui, je le promets !

SPARTACUS.

Au nom de la loi, vous êtes mariés. Le régiment adoptera vos nombreux enfants ! Les jumeaux sont autorisés... Attendez donc ! ce n'est pas fini... (Un effroyable roulement de tous les tambours se fait entendre ; à un geste de Spartacus, il cesse tout à coup.) Sans celui-là, vous n'étiez pas heureux.

(Ballet.)

NEUVIÈME TABLEAU

La place de l'hôtel de ville à Strasbourg.

L'hôtel de ville, à droite du spectateur, avec un grand balcon, au-dessus duquel flotte un drapeau noir. A la gauche du théâtre, s'élève une estrade, ornée de drapeaux tricolores. Trois magistrats sont assis sur cette estrade ; ils ont une table devant eux et un registre sur lequel viennent s'inscrire les enrôlés volontaires. Derrière eux, six tambours et six trompettes. Les trompettes sonnent quand l'enrôlé s'engage dans la cavalerie, les tambours battent quand l'enrôlé s'engage dans l'infanterie. Des groupes de paysans et de paysannes, composés de quinze à vingt personnes, jeunes filles, mères, enfants, vieillards ; puis, au milieu de chaque groupe, quatre ou cinq jeunes gens qui viennent pour s'engager. Chaque groupe porte un drapeau où est inscrit le nom de son village. Les costumes de tous ces groupes sont différents, suivant la mode des villages auxquels ils appartiennent. On lit sur les drapeaux : « Saverne, Phalsbourg, Mutzig, Schlestadt, Badonvilliers. » Groupes de gens de la ville. Augereau est chargé de faire garder les rangs aux volontaires. Aucun d'eux n'a encore l'habit militaire. Mais on remet à chacun une cocarde tricolore au moment où il vient de signer ; cette cocarde, il la fait mettre à son chapeau par sa mère ou sa maîtresse. Puis il reçoit un fusil, un sabre et une giberne, avec lesquels il va prendre son rang. Un groupe de sept à huit mères qui pleurent, se tient à petite distance des volontaires qui ont leurs fusils et qui sont commandés par Augereau. Au lever du rideau, une dizaine de volontaires sont déjà enregistrés, et on en est aux deux derniers de Saverne. Après Saverne, un des magistrats se lève, et appelle à haute voix Phalsbourg ! Le groupe tout entier se rapproche avec des sentiments divers. Les mères pleurent, les pères encouragent les enfants.

SCÈNE PREMIÈRE

Volontaires, Femmes du peuple, Vieillards,
un municipal, deux Assesseurs.

UN VOLONTAIRE.

Voyons, ma mère, ne vois-tu pas ce drapeau noir ? Est-ce qu'il ne te dit pas que la patrie est en danger ? Eh bien, ce serait une honte que tout ce qui porte le nom de Français ne se levât pas pour repousser l'ennemi ! (Montant sur l'estrade et criant.) Fantassin !...

UNE MÈRE, à son fils.

Mais, malheureux enfant, tu sais bien que tu n'as pas l'âge : il faut avoir seize ans pour servir la patrie.

L'ENFANT.

Bah ! ma mère, on me dit tous les jours que j'ai l'air d'en avoir dix-huit ; il ne me demanderont pas mon extrait de baptême, et, pourvu que tu ne me démentes pas, je partirai avec les autres.

LA MÈRE.

Mais moi !... moi !...

L'ENFANT.

Toi, chère mère, ça te fera une bouche de moins à nourrir N'est-ce pas toi qui travailles pour nous tous ?... Ne dis rien et laisse-moi partir.

LA MÈRE.

C'est bien facile de dire à une mère : « Ne dis rien !... » quand on n'aime pas sa mère.

L'ENFANT.

Oh ! peux-tu dire cela ?... Va, laisse-moi faire, je reviendrai avec un beau sabre d'honneur.

(Il monte sur l'estrade.

LE MUNICIPAL, le regardant.

Quel âge as-tu ?

L'ENFANT.

Dix-sept ans, citoyen municipal.

LE MUNICIPAL.

Tu parais bien jeune pour avoir dix-sept ans. Où sont les parents de cet enfant?

L'ENFANT.

Je n'ai que ma mère, et, si vous lui demandez mon âge, elle ne vous le dira pas. Elle ne veut pas que je parte.

LE MUNICIPAL, plus haut.

Où est la mère de cet enfant?

LA MÈRE.

Me voilà, citoyen.

LE MUNICIPAL.

Quel âge a-t-il?

LA MÈRE.

Quinze ans et trois mois.

LE MUNICIPAL.

Tu vois bien que tu ne peux pas servir... Tu n'as pas l'âge.

UN HOMME d'une soixantaine d'années.

Je pars avec lui.

LE MUNICIPAL.

Mais, toi, tu es trop vieux.

LE VIEILLARD.

Allons donc, est-ce qu'on est trop vieux tant qu'on peut faire ses dix lieues par jour et porter son fourniment? Il en faut, des vieux, pour montrer aux jeunes comme on meurt.

L'ENFANT, au Vieillard.

Prends-moi avec toi, citoyen! prends-moi avec toi!...

LE VIEILLARD.

Donnez-moi cet enfant, je m'en charge. Vous me donnez un écolier, je vous rendrai un héros.

L'ENFANT, sautant au cou du Vieillard.

Oh! merci, citoyen! nos cocardes... nos cocardes!...

(Ils montent tous deux sur l'estrade au milieu des applaudissements.)

VOIX ET CRIS DE FEMMES, dans la coulisse.

C'est un meurtre! Tu nous prends nos enfants pour les faire égorger.

LES FEMMES, sur la scène.

Qu'est-ce que c'est?

UNE FEMME.

C'est le citoyen Saint-Just, qui a déclaré la patrie en danger et qui a décrété les enrôlements volontaires.

LES FEMMES.

A bas le citoyen Saint-Just!...

SCÈNE II

Les Mêmes, SAINT-JUST.

AUGEREAU, à Saint-Just, que les femmes injurient.

Dis un mot, citoyen, et....

SAINT-JUST.

Qu'on laisse faire et dire ces pauvres folles. L'amour maternel leur fait oublier l'amour de la patrie.

UNE FEMME.

Arrière!... Je veux lui parler... Il m'entendra... Tu ne me fais pas peur... Sais-tu ce que c'est que d'avoir élevé son enfant, de l'avoir nourri de son lait, puis de son pain, d'avoir guidé ses premiers pas, de l'avoir vu grandir, en tremblant chaque jour pour sa vie?... Et tu veux, quand tu viens nous les prendre à vingt ans, dans nos mansardes, dans nos chaumières, que nous les regardions partir les yeux secs et que nous ne maudissions pas celui qui nous les enlève?... Ah! cette séparation est un déchirement cent fois plus cruel que celui de l'enfantement.... Aussi, va, porte la tête haute... un jour viendra où elle pliera sous le poids de nos malédictions.

TOUS.

Mort à Saint-Just!

SAINT-JUST, sur les marches de l'estrade.

En vérité, vous me faites pitié, créatures faibles et sans raison. Est-ce qu'il n'y a pas une mère plus sainte et plus sacrée que vous toutes ensemble, et qui est avant vous la mère de vos mères et la mère de vos enfants, la France? (Mouvement.) Ah! vous voulez, filles parricides, livrer cette mère aux sabres des uhlans, aux lances des Russes, et, bien pis encore, aux caresses infâmes de l'ennemi? Mais sachez donc, une fois pour toutes, que ce n'est pas pour vous que vous enfantez! Non, vous enfantez pour la patrie! Est-ce que je n'ai pas une mère aussi, moi? Est-ce que vous croyez qu'assis sur les bancs de la Convention, en mission à l'armée, toujours le premier au feu... est-ce que vous croyez que je ne cours pas autant de risques que les enfants que je vous prie, non pas même de donner, mais de prêter à la République? Embrassez-les, vos enfants, je vous le permets une fois encore. Et vous, enfants, embrassez vos mères et pardonnez-leur, car elles ont manqué de faire de vous de mauvais Français... Embrassez-les, pleurez en les embrassant ; ces larmes sont amères ; mais, quand l'ennemi sera chassé du sol sacré de la République, quand vous reviendrez, comme les Grecs de Marathon, une branche de laurier à la main, alors les larmes seront douces et nul ne sera là pour mettre un terme à vos baisers!...

TOUS.

Il a raison... (Tambours au loin.)

SAINT-JUST, qui est redescendu en scène, peu à peu.

Et maintenant, entendez-vous ces tambours voilés comme pour une marche funèbre ? c'est la proclamation de la patrie en danger!... Que tous les sentiments se taisent devant ce cri, que toutes les larmes se tarissent ; quand la patrie est en danger, tout est à la patrie!...

TOUS.

Vive Saint-Just!... vive la nation!... (Un Officier d'ordonnance traverse le théâtre au galop de son cheval et s'arrête devant Saint-Just au bas des marches de l'hôtel-de-ville.)

SCÈNE III

LES MÊMES, UN OFFICIER.

L'OFFICIER.

Citoyen représentant, l'accusateur public Schneider vient de faire ouvrir la porte de Kehl pour entrer dans Strasbourg avec sa fiancée.

SAINT-JUST.

Impossible!

L'OFFICIER.

Je l'ai vu.

SAINT-JUST.

Nul n'oserait désobéir à un ordre donné par moi, surtout quand la désobéissance entraîne la peine de mort.

L'OFFICIER.

Tu vas en juger toi-même : il s'avance de ce côté, et, dans quelques secondes, il sera ici.

SAINT-JUST.

Que ceux qui voudront assister à un grand acte de justice ne bougent pas de cette place !

Quatre Coureurs, vêtus des couleurs nationales, entrent à pied sur la place, précédant la calèche de Schneider. Celui-ci est dans la calèche avec Clotilde richement vêtue. Il a ses Cavaliers noirs, les hussards de la Mort, pour escorte autour de lui. Saint-Just, pendant ce temps, est rentré dans l'hôtel de ville et est apparu sur le balcon. Un geste de Saint-Just amène la calèche le plus près possible du balcon. Tout à coup, Clotilde ouvre la portière, s'élance à terre, tombe à genoux et crie au milieu d'un silence solennel.)

SCÈNE IV

Les Mêmes, CLOTILDE, SCHNEIDER, RAOUL.

CLOTILDE.

Justice, citoyen ! j'en appelle de cet homme à Saint-Just et à la Convention !

SAINT-JUST.

Parle, jeune fille. Qu'a-t-il fait ?... je t'écoute.

CLOTILDE.

Mon père s'était exilé. Pour dire un dernier adieu à ma mère mourante, il a repassé le Rhin ; Schneider l'a fait arrêter.

SAINT-JUST.

Ton père était émigré, Schneider était dans son droit.

CLOTILDE.

Je suis venue lui demander grâce pour mon père, lui offrir tout ce que je possédais... deux millions : il a refusé.

SAINT-JUST.

Sais-tu jeune fille que tu fais un magnifique éloge de cet homme ?

CLOTILDE.

Attends. Le lendemain, il a rendu la liberté à mon père, à la condition que mon père le recevrait chez lui. Il est venu, et, d'avance ayant fait dresser la guillotine devant nos fenêtres, il m'a dit : « Ta main ou la tête de ton père ! » (Mouvement de Schneider.) Ose donc nier ?... Alors, je n'ai plus eu d'espoir qu'en toi, j'ai consenti à tout ce qu'il exigeait de moi, mais à la condition qu'il me présenterait d'abord à toi comme sa femme.

11.

SAINT-JUST.

Et pourquoi exigeais-tu cela?

CLOTILDE.

Pour faire ce que je fais. (Elle se met à genoux.) Pour me mettre à tes pieds, et pour dire : justice!

SAINT-JUST.

Tu m'as demandé justice, et tu vas l'avoir. Mais qu'aurais-tu fait si tu ne m'avais pas trouvé disposé à te la rendre?

CLOTILDE.

Ce soir, je l'aurais poignardé!

SAINT-JUST.

Raoul, va relever ta fiancée... — Citoyenne, tu es libre. Que ton père, puisqu'il est rentré en France, y reste et fasse sa soumission. Il ne sera pas inquiété. Que désires-tu encore?

CLOTILDE.

Citoyen, puisque tu m'as accordé tout ce que je demandais de toi, puisque je suis libre d'aller pleurer ma mère, d'aller consoler mon père, je te demande comme dernière faveur la grâce de cet homme.

SAINT-JUST, frappant de son poing la traverse du balcon.

Sa grâce? la grâce de cet homme exécrable, de ce misérable? tu ris jeune fille! si je faisais grâce, la justice déploierait ses ailes et s'envolerait pour ne plus redescendre sur la terre! Arrêtez cet homme.

SCHNEIDER, s'élançant hors de la voiture.

Tête et sang! m'arrêter, moi!... Est-ce que tu crois que je me laisserai égorger sans me défendre?... A moi, mes hussards!... m'entendez-vous?... Rien!... rien!... Trahi... trahi par ces lâches qui m'obéissaient hier!... Eh bien, à toi Saint-Just! (Il tire un coup de pistolet sur Saint-Just.)

SAINT-JUST.

Au tribunal révolutionnaire!...

(Le peuple se précipite sur Schneider, que l'on entraîne violemment. — Tumulte. Vociférations.)

TOUS.

Vive Saint-Just!

(Défilé des Volontaires.)

DIXIÈME TABLEAU

L'avant-garde de l'armée française.

SCÈNE UNIQUE

SAINT-JUST, HOCHE, PICHEGRU, FARAUD, FALOU, ÉTAT-MAJOR, SOLDATS.

SAINT-JUST.

Citoyens, avant le combat, j'ai une communication à vous faire, une bonne nouvelle à vous annoncer.

PICHEGRU.

Citoyen représentant, je te préviens que l'ennemi va commencer le feu.

SAINT-JUST.

Qu'il commence ! (On entend dans ce moment la détonation d'une batterie de canons. Deux hommes tombent. — Lisant.)

Le citoyen Dugommier à la Convention nationale.

« Citoyens représentants, Toulon est en notre pouvoir. Hier, nous avons pris le fort Mulgrave et le petit Gibraltar. (Deuxième détonation.—Il continue.) A dix heures du soir, les représentants du peuple Barras et Fréron prendront possession de la place au nom de la France. » (Troisième détonation.)

STÉPHEN, venant tomber aux pieds de Pichegru.

Général, je meurs pour la France.

PICHEGRU.

Mon pauvre Stéphen !

STÉPHEN.

Ne me plaignez pas, général : mes derniers regards voient la France libre et victorieuse. Vive la France, la seconde patrie des proscrits !

(Il meurt.)

PICHEGRU.

En avant !

TOUS.

En avant !

SAINT-JUST.

Que nul ne passe la frontière avant moi. En avant !

TOUS.

En avant!

ONZIÈME TABLEAU

SCÈNE UNIQUE

Les Mêmes.

Tableau de bataille. Cris de victoire. — Saint-Just, prenant un drapeau des mains du porte-drapeau, traverse la petite rivière et va le planter sur la terre bavaroise.

SAINT-JUST.

Ce pas que la France vient de faire au delà de ses frontières, c'est le commencement de sa course à travers l'Europe. Comme elle a franchi ce ruisseau sans nom, elle franchira le Rhin, le Pô et le Danube. Au nom de la liberté, je prends possession de cette terre... Vive la République!

TOUTES LES VOIX.

Vive la République!

(La toile tombe sur les premières mesures de *la Marseillaise*.)

FIN DES BLANCS ET DES BLEUES.

SIMPLES LETTRES
SUR
L'ART DRAMATIQUE

A M. D. L.

RÉDACTEUR DE LA DÉMOCRATIE PACIFIQUE.

I

Mon ami,

Dans vos feuilletons du 10 septembre, du 15 octobre et du 10 novembre, vous me faites un triple appel. J'avais résolu de ne pas répondre au premier; j'avais maintenu ma résolution après avoir lu le second; vous insistez, je cède au troisième.

J'y cède, je vous le jure, à regret, à contre-cœur; comme on cède aux instances d'un ami qui, au milieu d'un accès de fausse gaieté, nous demande la cause de notre tristesse. Vous avez le droit d'interroger, j'ai perdu celui de ne pas répondre.

Ne voyez donc dans ma lettre ni récriminations ni plaintes. Voyez-y des faits et pas autre chose.

Je ne désire rien, je ne demande rien, je n'accuse personne; je fais le procès-verbal de l'art en l'an de grâce 1844, voilà tout.

Est-il mort? est-il vivant? Demandez à ceux qui lui appuient un oreiller sur la bouche, comme fait le More Othello à la blanche Desdemona.

Oui, vous avez raison, c'était un beau temps que celui où, riche de jeunesse, d'espérances, et j'oserai presque dire d'avenir, toute une génération se précipitait à notre suite, par la brèche qu'avaient ouverte *Henri III*, *Hernani* et *la Maréchale d'Ancre*. Ce fut une belle nuit que celle qui nous réunit tous les trois, Hugo, de Vigny et moi, pour faire en commun, après la première représentation de *Christine*, les corrections indiquées par le public. A cette heure, nous étions frères ; qui donc nous a faits rivaux ?

Hélas ! mon ami, la force des choses, les événements, les hommes.

Si les trois poëtes qui ont fait *Marion Delorme, Chatterton* et *Antony* se taisent, c'est que tant de dégoûts les ont abreuvés sur la route du théâtre, qu'ils ont été contraints ou de garder le silence, ou de se créer une autre tribune.

Attaquons les choses de haut ; disons ce que les autres n'osent dire ; interrogeons la majesté royale, inviolable en matière politique, mais responsable en matière d'art.

Du moment qu'il y a un gouvernement, l'art ne peut échapper à l'influence de ce gouvernement, quel qu'il soit ; car le gouvernement tient d'une main les faveurs qui poussent en avant, de l'autre les rigueurs qui rejettent en arrière.

Pour que l'art prospère dans un empire, dans un royaume ou dans une république, il faut que le chef du gouvernement, empereur, roi ou consul, aime l'art ou fasse semblant de l'aimer.

Louis XIV aimait les poëtes ; Louis XV ne les aimait pas, mais il les craignait, ce qui revient presque au même. Le roi Louis-Philippe ne les aime ni ne les craint ; c'est un des progrès les plus sensibles du gouvernement constitutionnel.

Qui sait si Shakspeare, Molière et Schiller eussent existé sans Élisabeth, sans Louis XIV et sans le duc de Weymar ?

Jetez les yeux avec moi sur le privilége donné, en 1672, à Lully, pour tenir académie royale de musique.

« Louis, par la grâce de Dieu, roi de France et de Navarre, à tous présents et à venir, salut :

» Les sciences et les arts étant les ornements les plus considérables des États, nous n'avons point eu de plus agréable divertissement depuis que nous avons donné la paix à nos peuples, que de les faire revivre en appelant près de nous tous ceux qui se sont acquis la réputation d'y exceller, nonseulement dans l'étendue de notre royaume, mais aussi dans les pays étrangers ; et, pour les obliger davantage de s'y perfectionner, nous les avons honorés des marques de notre estime et de notre bienveillance. »

Maintenant, lisez le privilége de l'Opéra, donnez en 1831 à M. Véron, et dites-moi s'il a été signé par des considérations analogues.

Ouvrons au hasard le registre des gratifications accordées par Louis XIV en 1665, et voyons, entre le nom du pensionnaire et le chiffre de la pension, la note inscrite de la propre main du roi :

« Au sieur Corneille. — *En considération des beaux ouvrages qu'il a fait représenter au théâtre, et pour lui donner moyen de les continuer.* 2,000 livres.

» Au sieur Molière. — *Par gratification, et pour lui donner moyen de continuer son application aux belles-lettres.* 1,000 livres.

» Au sieur Racine. — *Pour lui donner une marque de l'estime que Sa Majesté fait de son mérite.* 600 livres. »

Croyez-vous que ces notes, écrites de la main du roi, n'aient pas été, pour les poëtes dont il est ici question, un encouragement plus réel que les sommes comptées par le trésorier ?

En échange de ces 3,600 livres, Corneille rendait au roi *Othon*, Molière, *Tartufe*, et Racine, *Iphygénie*. — Croyez-vous que le roi, qui, grâce aux grands hommes qui l'entouraient, fut appelé le grand roi, ne gagnait pas quelque chose sur eux, dites ?

Mais la question n'est pas encore enfermée dans la gratification d'argent ou dans l'encouragement d'amour-propre.

Tout ce que nous demanderions à la cour, puisqu'il y a une cour, ce serait un simple mouvement de curiosité. La curiosité peut encore ressembler à de la protection.

Mais, du moment qu'il n'y a ni sympathie ni curiosité, tout théâtre royal est perdu.

Or, il y a à Paris deux théâtres royaux, les seuls sur lesquels on puisse réellement faire de l'art : le Théâtre-Français et le théâtre de l'Odéon.

Ces deux théâtres sont dans la main du ministère, qui est lui-même dans la main de la Chambre.

Attendez ; nous marchons de déductions en déductions, et nous ferons la part de la Chambre.

Le roi n'ayant pour l'art ni sympathie ni curiosité, le ministre a le droit d'être indifférent. Heureux quand il ne se croit pas obligé d'être hostile !

Nous ne parlons pas ici d'un ministre en particulier ; nous parlons des ministres en général. Les ministres sont les reflets de la pensée royale. — Croyez-vous que Colbert et Louvois aimaient les hommes de lettres ? Non ; mais Louis XIV les aimait, et Colbert et Louvois se firent les protecteurs de l'art, car protéger l'art à cette époque, c'était flatter le maître.

Fouquet les aimait, lui... Mais, déjà en rivalité avec Fouquet pour mademoiselle de la Vallière, Louis XIV ne voulut pas l'être encore pour Molière et Racine. Il envoya Fouquet à la Bastille. Il avait compris que mademoiselle de la Vallière pouvait le rendre heureux, mais que Molière et Racine le feraient grand. Il fut donc plus jaloux de Molière et de Racine qu'il ne l'avait été de mademoiselle de la Vallière.

Louis XIV tenait à ce qu'on dit, en parlant du xviie siècle : *le siècle de Louis XIV*. Maintenant, à quoi bon tenir à quelque chose ? Le xixe siècle est déjà nommé. Il s'appelle *le siècle de Napoléon*.

Donc, comment voulez-vous que l'art prospère, quand on est obligé de s'avouer que c'est un bonheur de trouver le ministre indiférent.

Or, le ministre indifférent, s'il a un agent à nommer près des théâtres royaux, les seuls, nous l'avons dit, où l'on puisse faire de l'art, il nomme un agent qui remplisse ses vues particulières et non qui réponde au besoin général. Pourquoi se gênerait-il ? Il est certain que le contrôle suprême ne viendra point défaire ce qu'il a fait ; il ne sera ni approuvé ni blâmé, car celui qui a le droit de blâme ou d'approbation ne daignera pas même s'occuper de ce que le ministre fait pour ou contre une chose si peu importante que l'art.

Voilà pourquoi le théâtre de l'Odéon n'a que soixante mille francs de subvention, et pourquoi M. Buloz est commissaire du roi près le Théâtre-Français.

Occupons-nous d'abord du théâtre de l'Odéon ; nous passerons ensuite au Théâtre-Français.

Le théâtre de l'Odéon a obtenu à grand'peine de la Chambre — cette fois, la faute n'est pas au ministre — une subvention de 60,000 francs.

L'Odéon paye par an 25,000 francs aux hospices, et 25,000 francs aux auteurs. C'est donc 10,000 francs nets que lui accorde la munificence de la Chambre. Huit cent trente-trois francs trente-trois centimes par mois. Ce n'est pas, on en conviendra, la peine de réunir quatre cent cinquante députés pour arriver à un pareil résultat.

Et cependant, écoutez bien. L'Odéon est le contre-poids

nécessaire du Théâtre-Français. L'Odéon ramasse ce que son dédaigneux confrère laisse tomber.

Les Vêpres siciliennes, *Christine* et *Lucrèce*, refusées au Théâtre-Français, ont été jouées à l'Odéon. Sans l'Odéon, elles n'eussent pas été jouées. Peut-être dira-t-on qu'il n'y aurait pas eu grand mal à cela. Mais vous ne le direz pas, vous, puisque vous voulez bien me demander pourquoi je ne fais plus de drames comme *Christine*.

Soyez tranquille, mon ami; je vous répondrai à ce sujet tout à l'heure. Vous m'avez fait mettre la main à la plume: tant pis pour vous! je ne la quitterai pas que je n'aie tout dit.

L'Odéon, avec une si faible somme, ne peut donc pas vivre; il ne peut que lutter contre la mort. M. Harel, l'un des hommes les plus intelligents de Paris, a eu le privilége de l'Odéon avec 170,000 francs de subvention; M. Harel n'a ni perdu ni gagné à l'Odéon; seulement, il a fait, pendant quatre ans, de l'Odéon, le premier Théâtre-Français.

Le théâtre de l'Odéon, avec son chétif budget, avec ses quatre mois de clôture, avec sa troupe nomade, sans ensemble et sans consistance, n'est plus fermé, c'est vrai, mais n'est encore qu'entr'ouvert.

Il en résulte qu'on n'ose faire aujourd'hui pour M. Lireux ce que l'on faisait autrefois pour M. Harel, c'est-à-dire *la Maréchale d'Ancre*, *Christine*, *Charles VII*; pour bâtir un édifice solide, il faut d'abord être certain de la solidité du sol sur lequel on le bâtit.

Il est donc presque impertinent de proposer à un homme de quelque valeur de faire une œuvre sérieuse pour l'Odéon, tant que la munificence des mandataires de la nation n'accordera à l'Odéon qu'une subvention de huit cent trente-trois francs trente-trois centimes par mois, somme que lui coûte la pose seule de ses affiches.

Reste le Théâtre-Français. Ah! pour celui-là, c'est autre chose.

Le Théâtre-Français a deux cent mille francs de subvention et cent mille livres de rente; il est situé au centre de Paris; il ouvre son péristyle sur une des rues les plus populeuses de la capitale; enfin, il ne paye que 45,000 francs de loyer, à peu près ce que paye le théâtre des Délassements-Comiques ou celui de la Porte-Saint-Antoine; encore, de temps en temps, ne les paye-t-il pas, et la Liste civile est-elle obligée de lui en faire la remise.

Sondez le mystère de ces loyers en retard, de ces délais accordés, de ces arriérés remis, et vous aurez le secret de certaines influences, la solution de certaines questions que vous me posez comme insolubles.

D'où vient donc la décadence dans laquelle est tombé le Théâtre-Français, si florissant, si plein de vie en 1828, si misérable et si languissant en 1844 ?

En 1828, le commissaire du roi s'appelait M. le baron Taylor; en 1844, le commissaire du roi s'appelle M. François Buloz.

Disons ce qu'était l'un : nous essayerons ensuite de faire comprendre ce qu'est l'autre.

M. le baron Taylor était une de ces natures fines et intelligentes, qui se connaissent en toutes choses, qui ne sont étrangères à rien, qui touchent, par un point quelconque de leur individualité, à toutes les classes sociales; un de ces hommes qui doivent se baisser s'ils veulent paraître petits, mais qui n'ont pas besoin de se hausser pour être grands.

M. le baron Taylor aimait l'art pour l'art; la place qu'il occupait n'était point pour lui un métier banal, c'était une mission sainte. L'œuvre qu'il poursuivait n'était point une spéculation qu'il essayait d'accomplir, c'était une gloire qu'il convoitait; chez lui, il n'y avait ni préférence pour une école, ni inimitié contre l'autre. Jeune de cœur, chaud d'espérance, il cherchait le beau avec la tenace candeur d'un homme qui croit que le beau peut encore se trouver. Apportant son pinceau d'artiste en aide à la plume du poëte, il dessinait, avec un égal amour, la chlamyde de Léonidas, la cuirasse du duc de Guise, ou le pourpoint d'Hernani; contemporain de tous les âges qu'il avait étudiés, citoyen du monde entier qu'il avait parcouru, pas un détail de mœurs, de costume, d'armure ne lui était inconnu ; pas un site historique ou pittoresque ne lui était étranger. Dans quelque temps que vécût le héros, il pouvait tracer pour le costumier un dessin exact des vêtements qu'il portait; dans quelque lieu que se passât l'action, il pouvait donner au décorateur un croquis fidèle du lieu où s'accomplissait la scène. Bon, poli, affectueux avant la réception de l'ouvrage, c'était un soutien pendant les répétitions; c'était un conseiller après la représentation; c'était un apologiste ou un défenseur toujours. Placé, par sa position sociale, à la hauteur de tout ce qui était élevé, par sa supériorité personnelle, au niveau de ce qui était grand, il pouvait, dans la même journée, toucher la main droite de Martignac, de Chateaubriand, de Béranger, de Lamartine, de Casimir Delavigne, de Hugo, de Vigny, de Scribe et de Talma, et toutes ces mains étaient ou honorées ou joyeuses de toucher la sienne.

Aussi, qu'il arrivât à l'ouvrage un de ces petits accidents, comme une censure inintelligente en sème sur la route des auteurs, ce n'était pas aux subalternes que le baron Taylor s'adressait; il n'allait pas faire antichambre chez MM. de la Commission, ou le pied de grue dans le corridor des Beaux-Arts, pour attendre que quelque chef de bureau sortît de son cabinet, où lui n'avait pas le droit d'entrer. C'était à la porte du ministre qu'il allait frapper; c'était au seuil des Tuileries qu'il allait dire : « Me voilà ! » et, au bout de cinq minutes, le ministre venait au-devant de lui, et le roi lui faisait dire : « Entrez ! »

Quand la censure de 1829 arrêtait *Marion Delorme*, c'était par l'intermédiaire du baron Taylor que Victor Hugo était admis à discuter, avec Charles X lui-même, les craintes de la royauté et les audaces de l'art.

C'est que Charles X avait conservé vis-à-vis des gens de lettres quelques-unes des traditions de son aïeul Louis XIV; aussi nous donnait-il encore M. de Martignac pour ministre, M. Taylor pour commissaire du roi.

A cette époque, c'est-à-dire en 1828, sept académiciens, dont trois ou quatre étaient députés, se réunissaient pour demander à Charles X de ne point laisser jouer *Henri III*, et Charles X répondait au porteur de la pétition préventive :

— Dites à ces messieurs que ce qu'ils me demandent est impossible; l'art est roi comme moi, et, entre têtes couronnées, on se doit des égards.

En 1836, sur la demande d'un seul député qui, il est vrai, disposait de huit voix à l'Académie et de quinze voix à la Chambre, M. Thiers, aspirant académicien et ministre de l'intérieur par intérim, faisait, en vertu de son pouvoir discrétionnaire, disparaître de l'affiche du Théâtre-Français le drame d'*Antony*, annoncé pour le soir.

Il est vrai que nous jouissions des bénéfices de la révolution de juillet, et que la Charte-vérité, remaniée par nos Lycurgues à cinq cents francs, avait, à ses anciens articles, ajouté cet article nouveau, conservateur des droits de l'art :

« Sous aucun prétexte, la censure ne pourra être rétablie. »

(Soyez tranquille, la censure aura son tour et nous en causerons.)

Maintenant, pour ceux qui voudraient nier l'influence des hommes sur les œuvres, énumérons les succès du Théâtre-Français sous le protectorat de M. Taylor ; le simple catalogue en dira plus que tous les raisonnements.

Léonidas, Charles VI, les Trois Quartiers, le Tasse, le Jeune Mari, Henri III, Hernani, Othello, Brutus, Valérie, Bertrand et Raton, Chatterton et *les Enfants d'Édouard.*

Comme on le voit, nous ne parlons point ici de toutes les pièces jouées, nous parlons seulement des succès d'art et d'argent.

Aussi MM. les comédiens du roi ont-ils, sous M. Taylor, touché jusqu'à 18,000 francs de part, c'est-à-dire 1,500 francs par mois.

Chaque sociétaire touchait donc alors, à lui tout seul, le double, à peu près, de ce que touche l'Odéon.

C'était le beau temps de la Comédie-Française ; c'était le beau temps de l'art. Chacun de nous n'était pas obligé, comme aujourd'hui, d'aller traiter avec le ministère, et de stipuler des primes pour subvenir à cette chose à laquelle on ne subvient jamais, à l'absence des recettes. — Nous reviendrons sur les primes.

C'est que, comme nous l'avons dit, de 1826 à 1834, M. le baron Taylor était commissaire du roi.

Mais lui aussi quitta le commissariat comme nous avons quitté le théâtre, lorsqu'il vit qu'il lui était impossible de faire, en 1834, ce qu'il faisait en 1828.

Maintenant, abandonnons le baron Taylor à ses voyages d'artiste, à ses travaux d'archéologue, à ses collections de bibliophile, et passons à M. François Buloz.

II

Le jour où le bruit de la promotion de M. Buloz au commissariat royal se répandit dans le public, j'écrivis à l'un de ses amis logeant dans la même maison que lui, le voyant à toute heure du jour :

« Mon cher B...,

» Dites de ma part à Buloz que le plus grand malheur qui pût arriver à l'art, aux artistes, et peut-être même à lui, c'était qu'il fût nommé commissaire du roi.
» Tout à vous,

» Alex. Dumas. »

C'est que je connaissais de longue date M. Buloz, non pas précisément pour un méchant homme, mais pour un homme ignorant, brutal et inintelligent.

Au reste, il est difficile de mieux choisir la massue avec laquelle on voulait assommer cette littérature vivace, qui avait résisté à tous les interrègnes que l'on avait vus se succéder au Théâtre-Français depuis le départ de M. Taylor jusqu'à l'entrée en fonctions de M. Buloz.

La France ayant perdu à l'extérieur toute influence politique, ne fallait-il pas aussi, pour que la pensée qui la faisait agir fût conséquente avec elle-même, que la France perdît toute influence littéraire. Le système conservateur du théâtre devait être mis de niveau avec le système conservateur du cabinet.

C'est une singulière aberration d'esprit, ou tout au moins un singulier déplacement de mots, n'est-ce pas ? que de donner à un pareil système le nom de conservateur; cela ne ressemble-t-il pas infiniment à ce qui arrive à M. Raoul Rochette, qui a gardé son titre de conservateur des médailles, quoique les médailles aient été volées ?

Et, lorsqu'on pense cependant que, dans chaque ministère qui succède à l'autre, et qui, dans chaque succession, consacre de plus en plus cet abus de mots, il y a toujours, au bas chiffre, un ou deux académiciens qui conservent la langue, comme M. Guizot conserve la dignité nationale, comme M. Buloz conserve la gloire dramatique, comme M. Raoul Rochette a conservé les médailles !

Nous avons dit que M. Buloz était ignorant. Prouvons.

Un jour, M. le directeur des beaux-arts passe dans la rue Richelieu, jette, par hasard, les yeux sur l'affiche du Théâtre-Français, et lit ces mots :

CINNA

Tragédie en cinq actes, en vers, de Racine.

Je ne me trompe pas, c'est bien Racine que je dis et que je veux dire : c'était imprimé ainsi. Sur quoi cela était-il imprimé? Sur l'affiche du Théâtre-Français! Où cette affiche était-elle collée? A la porte du Théâtre-Français!

Il va sans dire qu'il y avait cinq cents autres affiches pareilles éparpillées sur les murs de la capitale, à des distances plus ou moins rapprochées du susdit théâtre.

La chose parut curieuse à M. le directeur des beaux-arts. Jusque-là, il avait cru que *Cinna* était de Corneille. Ce qu'il lisait donnait un démenti à toutes ses croyances. Il commença par s'assurer que l'erreur ne venait point de sa mémoire; puis il se procura une affiche qu'il colla avec quatre pains à cacheter au milieu de la glace de son cabinet.

Quelques jours s'étaient à peine écoulés, lorsque M. le commissaire du roi vint pour affaires d'administration dans les bureaux de M. le directeur des beaux-arts.

C'était cette visite qu'attendait M. le directeur des beaux-arts, et c'est dans cette attente qu'il avait, avec quatre pains à cacheter, collé sur sa glace l'affiche du Théâtre-Français.

Les deux fonctionnaires, — je ne confonds pas l'un avec l'autre; peste! l'un est homme d'esprit, lettré, trop lettré peut-être, qui a fait, avec un autre homme d'esprit, les *Soirées de Neuilly*; — vous vous le rappelez, n'est-ce pas? — les deux fonctionnaires, dis-je, causèrent de leurs affaires administratives; puis, ces affaires terminées, M. Buloz se leva.

— A propos, monsieur le commissaire, dit le directeur au moment où celui-ci prenait sa canne et son chapeau, avant de vous en aller, lisez donc cette affiche.

Et, du doigt, il lui montra l'affiche collée sur la glace avec quatre pains à cacheter.

M. le commissaire du roi s'approcha et lut :

CINNA

Tragédie en cinq actes, en vers, de Racine.

— Eh bien? dit-il.
— Eh bien? reprit le directeur.
— Quoi? demanda le commissaire du roi.

— Rien. Lisez encore.

Et M. le commissaire du roi relut :

CINNA

Tragédie en cinq actes, en vers, de *Racine*.

— Après? fit-il.

M. le directeur des beaux-arts commença à croire que c'était M. le commissaire du roi qui, comme on dit en termes d'atelier, le faisait poser.

— Ne voyez-vous pas? demanda-t-il.
— Quoi?
— *Cinna?*
— Eh bien, oui...
— Tragédie en cinq actes, en vers, de *Racine!*
— Eh bien, oui...
— Vous voyez?
— Sans doute.
— En ce cas, lisez une troisième fois.
— Quand je lirais cent fois, cela ne changerait rien à la phrase : *Cinna*, tragédie en cinq actes, en vers, de *Racine*. Que trouvez-vous à redire à cela?
— Une seule chose.
— Laquelle?
— C'est, reprit le directeur des beaux-arts, étonné d'une si persistante ignorance, c'est que *Cinna* n'est point de Racine, mais de Corneille.
— Ah! pédant! fit M. le commissaire du roi en haussant les épaules et en retournant à son théâtre.

Je tiens l'anecdote de M. le directeur des beaux-arts, lui-même.

Nous avons dit que M. le commissaire du roi était brutal. Prouvons.

Je ne tiens de personne l'anecdote que je vais raconter; elle m'est personnelle.

M. Soumet faisait répéter *le Gladiateur;* écrasé de fatigue, menacé par M. Buloz d'être joué malgré lui, ne se sentant pas la force d'aller à minuit au théâtre, faire répéter pour la soixantième fois sa tragédie, mon illustre confrère me vint trouver et me pria de faire pour cette dernière fois sa besogne de metteur en scène. J'avais déjà vu deux ou trois répétitions du *Gladiateur*; j'étais au courant de l'ouvrage. J'acceptai donc avec grand plaisir, demandant seulement un mot qui constatât ma mission. Il me remit un chiffon de papier sur lequel étaient écrites ces deux lignes :

« J'autorise M. Alex. Dumas, mon ami, à diriger la répétition du *Gladiateur*, et à faire à la mise en scène les changements qu'il jugera convenable. » Alex. Soumet. »

Je croyais l'autorisation suffisante. Vous allez voir qu'elle ne l'était pas.

A minuit, je me présente au théâtre; le concierge prend connaissance de mon billet de répétition et me laisse entrer. Le concierge du Théâtre-Français est fort poli. Il y a quelquefois d'étranges erreurs sociales.

Je suis accueilli par les artistes comme devait l'être l'auteur de vingt-cinq drames ou comédies, et par M. Buloz, avec le grognement qui lui est habituel, et que les gens qui ont affaire à lui sont forcés d'accepter pour un langage.

La répétition commence : sauf quelques changements de peu d'importance opérés d'accord avec les artistes, les trois premiers actes vont assez bien. Puis vient le quatrième acte, l'acte du cirque, l'acte important, l'acte mouvementé, l'acte décisif.

Quant à celui-là, il n'y avait pas une seule entrée ni une seule sortie arrêtée, et trois ou quatre répétitions étaient absolument nécessaires pour compléter sa mise en scène.

Je recueille les avis de deux ou trois amis de Soumet qui assistaient à la répétition; ils sont unanimes, et je déclare, en leur nom et au mien, aux artistes que la tragédie du *Gladiateur* ne peut, sans compromettre le succès de la représentation et, par conséquent, la réputation de l'auteur, être jouée le lendemain.

— Qu'y a-t-il? qu'y a-t-il ? demande M. Buloz.

— Il y a, mon cher monsieur, qu'il est matériellement impossible que la pièce de Soumet passe demain.

— Qui est-ce qui dit cela ?

— Moi!

— Il faudra cependant bien qu'elle passe, que vous le disiez ou non.

— Vous êtes libre de la faire passer, mais je proteste contre la représentation.

— Qui êtes-vous pour vous mêler de cela ?

— Je pourrais vous dire que je suis l'auteur de *Henri III* et de *Mademoiselle de Belle-Isle*, ce que vous ne savez pas, peut-être; mais, comme ce titre ne me donnerait pas le droit de protester contre la représentation du *Gladiateur*, je me contenterai de vous répondre que je suis le mandataire de Soumet.

— Où est votre procuration ?

— La voici.

— Je ne connais de procurations que celles passées devant notaire. Ainsi continuons.

— Et, si je m'oppose à ce que l'on continue, qu'arrivera-t-il ?

— Il arrivera que j'appellerai les pompiers, et que je vous ferai mettre à la porte.

. . . .

Ces points sont destinés à représenter ce qui se passa à la suite de cette impertinente réponse. *Omne tulit punctum!*

Le lendemain, j'envoyai M. Jules Lefèvre et M. Émile Deschamps, qui avaient été témoins de l'insulte qui m'avait été faite, dire à M. Buloz que je l'attendais quelque part.

M. Buloz me fit répondre que je devais savoir qu'il n'y allait jamais.

Nous avons dit que M. Buloz était inintelligent. Prouvons.

M. Buloz, la chose est patente pour nous (il serait trop coupable sans cela), M. Buloz a reçu mission d'arrêter l'essor de la littérature moderne, inquiétante pour le pouvoir, à cause des idées sociales et politiques qu'elle remue incessamment. Nous dirons plus tard à ce propos deux mots d'*Antony* et de *Richard Darlington*. Restons pour le moment dans la question. Ce qui ne trouvera point place dans cette seconde lettre trouvera place dans la troisième.

M. Buloz reçut des mains de M. Vedel, son prédécesseur, mademoiselle Rachel, aujourd'hui la seule ressource du Théâtre-Français, déserté par tous les auteurs qui ont fait, sinon sa gloire, du moins sa prospérité passée.

C'était une excellente arme aux mains de M. le commissaire du roi que mademoiselle Rachel ; son talent tout antique, plein de froide majesté, de sobre passion et de sourde ironie, remarquable par une diction irréprochable, bien plutôt que par des accents du cœur, devait reproduire d'une manière satisfaisante les types grecs et romains de la littérature du xviie siècle, poétiques figures qui semblent moins empruntées à la nature vivante qu'à l'atelier du statuaire; mais ce talent monocorde devait échouer lorsqu'elle essayerait de représenter les créations pittoresques, excentriques ou passionnées du xix⁰ siècle. Aussi, mademoiselle Rachel, après avoir soulevé des applaudissements frénétiques dans Camille, dans Émilie, dans Hermione, dans Ériphile et dans Roxane, n'eut-elle qu'un médiocre succès dans Judith et dans Catherine II.

Et qu'on ne vienne pas dire que ces rôles ne convenaient pas à mademoiselle Rachel; mademoiselle Rachel les a choisis entre tous, comme ceux qui lui étaient les plus sympathiques.

M. Buloz se trouvait donc dans l'heureuse position d'un homme qui, chargé de chasser la littérature moderne du Théâtre-Français, a reçu, comme nous l'avons dit, des mains de son prédécesseur, le moyen de neutraliser l'influence de la tragédie contemporaine et du drame actuel, en faisant revivre, grâce à un talent inattendu et inespéré, la littérature des maîtres morts.

Il ne restait donc à M. Buloz, pour accomplir sa mission *conservatrice,* qu'à trouver un homme qui pût faire pour la comédie ce que mademoiselle Rachel faisait pour la tragédie et le drame. Alors, on éloignait du théâtre M. Scribe, comme on en avait éloigné M. Soumet, M. Victor Hugo, M. de Vigny et M. Casimir Delavigne lui-même, lequel, on se le rappelle, avait été forcé d'aller porter à la Renaissance sa *Fille du Cid,* qu'il avait faite pour mademoiselle Rachel.

Nous dûmes un instant trembler, car cet homme existait.

En effet, il y a à Paris, nous ne dirons pas un comédien de talent, mais un artiste de génie, capricieux et fantasque comme Garrick, terrible et emporté comme Kean, poétique et sombre comme Macready, un homme qui porte avec la même facilité le manteau royal de Richard III et les haillons du Joueur; un homme qui attache à toutes ses créations un cachet tellement original, qu'à chaque création nouvelle tout le monde littéraire s'émeut; un homme qui traîne après lui son public, en quelque lieu qu'il lui plaise de le conduire, soit au théâtre de l'Odéon, soit au théâtre de la Porte-Saint-Martin, soit au théâtre de la Renaissance, soit au théâtre de l'Ambigu, soit au théâtre des Folies-Dramatiques. Cet homme eût joué les Scapin, les Mascarille, les Pourceaugnac, les Harpagon, les Figaro, comme il a joué les Cardillac et les don César de Bazan. Et alors, avec Corneille, Racine et Voltaire, joués trois jours de la semaine, avec Molière, Regnard et Beaumarchais, joués trois autres jours, le théâtre moderne devenait complétement inutile, et M. Buloz, après avoir travaillé six jours, non pas à une création, mais à un anéantissement, pouvait se reposer le septième, dans la gloire et la béatitude d'avoir accompli ce que nul autre que lui n'aurait pu et surtout n'aurait voulu faire.

Eh bien, M. Buloz, pareil à ces gens dont parle l'Évangile, qui ont des yeux et qui ne voient point, qui ont des oreilles et qui n'entendent point, M. Buloz a passé près de ce comédien sans le voir et sans l'entendre.

Pendez-vous, monsieur Buloz !

Maintenant, qu'on ne vienne pas nous dire que c'est pour ouvrir la route aux jeunes gens, pour favoriser les premiers essais, pour démonopoliser l'art, que M. Buloz éloigne, mécontente et brutalise les auteurs de *Clytemnestre* et de *Saül*, de *Marion Delorme* et d'*Hernani*, d'*un Mariage d'argent* et de *la Camaraderie*, des *Vêpres siciliennes* et de *Don Juan d'Autriche*, de *la Maréchale d'Ancre* et de *Chatterton*, de *Henri III* et de *Mademoiselle de Belle-Isle*. — Non, car nous allons donner la preuve que M. Buloz étouffe d'une main également impartiale l'espérance à venir du débutant qui se prépare à gravir la montagne, et le fécond présent du poëte arrivé au sommet.

Il y avait à Paris un homme auquel l'art contemporain devait beaucoup, qui a réuni tantôt au théâtre de l'Odéon, tantôt au théâtre de la Porte-Saint-Martin, qu'il a successivemens dirigés, la plus belle troupe qui ait jamais existé, c'est-à-dire mademoiselle Georges, Frédérick, Lockroy, Ligier, Bocage, Duparai, Stockleit, Vizentini, madame Dorval, madame Moreau-Cinti et mademoiselle Alexandrine Noblet. Si j'en oublie, que ceux-là me le pardonnent.

Cet homme avait fait représenter *Christine*, *la Maréchale d'Ancre*, *la Mère et la Fille*, *Norma*, *les États de Blois*, *Richard Darlington*, *Napoléon Bonaparte*, *Charles VII*, *Lucrèce Borgia*, *Marie Tudor*, *Angèle*, *Léo Burkart*, *la Tour de Nesle*, *Catherine Howart*, *Don Juan de Marana*, *la Fête de Néron*, tout ce trop plein enfin, qui ne demandait alors qu'à se répandre, et qu'on a comprimé depuis, au risque que la machine littéraire éclatât, comme a éclaté deux ou trois fois la machine politique.

Cet homme, après avoir lutté dix ans contre tous les mauvais vouloirs, après avoir été demander aide et soutien à tous ceux dont le devoir est d'aider et de soutenir l'art, après s'être adressé au roi lui-même, cet homme, lassé de la lutte, écrasé sous le poids du fardeau, ayant tout essayé, tout entrepris, tout épuisé, fut obligé d'abandonner la place à de plus heureux que lui.

Alors, cet homme, admirateur de Napoléon, dont il a été préfet, cet homme suit l'exemple de son dieu; il se présente au Théâtre-Français une comédie à la main, et demande au régent Buloz l'hospitalité de Thémistocle.

Le malheureux! il avait mis le pied à bord du *Bellérophon*.

Écoutons-le se plaindre lui-même, dans la préface de *les Grands et les Petits:*

« Si cette comédie n'a pas eu le sort que lui promettaient les prédictions unanimes de la répétition, je ne puis accuser les acteurs, dont le talent et le zèle m'ont, au contraire, prêté un appui dont je suis vivement reconnaissant, et qui m'a aidé dans la lutte de tous les jours que j'ai eu à soutenir contre la malveillance préméditée de l'administration du Théâtre-Français, *concentrée aujourd'hui tout entière dans la personne de M. Buloz.*

» On me demandera peut-être ce que c'est que M. Buloz. Je vais vous le dire.

» M. Buloz est commissaire du roi jusqu'à concurrence de *six mille francs*, régisseur du théâtre dans la proportion de *deux mille écus*[1], représentant salarié de l'autorité auprès de la Comédie, agent appointé des comédiens auprès du pouvoir, — *commissaire* neutralisé par sa *régie*, — *régisseur* neutralisé par son *commissariat*, — fonctionnaire *sui generis* dont la *double autorité* est incessamment comprimée sous la parfaite équation de *deux chiffres* portés à son profit sur un *double budget.*

» On connaît l'histoire de l'âne de Buridan, immobile entre ses deux mesures. La condition de M. Buloz serait identiquement pareille, si l'âne n'avait pas fini par mourir de faim.

» Les capacités les plus incontestables auraient, il faut en convenir, bien de la peine à se faire jour au travers d'une si-

---

[1] 12,000 francs! M. Taylor n'en a jamais touché que 6,000; il est vrai qu'il était chargé d'encourager et non de détruire.

tuation si fausse, si contradictoire. Aussi les capacités de M. Buloz ne se montrent-elles jamais. Cela se conçoit. Un sociétaire, frappé des inconvénients attachés à cette inexorable puissance de l'équilibre, a proposé dernièrement d'ajouter un supplément de mille écus aux deux traitements égaux que consomme aujourd'hui le commissaire-régisseur. Ce serait le seul moyen de lui rendre son libre arbitre.

» Ce pouvoir, dont le *commissaire* a dépouillé le *régisseur* et que le *régisseur* paralyse à son tour dans les mains du *commissaire*, se retrouve libre et sans contre-poids à l'égard des auteurs condamnés par la constitution actuelle du théâtre à subir des relations avec M. Buloz. Ce n'est pas, qu'on le sache bien, de ses aptitudes que j'entends parler ici ; mon intention n'est pas de mesurer patiemment tout l'abîme qui sépare M. le commissaire du roi des fonctions littéraires qu'on a jugé à propos de lui confier. J'honore l'ignorance, je respecte l'incapacité ; je comprends l'insouciance qui n'a pas demandé à l'éducation de réparer les torts de la nature ; mais ce qui ne comporte pas de justification, ce qui est intolérable, c'est l'abus d'une autorité déléguée, la haine personnelle se substituant au devoir de l'administrateur, l'hostilité la plus ardente caaignant de s'avouer et ne marchant à son but que par des détours.

» Je fais grâce au lecteur du récit des épreuves que j'ai dû traverser avant d'arriver au jour de la représentation. Ma pièce reçue, malgré les efforts notoires du commissaire du roi, dénoncée par lui aux bureaux du ministère comme une œuvre monstrueuse et antisociale ; mes entrées au théâtre refusées, contre tous les usages, dans l'intervalle de la réception aux répétitions ; des obstacles suscités contre la distribution des rôles ; annonces tardives, omission de réclames, refus formel de répétitions jugées indispensables, et cent autres entraves de toute nature, qu'attesteraient, au besoin, tous les sociétaires indignés : voilà ce que j'ai eu à souffrir, moi, écrivain isolé, inconnu, sans protection, sans coterie, de la part de l'homme auquel ses fonctions imposaient la défense de mes intérêts et de mes droits.

» J'affirme, sur la foi de confidences unanimes, que, parmi tous les écrivains qui travaillent pour la scène française, il n'en est pas un qui ne partage les sentiments que je viens d'exprimer sur l'administration de cet homme, dont le maintien opiniâtre

12.

au poste qu'il occupe est un défi insolent à l'indulgence silencieuse de la presse, à la patience des comédiens et à la longanimité du ministère, qu'il fait *flatter* et *menacer* tour à tour dans les deux *Revues* dont il est l'âme, avec l'attention habile de ne jamais en être l'esprit. » HAREL. »

Oui, monsieur Harel, oui, vous avez raison ; oui, qu'on interroge Hugo, Soumet, de Vigny, Belmontet, Scribe, Mazères, George Sand [1], Eugène Sue, tous ceux enfin qui ont écrit soit une ligne, soit des volumes pour le théâtre, oui, la réponse sera unanime ; oui, M. Buloz eût déjà quitté son poste dramaticide, écrasé sous le poids de notre réprobation à tous, s'il n'était, en même temps qu'il est commissaire du roi et régisseur du Théâtre-Français, directeur de ces deux *Revues*, qui épouvantent les deux ministères.

Heureusement, nous ne sommes pas des ministres, nous, et nous pouvons fouetter ces deux *Revues* de notre plume comme Charles Ier fouettait la hache du bourreau de sa baguette, en disant, dans notre dédain littéraire, comme il disait dans son dédain royal :

« Hache du bourreau, tu ne nous fais pas peur ! »

III

Je vous ai dit que je connaissais M. Buloz de longue main ; en effet, la connaissance date de 1829.

M. Buloz était alors employé dans une imprimerie, je crois ; nous nous rencontrions à un petit restaurant du faubourg Saint-Germain, où l'exiguïté de notre bourse nous forçait de prendre nos repas.

Un jour, M. Buloz m'annonça qu'il allait acheter à M. le comte Ribing de Leuven le *Journal des Voyages*, pour en faire une Revue, et me demanda si je ne l'aiderais pas de ma plume.

Ma plume, vous le savez, a toujours été fort au service de

---

1. Il sera question de George Sand, d'Eugène Sue et de Balzac, à propos des *Revues*.

mes amis, et même de mes connaissances. Je répondis à M. Buloz qu'il pouvait parfaitement compter sur moi.

De rétribution quelconque, il va sans dire qu'il n'en fut aucunement question.

Il y a des gens qui, confondant l'argent qu'on gagne avec l'argent qu'on mendie ou qu'on extorque, m'accusent d'être un homme d'argent : ces gens-là me font bien rire.

La première chose que je donnai à M. Buloz fut, je crois, la relation d'un voyage en Vendée. En passant à Angers, j'avais obtenu la grâce d'un Vendéen condamné aux galères. Voilà tout ce qui m'est resté, dans l'esprit, de ce voyage.

La seconde chose fut un petit roman intitulé *la Rose rouge*. Comme ce roman avait quelque importance, il me fut payé 100 ou 150 francs, je crois.

Puis vinrent les *Scènes historiques*; *Isabel de Bavière* tout entière y passa. C'est mon premier roman en deux volumes.

Ce que M. Buloz me paya, je ne saurais le dire, ni lui non plus; nous en étions encore, à cette époque-là, à ne pas trop compter ensemble.

Je tombai malade : mon médecin m'ordonna de voyager; j'allai en Suisse, j'y restai trois mois, j'en revins avec une foule de souvenirs.

Un jour que je faisais, chez M. Buloz, des anecdotes de ces souvenirs, et que je venais de raconter la *pêche aux truites* et le *bifteck d'ours*:

— Parbleu! me dit M. Buloz, faites-nous donc, de ce que vous venez de raconter là, deux articles pour la *Revue*.

J'hésitai longtemps; je croyais ces choses bonnes à raconter et non à écrire. M. Buloz me prouva que j'avais tort, et j'écrivis les deux premiers articles de mes *Impressions de Voyage*, c'est-à-dire la pêche aux truites et le bifteck d'ours.

Vous vous rappelez le succès qu'obtinrent ces deux caprices. M. Buloz m'en demanda d'autres. Nous arrêtâmes le prix à cent francs la feuille ; six cent cinquante francs ou sept cents francs le volume.

Quatre volumes y passèrent.

Le succès se soutint; j'en eus la preuve dans l'offre que me fit M. Buloz de me lier à lui par un traité.

Deux autres journaux désiraient ma collaboration et me proposaient aussi des traités : ces traités étaient plus avantageux que celui que pouvait m'offrir la *Revue des Deux Mondes*.

Mais M. Buloz était une ancienne connaissance : à cent écus de moins par volume, je lui donnai la préférence.

M. Buloz s'en souvient, M. Buloz le dit, ou plutôt M. Buloz l'avoue.

Cependant commençaient à s'agglomérer autour de la *Revue des Deux Mondes* ce faisceau d'intelligences auxquelles elle dut son succès. Balzac, Victor Hugo, Eugène Sue, George Sand et Vigny avaient répondu à l'appel que leur avait fait la Revue naissante ; poëte ou romancier, chacun avait apporté sa pierre à l'édifice qui s'élevait :

H. de Balzac. — *L'Enfant maudit* et *le Message.*

V. Hugo.— Un *Fragment de voyage dans les Alpes* ; *les Deux Voix* ; *la Guerre aux démolisseurs.*

E. Sue. — *Voyages et Aventures sur mer de Narcisse Gelin.*

G. Sand. — *Aldo le Rimeur* ; *Métella* ; *Leone Leoni.*

A. de Vigny. — *Scènes du désert* ; *Anecdotes sur Alger* ; *les Consultations du docteur noir* ; *Laurette ou le Cachet rouge* ; *Quitte pour la peur.*

L'appétit vient en mangeant. M. Buloz résolut d'élargir sa table : vers la fin de 1833, je crois, il acheta la *Revue de Paris* des mains de M. Amédée Pichot.

Dès lors, M. Buloz eut deux *Revues* ; M. Buloz se sentit fort et commença d'être ingrat.

M. de Balzac avait écrit, pour la *Revue de Paris*, la *Grenadière*, cette admirable nouvelle, perle de fraîcheur, brillante comme une larme ou comme un diamant ; et *le Père Goriot*, un des meilleurs romans, nous ne dirons pas de l'auteur, mais de l'époque.

Quelques mois après cette publication, encore retentissante dans tous les esprits, une question d'intérêts divise M. de Balzac et M. Buloz. Vous croyez que M. Buloz va se taire, n'est-ce pas ? qu'il n'osera accuser celui qui vient de contribuer si puissamment à la gloire de son journal ; vous croyez qu'à défaut de reconnaissance, il aura la pudeur de ne pas déprécier aux yeux de ses souscripteurs l'homme que, trois mois auparavant, il leur présentait comme le premier et le plus fécond des romanciers. Détrompez-vous : M. de Balzac ne veut plus être l'instrument de la fortune naissante de M. Buloz ; M. Buloz brisera, ou, du moins, essayera de briser M. de Balzac.

Pardon, monsieur de Balzac, si je rappelle de pareilles injures, mais il faut cependant faire connaître à fond M. Buloz.

« Enfin, s'écrie-t-il, notre procès avec M. de Balzac est terminé. La *Revue de Paris* a obtenu ce qu'elle tenait à obtenir : *ses avances lui seront rendues*; elle gagne à ce débat 2,400 francs et la fin du *Lys dans la vallée*, que M. de Balzac ne lui livrera pas. Mais aussi, la *Revue de Paris avait eu tort de se fier à la parole de M. de Balzac, sans conventions écrites;* de prendre au sérieux un *romancier aux abois*, et d'attendre une œuvre complète du grand écrivain *qui n'a jamais rien terminé.* »

Mais, assez de reproches; il y a un arrêt qui décide que M. de Balzac est plus blanc que son *Lys dans la vallée*, qu'il avait vendu à la *Revue de Paris*, plante humble et inodore, oignon mal venu sur le terrain de ce grand génie que notre argent n'a pu féconder.

En lisant cela, on se frotte les yeux; en écoutant cela, on doute de ses oreilles. M. de Balzac, *un romancier aux abois !* L'auteur d'*Eugénie Grandet*, de *l'Enfant maudit* et du *Père Goriot*, un écrivain *qui n'a jamais pu rien terminer*, et dont les œuvres sont des oignons mal venus, *que l'argent de M. Buloz n'a pu féconder !*

Oh ! monsieur Buloz, ne relisez pas les cent volumes que M. de Balzac a écrits sous quatre noms différents, et que tout le monde a lus. Relisez *la Grenadière*, et ne parlez plus d'argent. En vérité, il y a des choses que vous ni personne ne payerez jamais !

Je fus un des premiers à reprocher en face à M. Buloz une pareille conduite. J'ignorais alors que ce fût un système.

J'ai nommé au hasard, et les uns après les autres, les auteurs qui travaillaient à cette époque pour la *Revue des Deux Mondes*. Après le nom de M. de Balzac, vient sous ma plume le nom de Victor Hugo.

M. Victor Hugo avait publié, comme nous l'avons dit, dans la *Revue des Deux Mondes*, un fragment de son *Voyage dans les Alpes*, son ode des *Deux voix* et la *Guerre aux démolisseurs*.

A peine propriétaire de la *Revue de Paris*, M. Buloz comprit de quelle importance il était d'attacher au nouveau drapeau le nom de notre grand poëte; il sollicita et obtint de lui une nouvelle. Nous disons sollicita et obtint ; ce sont les deux mots qu'il convient d'employer; car M. Hugo, en écrivant une nouvelle, fit pour M. Buloz ce qu'il ne faisait pour personne.

Cette nouvelle eut nom *Claude Gueux.*

Vous vous le rappelez, mon ami; car c'est un des plus beaux plaidoyers qui aient été faits en faveur de l'humanité; c'est une des plus vives lueurs jetées sur cette question tant ressassée depuis, de la moralisation des bagnes.

Les trente ou quarantes pages de M. Victor Hugo plaçaient du premier bond la *Revue de Paris* à la hauteur de sa devancière la *Revue des Deux Mondes.*

Aussi voyez comme, dans l'espérance d'avoir un second *Claude Gueux*, M. Buloz caresse M. Victor Hugo; les deux *Revues* sont à sa dévotion : M. Sainte-Beuve y chante ses louanges en vers et en prose, et M. Gustave Planche appelle M. Hugo son ami.

M. Hugo, l'ami de Gustave Planche !

Enfin, c'est M. Gustave Planche lui-même qui le dit dans la *Revue* du mois de mars 1834 :

« J'arrive à votre nom, mon ami, qui n'est pas le moins glorieux de cette illustre famille. Vous avez retrouvé comme par enchantement toutes les souplesses, toutes les naïvetés dont notre langue semblait déshabituée depuis deux siècles; vous avez rendu à la période française l'ampleur flottante et majestueuse qu'elle avait perdue depuis la renaissance; vous avez sculpté notre idiome, vous l'avez découpé en trèfles et en dentelles; vous avez gravé dans la parole les merveilleux dessins qui nous ravissent dans les tours mauresques, dans les palais vénitiens, dans les vieilles cathédrales chrétiennes. Nul mieux que vous ne possède l'art de lutter, par le nombre et la profusion des images, avec la peinture la plus franche et la plus vive; vous avez pour chacune de vos pensées des traits et des nuances qui feraient envie aux héritiers du Titien et de Paul Véronèse; quand il vous plaît de nous montrer les lignes d'un paysage ou l'armure d'un guerrier, le pinceau n'a plus rien à faire; pour achever son œuvre, il n'a qu'à mettre sur la toile les masses de lumières et d'ombres que vous avez choisies comme les meilleures. »

Suivent trois pages d'éloges.

Malheureusement, M. Victor Hugo refusa de faire un second

Claude Gueux. M. Buloz eut beau prier, supplier, offrir de *féconder de son argent* l'oignon du poëte ; la fantaisie du poëte n'était pas là : il fit *les Voix intérieures*.

C'était une belle occasion pour M. Buloz de se venger du refus de M. Victor Hugo. Il lâcha sur lui *son ami* M. Gustave Planche.

Écoutez-le, cette fois. Il est question non-seulement d'une belle ode, mais d'une sainte action. Le poëte que Charles X a fait chevalier ne veut pas que ce protecteur de sa jeunesse disparaisse obscurément de ce monde où il a porté le double symbole de la royauté et du martyre, la couronne fleurdelisée et la couronne d'épines.

C'était cette ode-là qu'il fallait respecter surtout. Mais il y a des gens qui ne respectent rien. Heureux ceux que ces gens-là cessent d'appeler *leur ami*.

« Ce n'est pas le sujet de la pièce que nous blâmons, dit le critique (il a cette pudeur du moins), c'est le mouvement et la nature des pensées que le poëte appelle à son aide pour exprimer sa reconnaissance ; il reproche aux canons de l'hôtel des Invalides de n'avoir pas tonné le glas aux funérailles de Charles X ; il les accuse de partager la lâcheté humaine et d'adorer tour à tour Henri IV et Louis XI. Ce grief est au moins singulier. Si c'est à l'entraînement de la rime qu'il faut attribuer cette impardonnable bévue ; si le mot *bronze* nous a valu Louis *onze*, les *amis* de M. Hugo feront bien de l'entretenir souvent de l'esclavage de la rime, dussent-ils même réciter les vers de Nicolas Boileau sur cet important sujet. Avions-nous donc tort de croire que M. Hugo gouvernait la langue comme un écuyer son cheval. M. Hugo dit aux canons des Invalides : « Le fondeur a jeté dans le moule dont vous êtes » sortis, l'étain, le cuivre et l'oubli du vaincu. » Cette alliance de la matière et de la pensée est monstrueuse, inintelligible, et donne aux reproches du poëte un caractère puéril En parlant de Versailles, il dit qu'à la cour de Louis XIV, tout homme avait sa dorure. Si nous avions conservé quelque doute sur le caractère général de ces odes, ce mot seul suffirait à le résoudre ; pour traiter un homme comme un plafond, il faut porter à la réalité visible un amour effréné ; et nous craignons fort que cet amour chez M. Hugo ne soit tout à fait inguérissable. Arrivant aux malheureuses destinées de la maison de Bourbon, à Louis XIV châtié dans Louis XVI, le poëte ajoute :

« Quand il a neigé sous les pères,
« L'avalanche est pour les enfants. »

» Je défie le physicien le plus habile de trouver à cette phrase un sens raisonnable ; à moins que la neige, soustraite aux lois de la gravitation, ne parte du centre de la terre pour arriver à sa surface ; encore resterait-il à deviner comment la chute de la neige est, à l'avalanche, ce que les fautes d'une génération sont aux malheurs de la génération suivante. Plus loin, M. Hugo compare la famille des Bourbons à une étoile sans orbite, poussée par tous les vents. Il est probable que M. Hugo a confondu les étoiles avec les planètes. Je conçois bien que le vent agite les feuilles, enfle les voiles d'un navire ; mais je ne comprends pas, je ne crois pas que personne comprenne comment le vent agiterait les corps célestes ; la figure employée par M. Hugo pour *peindre* les malheurs de la maison de Bourbon est donc de tout point une figure absurde. »

Suivent trois pages d'injures.

Ainsi, voilà où est tombé le poëte *qui a rendu à la période française l'ampleur flottante et majestueuse qu'elle avait perdue depuis la renaissance. Il gouverne maintenant la langue comme un écuyer gouverne son cheval.*

Voilà où est tombé le peintre *qui faisait envie aux héritiers du Titien et de Paul Véronèse. La figure employée pour peindre les malheurs de la maison de Bourbon est une figure de tout point absurde.*

N'est-ce pas miraculeux, dites-moi, de lire, dans une même *Revue*, ces deux articles écrits de la même main, signés du même nom ?

Ah ! monsieur Buloz, quel malheur que votre scorpion engourdi ait éprouvé le besoin d'aller réchauffer son venin au soleil de Rome ! Comme il vous servirait aujourd'hui, si toutefois il ne vous piquait pas vous-même !

Ce fut vers l'époque où parut dans la *Revue des Deux Mondes* une suite d'articles dans le genre de celui-ci, que notre grand poëte, se sentant, comme Achille, blessé au talon par une flèche empoisonnée, laissa, du haut de son dédain, tomber les vers suivants :

Jeune homme, ce méchant fait une lâche guerre.
Ton indignation ne l'épouvante guère ;

Crois-moi donc ; laisse en paix, jeune homme au noble cœur,
Ce Zoïle à l'œil faux, ce malheureux moqueur.
Ton mépris ! mais c'est l'air qu'il respire ; ta haine !
Ta haine est son odeur, sa sueur, son haleine.
Il sait qu'il peut souiller sans peur les noms fameux,
Et que, pour qu'on le touche, il est trop venimeux.
Il ne craint rien, pareil au champignon difforme
Poussé dans une nuit au pied d'un chêne énorme,
Qui laisse les chevreaux autour de lui paissant
Essayer leur dent folle à l'arbuste innocent ;
Sachant qu'il porte en lui ses vengeances trop sûres,
Tout gonflé de poison, il attend les morsures.

Comme ces vers n'étaient adressés à personne, les uns en firent hommage M. Gustave Planche, les autres à M. François Buloz.

Le Zoïle à l'œil faux avait bien quelque analogie avec M. Planche ; mais le champignon difforme ressemblait fort à M. Buloz. Tous deux, comme le disait le poëte, avaient poussé dans une nuit. Les avis restèrent partagés[1].

[1]. C'est particulièrement à l'article *Chronique littéraire* du mois de décembre 1836 que M. Victor Hugo répondait. Cet article est assez curieux, surtout mis en regard avec un autre article sur le même sujet, paru en 1835, pour que nous le reproduisions pas ici : dans tous deux, il est question, pour M. Hugo, de l'Académie.

Novembre 1834.

Quand M. Buloz a l'espoir d'obtenir un second
Claude Gueux.

« M. Hugo n'est pas un homme qu'on ait besoin d'imposer ; on ne le reçoit pas, on l'accueille. Nous ne ferons donc pas de grands frais de raisonnement pour prouver qu'il est digne de l'Académie. Ce serait faire injure à ce corps, car ce serait supposer que ses membres ne lisent pas et qu'ils restent tout à fait étrangers au mouvement littéraire de notre époque.

« M. Victor Hugo apparaît à l'Académie après quinze ans de la plus curieuse lutte intellectuelle qui se puisse voir, et à la tête d'une œuvre littéraire qui se déroule sous trois faces : la poésie, le roman et le drame, toutes trois faces pareillement développées, pareillement fécondes. Quelle est l'autre renommée, en candidature prochaine devant l'Académie, qui ait plus de titres à présenter ?

« On se souvient des soixante-deux représentations d'*Hernani*, du beau succès de *Marion de Lorme* et de *Lucrèce Borgia*. A l'heure

Passons à M. Eugène Sue.

M. Eugène Sue fit successivement pour la *Revue des Deux Mondes* et la *Revue de Paris*, c'est-à-dire pour M. Buloz, les *Voyages et Aventures sur mer de Narcisse Gelin*, *Jean Cavalier*, *Latréaumont*, *le Morne au Diable* et l'*Histoire de la Marine ;* mais c'est surtout de l'*Histoire de la Marine* que nous allons nous occuper, car l'*Histoire de la Marine* était doublement chère à M. Bulloz, qui en avait acheté à l'auteur la propriété tout entière.

Aussi, voyez ce que M. Buloz pense de M. Eugène Sue, quand l'*Histoire de la Marine* appartient à M. Buloz; vous verrez ensuite ce que le même M. Buloz pense du même M. Eugène Sue, quand *le Juif errant* appartient à M. Véron, toujours, bien entendu, dans la même *Revue de Paris:*

« Celui qui écrit ces lignes est le seul qui puisse dire comment Eugène Sue passe cette fois du roman à l'histoire, du drame au récit, de la fiction arrangée à la biographie, et tout cela sans changer de mer ni de vaisseaux, ni de ciel bleu ou chargé de nuages; soit donc qu'il écrive demain un autre roman. M. Eugène Sue sera toujours, dans ses histoires, l'ad-

qu'il est, *Lucrèce Borgia* et *Marie Tudor* sont encore les deux drames qui saisissent et attirent le mieux la foule, en province comme à Paris.

» Nous n'avons pas besoin de rappeler quel mouvement produit dans le monde intellectuel l'apparition d'un ouvrage de M. Hugo, livre ou drame. Les premières représentations resteront comme un souvenir de ce que peut une telle plume.

» *Au résumé, l'opinion publique présente à l'Académie un candidat digne de son attention, un écrivain de son bord sur les points principaux de la littérature, un poète qui a un nombreux auditoire et une grande renommée.* »

DÉCEMBRE 1836.

Quand M. Buloz a perdu l'espoir d'obtenir un second
CLAUDE GUEUX.

« Jusqu'à présent, les candidats qui se présentent pour recueillir l'héritage de M. Raynouard ne sont pas nombreux : M. Hugo n'a contre lui que M. Mignet; mais, lorsque M. Mignet serait préféré par l'Académie française, il resterait encore à M. Hugo l'Académie des inscriptions et belles-lettres. M. Raynouard avait deux fauteuils à l'Institut, et M. Hugo s'est toujours donné pour un homme d'une mirable romancier que vous savez, comme aussi vous le reconnaîtrez toujours dans ses romans l'historien que vous avez appris à connaître et à aimer.

. . . .

» Comme déjà l'historien maritime savait la mer, comme il savait le ciel, comme il avait été, lui aussi, dans la tempête et dans le calme, il entrait facilement dans de merveilleux détails de la biographie maritime qui avaient été inabordables pour ses devanciers. Que ce beau travail avait de charmes pour notre romancier maritime! quel admirable roman il trouvait dans toutes ces histoires, et comme il était à l'aise, lui si fort habitué à tout décrire, à tout sentir, à tout répéter, depuis le mot sublime jusqu'à l'ignoble juron, lui qui n'a reculé devant aucun tableau de la vie du matelot, orgie, débauche... et plus loin encore! Ainsi, l'*Histoire de la Marine française* deviendra bientôt doublement populaire. On la lira comme on lit un roman et ensuite comme on lit une histoire. Or, nous ne savons pas qu'on pût mettre à la tête de cette histoire un nom d'historien plus populaire et plus à la hauteur que le nom d'Eugène Sue le romancier. »

étude profonde et encyclopédique; ses découvertes en histoire littéraire ne sont pas moins surprenantes que ses découvertes en histoire politique. Avant d'apercevoir les aventures amoureuses de Charles-Quint et le libertinage effronté de Marie Tudor, il s'était démontré que la Grèce antique n'avait jamais connu le grotesque, et il avait supprimé Aristophane; il avait généralisé le mot d'Eschyle sur lui-même et rangé Sophocle et Euripide parmi les fils d'Homère, ce qui prouve jusqu'à l'évidence que M. Hugo a, sur l'histoire littéraire de l'antiquité, des idées tout à fait personnelles. Ce sont là bien certainement des titres archéologiques, et l'Académie des inscriptions ne saurait les méconnaître. Parlerai-je des découvertes nautiques de M. Hugo? ai-je besoin de rappeler cette bienheureuse barcarolle qui figura si gaiement dans la bataille de Navarin, et qui frappa de stupeur tous les officiers de notre marine? MM. Letronne et Dureau de Lamalle oseraient-ils contester l'érudition de M. Hugo? Nous ne le pensons pas; les découvertes que nous signalons sont présentes à toutes les mémoires et ne peuvent être oubliées de ces messieurs.

» *Que si, contre notre attente, M. Hugo se retirait devant M. Mignet, et ne se présentait pas à l'Académie des inscriptions, nous ne pourrions que le plaindre; car M. Hugo rencontrera longtemps encore aux portes de l'Académie un juge qu'il n'a jamais aimé et qu'il n'aimera jamais : — la discussion.* »

Oh! monsieur Buloz, combien vous avez changé d'opinion sur M. Eugène Sue depuis que votre double titre de commissaire du roi et de régisseur du Théâtre-Français ne vous permet plus de vendre des livres, et que vous avez cédé le reste de votre édition à M. Béthune! Écoutez l'opinion actuelle de M. Buloz sur M. Eugène Sue, auteur non-seulement de *Plick et Plock*, d'*Atar-Gull*, de *la Salamandre*, de *la Vigie de Koat-Ven*, de *Jean Cavalier*, d'*Arthur*, du *Morne au Diable*, de *Mathilde*, des *Mystères de Paris*, mais encore de *Latréaumont*, drame en cinq actes joué au Théâtre-Français. Écoutez :

« Après le fantastique succès des *Mystères de Paris*, cet interminable roman, si vite élevé au rang des chefs-d'œuvre et si vite tombé dans l'oubli, M. Eugène Sue n'avait qu'un seul parti à prendre pour échapper aux terribles dangers de la dépréciation : c'était de s'ensevelir dans son triomphe, de disparaître pour six mois et de se faire oublier, en un mot, comme son ouvrage. Une fois passé à l'état de mystère, le père de la Chouette, de Tortillard et de la Goualeuse, et de tant d'autres charmantes créations, se serait vu entouré d'une prestigieuse auréole, dont les plus entêtés critiques n'auraient osé nier l'éclat... Malheuseusement, les hommes entourés de la faveur publique ne consentent jamais à se tirer un coup de pistolet, même par-dessus la tête. Ils se voient si grands, qu'ils craignent de se tuer en déchargeant leur arme à dix pouces plus haut que leur chapeau. »

Suivent trois colonnes et demie d'injures.

Attendez, Eugène Sue, attendez, mon ami, car vous n'êtes pas au bout de la colère de M. le commissaire du roi. Dix ans, vous l'avez aidé à faire sa fortune littéraire et politique ; dix ans, il a été contraint par intérêt à dire du bien de vous ; dix ans, si nous le laissons vivre dix ans, il va être occupé à en dire du mal ; il y a des gens qui ne sauraient pardonner ni le bien qu'on leur a fait, ni les services qu'on leur a rendus. Mais vous êtes en bonne compagnie, cher frère, entre Victor Hugo et George Sand, entre *Notre-Dame de Paris* et *Consuelo*, magnifiques édifices dont une seule pierre croulante suffirait pour écraser dix commissaires du roi de la taille de M. Buloz.

Passons à George Sand.

George Sand est bien coupable, car, si quelqu'un a soulevé M. Buloz des profondeurs de la rue des Beaux-Arts jusqu'au niveau de la rue de Grenelle, c'est surtout lui, ou elle, comme vous voudrez. Quant à moi, je dirai *elle*, car le mot *elle* rendra l'auteur de *Lélia* plus grande encore.

Comptons les romans que madame Sand a écrits pour M. Buloz; énumérons les chefs-d'œuvre enfouis dans la lourde et ténébreuse *Revue des Deux Mondes*, que cette fée, à qui Dieu a donné une plume au lieu de baguette, élevait comme un ballon, illuminait comme un météore, chaque fois que sa capricieuse et poétique fantaisie posait, dans ce nid de hibou, un de ces cygnes au doux ramage ou au plumage éclatant qui composent sa riche et nombreuse famille. Vous rappelez-vous, mon ami, avoir vu passer dans la demi-teinte projetée sur eux par les œuvres voisines, ces idéales et merveilleuses créations qui, comme les anges de Martinn, portent leur lumière en eux-mêmes : lampes d'albâtre que l'âme fait resplendissante à travers le corps. Écoutez et comptez ces sœurs d'Ophélie et de Desdemona, ces frères de René et de Werther que je vais nommer :

Aldo le Rimeur, Metella, Leone Leoni, André, Mattea, Simon, Mauprat, la Dernière Aldini, l'Uscoque, Gabriel, Spiridion.

Aussi, peu d'auteurs ont-ils vu, comme George Sand, se réaliser ce rêve de gloire que l'artiste poursuit toute sa vie et n'atteint presque jamais que dans le tombeau. M. Buloz comprit tout le parti qu'il pouvait tirer de cette rare universalité contemporaine; il accapara, comme on dit en termes de librairie, madame Sand; il devint non-seulement son publicateur, mais encore son éditeur. L'*Histoire de la Marine* de l'auteur de *la Salamandre*, et les œuvres complètes de l'auteur d'*Indiana* et de *Valentine* devinrent la base d'une spéculation. On vendit sur place, et le bureau de la *Revue* se changea en boutique.

L'affaire était bonne en elle-même, aussi prospéra-t-elle. M. Buloz, au bas chiffre, dut gagner trente ou quarante mille francs dans cette nouvelle combinaison.

Aussi, à cette époque, madame Sand était-elle pour M. Buloz ce qu'elle est restée depuis pour tout le monde malgré M. Buloz, c'est-à-dire un des esprits les plus supérieurs qui aient existé. Il y a mieux : comme c'était alors l'intérêt de M. Buloz que cette idée se propageât de Paris à la province, de la province à l'étranger, les deux *Revues* résonnaient en chœur des louanges de madame Sand. On faisait dans l'une des articles sur *Jacques*, dans l'autre des articles sur *Lélia*; dans toutes deux, des articles sur les œuvres complètes. C'était un hosanna général, qui, d'ailleurs, avait un écho partout. Nous nous croyions, nous autres auteurs, peu habitués à ce bruit flatteur et caressant, revenus à cet âge d'argent où la critique était juste, parlait selon sa conscience, écrivait selon sa pensée. Nous disons « âge d'argent », parce que, dans l'âge d'or, la critique n'avait pas encore été inventée. Alors, madame Sand était le dieu de M. Buloz. M. Buloz la priait, M. Buloz l'invoquait, et M. Buloz avait raison. Il n'y a que les athées qui ne prient pas ; seulement, il ne faut pas maudire ce qu'on a adoré, car alors on est pis qu'un athée ; on est un renégat.

Prière de M. Buloz pendant qu'il édite les œuvres complètes de madame Sand.

(*Revue de Paris* de 1837)

« George Sand, ce talent si vigoureux, si franc, qui s'est révélé tout entier si vite, et si vite emparé des honneurs d'une position suprême et incontestée; George Sand, cette parole retentissante et presque souveraine, cette âme enthousiaste et dévouée, mais inconstante, est un auxiliaire que les camps les plus hostiles se disputent, une force dont chacun voudrait faire croire qu'il dispose à son tour... Ame douée d'une sensibilité qu'on peut appeler terrible ; d'une puissance de désir, d'un besoin d'émotion et d'enthousiasme qu'on peut appeler plus terrible encore. Vivant toujours en avant d'elle-même : soit que la magie de l'imagination la transporte sur les cimes les plus élevées de l'illusion et du bonheur, soit que les angoisses de la souffrance la plongent dans les abîmes les plus profonds, toujours vous croyez entendre sortir du fond de sa joie ou du fond de sa tristesse inassouvies, ce cri : « Plus loin, là bas ! » Engagée à la poursuite de son idéal qui fuit toujours devant elle, comme Ithaque devant Ulysse, elle donne tête baissée sur les écueils de la réalité, et tantôt se relève comme Ajax, superbe et blasphémant, pour reprendre sa course, et tantôt pleure et gémit comme une femme, et se roule si elle ne peut plus marcher.

» Disons donc que George Sand, âme immense et formée de tous les contrastes, est partout et nulle part, est tout et n'est rien, si ce n'est un grand poëte. »

Bravo, monsieur Buloz ! car un grand poëte, c'est tout. Un grand poëte, c'est Moïse, c'est Homère, c'est Virgile, c'est

Dante, c'est Shakspeare, c'est Jean-Jacques Rousseau, c'est Gœthe, c'est Chateaubriand, c'est Byron, c'est Walter Scott, c'est Cooper, c'est Hugo ; c'est, comme vous l'avez dit enfin, George Sand. Dieu lui-même n'est que la poésie universelle de la terre réunis au ciel.

Suivent les éloges successifs de *Jacques*, d'*André*, de *Lélia*, de *la Marquise*, de *Metella*.

Les œuvres de madame Sand se vendaient chez M. Buloz, non-seulement complètes, mais séparées.

Malédiction de M. Buloz quand il n'édite plus les œuvres de madame Sand.

(*Revue de Paris* de 1844)

« Je ne connais rien de plus fatigant et de plus puéril que cet affreux patois (il s'agit du style de madame Sand dans *Jeanne*); franchement, je préférerais presque l'argot : il a au moins le mérite de l'étrangeté, tandis que la langue de la plupart des personnages de *Jeanne* est d'une trivialité à faire frémir. Oh! qui nous rendra la marchande d'herbes de Théophraste! George Sand imite M. de Balzac aussi bien dans les formules énigmatiques, ampoulées, incorrectes, faussement originales, que dans les expressions triviales du jargon populaire.

. . . .

» Sérieusement, il faut que l'improvisation se montre bien rétive ou bien épuisée pour qu'un romancier ait recours à de pareils expédients. Que George Sand y prenne garde : on rencontre encore dans ses productions quelques détails charmants, quelques scènes vivement senties ; mais sa pensée a perdu la vieille et noble habitude de la clarté et de la distinction. Je ne parle plus du style : à part quelques passages, où le cœur rencontre par hasard, et comme de lui-même, la belle et pure langue d'autrefois, tout le reste est prétentieux ou hérissé d'incorrections; on sent à chaque phrase un anneau qui manque à la chaîne des idées. La précipitation se révèle par des lacunes nombreuses, par des négligences sans fin. Peut-être, en dédiant son roman à une paysanne, George Sand a-t-il voulu justifier tous ces défauts, mais rien ne saurait excuser une semblable dégénérescence; enfin, pour exprimer toute notre pensée, nous voyons George Sand, entre Walter Scott et M. de Balzac, se livrer tantôt étourdiment, tantôt d'une manière pénible, à une double imitation. Mais nous cherchons en vain dans *Jeanne* l'originalité de la femme qui a fait *André*. »

Je le crois bien, monsieur Buloz, vous ne publiez ni n'éditez point *Jeanne* (comme vous publiiez et éditiez *André*) : c'est M. Véron qui publie *Jeanne*, c'est M. Perrotin qui édite *Jeanne*. Il faut donc *démolir*, nous nous servons de votre expression favorite, il faut donc démolir l'ouvrage que nous n'avons aucun intérêt à louer. Heureusement, monsieur Buloz, que votre *Revue* a quatre cents abonnés et *le Constitutionnel* vingt mille, et que, quelque chose que vous fassiez, tout commissaire du roi et régisseur du Théâtre-Français que vous êtes, l'œuvre se défendra par elle-même.

Ah! madame Sand, quand vous regardez M. Buloz du haut de *Consuelo*, ce chef-d'œuvre dont le seul malheur est de n'avoir pas été imprimé dans *la Revue des Deux Mondes*, M. Buloz doit, *à vous surtout*, paraître bien petit.

Et cependant, demeurez tranquille, madame; notre force est en nous-mêmes, et non dans les autres. Les éloges de M. Buloz, éditeur de vos œuvres, ne vous avaient pas fait grandir d'un pouce. Les injures de M. Buloz, commissaire du roi et régisseur du Théâtre-Français, ne vous diminueront pas d'une ligne. Vous avez été, vous êtes, et vous serez toujours, malgré ses éloges, un grand poëte.

Passons à moi.

Pardon si je tombe de si haut; mais faites attention que je porte M. Buloz : M. Buloz me précipite.

Je reprends donc ce malheureux *moi* où je l'ai abandonné, c'est-à-dire au moment où il venait de donner à la *Revue des Deux Mondes* ses *Impressions de Voyage*, et où il allait donner à la *Revue de Paris* son *John Davys*, ses *Mémoires d'un Maître d'armes*, ses *Quinze jours au Sinaï*, ses *Excursions sur les bords du Rhin*, *Albine* et *Fernande*.

Le *moi* dont il est question, et qui est bien *moi*, s'était fait peu à peu une certaine position littéraire, en publiant une centaine de volumes et en composant une vingtaine de drames. Il en résulte que, comme M. Buloz n'était pas le seul éditeur et le seul publicateur de Paris, d'autres journalistes et d'autres libraires étaient venus me faire des offres plus avantageuses que ne l'étaient et même que ne pouvaient l'être celles de M. Buloz. Mais j'ai certaines habitudes de bonne façon, que je n'ai pu perdre même dans la fréquentation de certaines gens; de sorte que, cédant aux instances de M. Buloz, je continuai à lui donner mes volumes à cinq cents francs meilleur marché qu'à tout autre. Cinq cents francs ne sont rien pour un académicien qui fait un volume tous les lustres, comme on dit à l'Académie ; mais ils sont quelque chose pour moi qui en fais vingt ou vingt-cinq par an. Cependant, j'en appelle à M. Buloz lui-même, y a-t-il jamais eu de ma part la moindre exigence sous ce rapport?

Je continuais donc à donner mes volumes, tantôt à *la Presse*, tantôt au *Siècle*, tantôt à la *Revue des Deux Mondes*, recevant de M. Dujarrier ou de M. Perrée cinq cents francs par volume de plus que je ne recevais de M. Buloz, ayant, en outre, quand j'avais affaire à eux, l'avantage d'avoir affaire à des gens qui savent vivre, lorsque je revins de Florence avec les quatre volumes du *Chevalier d'Harmental*.

A mon arrivée, je trouvai une lettre de Louis Desnoyers, qui me demandait quatre volumes pour *le Siècle*. Quatre volumes, c'était juste le chiffre de ce que je rapportais ; j'allais donc répondre à Desnoyers que mes volumes étaient bien ses serviteurs et ceux de M. Perrée, lorsque de son côté M. Buloz me fit demander ces quatre volumes pour *la Revue de Paris*.

J'en demande bien humblement pardon à Desnoyers et à Perrée, je cédai comme d'habitude à l'éloquente voix de M. Buloz, et je lui remis, au détriment du *Siècle* et au mien, puisque je perdais deux mille francs à cette remise, les quatre volumes du *Chevalier d'Harmental*.

Je fus puni par où j'avais péché.

Écoutez ceci, mon ami.

Une fois, par hasard, M. le directeur des deux *Revues* s'était avisé de faire pour le roman ce qu'il faisait, comme commissaire du roi et comme régisseur du Théâtre-Français, pour les ouvrages dramatiques, c'est-à-dire de vouloir juger par la lecture de la valeur de l'œuvre.

Il avait lu *le Chevalier d'Harmental*.

Le Chevalier d'Harmental me fut renvoyé, refusé à l'unanimité par le comité de lecture de la *Revue de Paris*.

C'étaient deux mille francs dont M. Buloz me faisait cadeau de la main à la main. Aussi lui suis-je encore tout reconnaissant de ce renvoi.

On publia *le Chevalier d'Harmental* au *Siècle*. M. Buloz lui avait prédit une chute complète. C'est un bien grand Nostradamus que M. Buloz!

Disons, en l'honneur de M. Buloz, qu'il ne me garda point

13.

rancune, et que, peu après, il vint me demander *Albine*, que je lui donnai.

J'étais resté aux deux *Revues* le seul et dernier rédacteur qui datât de leur création. On s'affectionne à ses filles, même quand elles sont devenues de mauvaises filles; voyez le roi Lear et le père Goriot. J'avais donc toutes les peines du monde à me séparer d'elles, quand M. Buloz m'envoya demander, pour doter la cadette qui se retirait du monde littéraire, un roman quelconque. Seulement, la chose était pressée; la *Revue de Paris* devait entrer incessamment en retraite, la pauvre fille n'ayant pas trouvé, comme sa sœur aînée, à se marier avec le gouvernement.

Il fallait qu'en filant du monde littéraire dans le monde politique, la pauvre étoile jetât un dernier reflet.

Je lui donnai *Fernande*.

Fernande, vendue à *la Presse*; *Fernande*, vendue quinze cents francs de plus à *la Presse* qu'à la *Revue de Paris*, et pour laquelle enfin je remboursai de ma poche quinze cents francs à M. Dujarrier.

Mais, que voulez-vous, mon cher ami! j'en suis à ne plus compter les bonnes actions qui ne me coûtent que quinze cents francs.

J'en étais donc là, me reposant sur ma bonne action, quand j'appris que la pauvre *Revue de Paris* avait revêtu le cilice politique. Je la vis passer de loin; elle me parut bien mince; elle s'était, la pauvre fille, un peu allongée; mais elle s'était considérablement aplatie.

Tout à coup, j'appris, l'oublieuse qu'elle est, que c'était à mon tour d'être attaqué par elle.

L'attaque ne s'était pas fait attendre : comme les Saxons, qui, pendant la bataille de Leipsick, tournèrent leurs canons sur leurs frères d'armes, la *Revue* venait de faire feu sur moi de toutes ses batteries, avant que je me fusse éloigné d'elle, avant que j'eusse eu le temps de repasser le pont des Arts. Si le pointeur de la *Revue de Paris* y avait vu plus clair, j'étais tué, ma foi.

Le coup porta trop bas; je ne fus qu'éclaboussé.

Je ne rappellerai pas ici tout le bien que M. Buloz disait de moi, quand, abandonné de tout le monde, il lui fallait pour le lendemain une feuille, pour la semaine suivante un volume. Je ne dirai pas non plus tout le mal qu'il en dit maintenant :

je me contenterai de rapporter le dernier article qu'il a fait contre moi; c'est le cinquième ou sixième dont il me gratifie depuis cinq ou six mois.

« On nous annonce une bonne nouvelle, trop bonne cependant pour que nous osions y croire. M. Alexandre Dumas est las de sa propre fécondité; il veut prendre du repos; il veut voyager. Il brûle de voir l'Orient, pour s'assurer par lui-même *si ses impressions sur ce pays-là étaient vraies* [1]. Voilà pourquoi, au lieu de mener de front trois romans dans trois journaux quotidiens, il ne fera plus, les uns disent que douze, les autres dix-huit volumes pour *la Presse*. Pour prix de sa collaboration exclusive, *la Presse* donne à M. Dumas soixante et douze mille francs par an. Une misère. Ainsi, l'auteur des *Trois Mousquetaires* a pris l'héroïque résolution de limiter *sa fabrication littéraire;* c'est ce dont il est permis de douter, et le torrent de ses produits, arrêté du côté des journaux, inondera bientôt le théâtre, etc., etc. »

Comme c'est reconnaissant, de la part du directeur des deux *Revues* auquel ma fabrication littéraire a livré, en dix ans, vingt ou vingt-deux volumes! comme c'est adroit, de la part du régisseur du théâtre auquel j'ai donné *Henri III* et *Mademoiselle de Belle-Isle*, deux des plus grands succès d'argent que le théâtre ait obtenus!

Mais ce qu'il y a de plus curieux, c'est qu'au moment où M. Buloz, directeur des deux *Revues*, craint que les produits de M. Dumas n'inondent la scène, M. Buloz, régisseur du théâtre, menace M. Dumas de le faire assigner s'il ne livre pas à la Comédie-Française un drame que M. Dumas s'était engagé à lui donner, dans le cas où la Comédie-Française jouerait *Christine*.

Nous ne parlons pas d'Alfred de Vigny, maltraité par M. Buloz dans l'article qui rendait compte de son admirable drame de *Chatterton;* il n'a rien fait représenter depuis au théâtre et presque rien publié en librairie. Sans doute, il doit à ce prudent silence d'avoir été épargné.

En vérité, nous savions bien que, dans les triomphes antiques, un esclave gagé suivait le triomphateur pour insulter à sa victoire. Mais nous ignorions que ce fût l'homme pour le-

---

[1]. On se rappelle que le *Voyage au Sinaï*, écrit par moi sur les notes de M. Dauzats, a été publié dans la *Revue de Paris*.

quel il avait triomphé qui se déguisât en esclave pour jouer le rôle d'insulteur.

Et maintenant, sire, maintenant, monsieur le ministre, maintenant, monsieur le directeur des beaux-arts, est-il possible que M. Victor Hugo rapporte au Théâtre-Français un second *Hernani*; M. Eugène Sue, un second *Latréaumont*; madame Sand, une seconde *Cosima*, et moi, une autre *Mademoiselle de Belle-Isle*, si nous sommes exposés à rencontrer dans le couloir du Théâtre-Français l'homme qui a écrit ou fait écrire contre nous les choses qu'on a lues?

Je ne sais pas ce que feront mes confrères, mais ce que je sais, pour mon compte, c'est qu'un jugement seul du tribunal pourra me forcer à rentrer au Théâtre-Français, tant que M. Buloz y représentera l'autorité royale.

IV

INTERMÈDE.

M. Buloz est un adversaire commode, et je le remercie, quand je voulais me reposer un jour ou deux, de me donner des armes pour continuer le combat.

Cependant, ne prenez pas cette lettre pour une vraie lettre; ce n'est qu'une espèce de réponse. Je vous demande donc la permission d'y être bête tout à mon aise. Je n'ai que des faits à vous citer, et vous savez que rien n'est bête comme un fait.

M. Buloz vous écrit hier :

« M. Dumas ne craint pas d'affirmer que, le jour de ma nomination au commissariat royal, il aurait écrit une lettre à l'un de mes amis, exprimant son pronostic funèbre à ce sujet. La lettre de M. Bonnaire, que vous recevez en même temps que la mienne, répond suffisamment à cette assertion. »

D'abord, je n'ai nommé personne. C'est M. Bonnaire qui *s'est rappelé :* j'en félicite la mémoire de M. Bonnaire, à laquelle je ferai un appel.

M. Bonnaire doit se souvenir que, le lendemain du jour où il avait reçu cette lettre, il vint me trouver, de si bon matin même, que j'étais encore au lit. Cette visite, je dois le dire,

était toute conciliatrice. M. Bonnaire venait, au nom de
M. Buloz, me dire que mon opinion sur lui était fausse ; qu'il
arrivait avec le plus profond désir d'être l'homme de la jeune
littérature qui avait fait sa fortune, et que la preuve en était
que le premier acte de son administration serait la reprise de
Christine. Je n'en persistai pas moins dans mon opinion, et,
comme vous l'avez vu dans ma dernière lettre, je n'en ai pas
changé.

Il y a plus, écoutez ceci.

Lorsque madame Mélingue passa du théâtre de l'Ambigu au
Théâtre-Français, son mari me fit une visite pour m'annoncer
cette nouvelle, et me dire que madame Mélingue était engagée
pour jouer l'école moderne, en opposition à mademoiselle
Rachel, qui jouait l'école ancienne : en conséquence, il venait,
me dit-il, me demander pour sa femme, au nom de M. Buloz,
les rôles de Christine et de Bérengère.

Je commençai par exposer à M. Mélingue le système désas-
treux de M. Buloz, et j'ajoutai que la demande qu'il me faisait
pour sa femme était inutile, attendu que, malgré la promesse
faite, on ne laisserait jouer à madame Mélingue aucune pièce
de mon répertoire ; j'ajoutai que l'intention bien positive était
de confisquer le talent de madame Mélingue sans aucun profit ni pour elle, ni pour nous, ni pour le Théâtre-Français. Il
ne voulait pas me croire, il insista : je donnai à madame
Mélingue les rôles de Christine et de Bérengère. On ne joua
pas *Christine*, et l'on joua *Charles VII*, mais ce fut mademoiselle Noblet qui remplit le rôle distribué à madame Mélingue.

Cette fois, il y a une lettre ; elle doit exister, qu'on la
montre : elle date de plus de deux ans.

Maintenant, sans doute, M. Buloz va essayer d'user de son
influence sur madame Mélingue pour qu'elle nie, ou la menacer
de sa vengeance, si elle ne nie pas ; mais que M. Buloz y fasse
attention, il y a une justice au monde : si madame Mélingue
— par suite de ce que je dis ici — avait à se plaindre de
M. Buloz, soit comme commissaire du roi, soit comme régisseur du Théâtre-Français, ce serait à moi de la prendre par
la main, de la conduire chez M. le directeur des beaux-arts,
et plus haut encore s'il était besoin.

J'en fais mon affaire.

M. Buloz ajoute :

« Quant au récit burlesque de je ne sais quelle scène qui se serait passée à la répétition du *Gladiateur,* cela rentre, monsieur, dans cet ordre d'inventions et d'injures qui n'atteignent que ceux qui se les permettent. »

Vous vous trompez, monsieur Buloz : d'abord, cette scène n'a été burlesque que parce que vous n'avez pas voulu la prendre au sérieux ; ensuite, elle a atteint encore un autre que moi ; elle a atteint M. Soumet, et la preuve, c'est que voici la lettre que M. Soumet m'écrit :

« Mon cher Dumas,

» Je suis depuis cinq mois couché sur mon lit, immobile entre la vie et la mort, et j'espérais depuis que vous en êtes instruit que vous me consacreriez quelques minutes. Les personnes qui vous ont parlé de mon intention de démentir notre ancienne affaire avec Buloz sont stupides, et j'ajouterais l'ingratitude à leur stupidité, si j'étais capable de ne pas vous rendre la plus haute justice dans l'affaire du *Gladiateur,* où vous avez tout fait pour paralyser les mauvaises intentions d'une administration qui a fait jouer *le Gladiateur* trois jours avant le jour fixé, et qui a confié le cinquième acte à l'organe du souffleur, comme trois mille personnes peuvent l'attester.

» Quant à l'article publié sur *la Divine Épopée* dans la *Revue des Deux Mondes,* il a précédé de si peu de jours ma représentation, que je n'ai su comment qualifier ce procédé.

» Je me suis présenté à six heures du matin chez vous pour vous empêcher de vous battre à ma place ; je n'en pourrais pas faire autant aujourd'hui, et, depuis cette époque, j'ai manifesté ouvertement ma profonde reconnaissance pour votre impétueux dévouement.

» Adieu, tout à vous.

» ALEX. SOUMET,

» *Qui ne peut plus signer lui-même.*

» P.-S. Je n'ai pas mis le pied à la Comédie-Française depuis trois ans.

» 4 décembre 1844. »

Vous entendez, monsieur Buloz, l'auteur de *Saül,* de *Clytemnestre,* de *Jeanne d'Arc,* de *Norma,* d'*une Fête de Néron,* du *Gladiateur,* de *la Divine Épopée,* le poëte qui partage le trône de la poésie avec Hugo et Lamartine ; l'homme dont la vie entière a été un dévouement à l'art dramatique, a été *chassé* par vous — c'est le terme dont Soumet s'est servi ce matin même — a été chassé par vous du Théâtre-Français.

Peut-être direz-vous que M. Soumet ment.

On ne ment pas, monsieur, quand on est depuis cinq mois sur un lit de douleur, les mains jointes devant un crucifix.

Et, d'ailleurs, Soumet, ce Bayard de la littérature française, n'a jamais menti.

Maintenant, comme le public ignore ce que M. Soumet veut dire en parlant de l'article de la *Revue des Deux Mondes*, nous allons le dire, nous.

Écoutez, mon ami, je n'ai encore rien écrit de si curieux.

M. Soumet faisait répéter *le Gladiateur*, reçu depuis deux ans ; M. Buloz vient lui demander son tour de représentation pour une œuvre qu'il protégeait. M. Soumet refuse.

M. Buloz rappelle qu'il a deux *Revues*.

Il va — ne perdez pas un mot de cela — il va chez M. Magnin, qui devait faire dans la *Revue des Deux Mondes* un article sur *la Divine Épopée*, lui dit qu'il est important que l'article passe avant la représentation du drame, lui reprend des mains l'article commencé, sous prétexte que l'article sera plus rapidement fait à la *Revue des Deux Mondes*, et surtout mieux approprié à la circonstance.

L'article paraît huit jours avant la représentation.

En voulez-vous un fragment ?

« On ne peut refuser à M. Soumet une grande habileté à manier le rhythme. Son poëme est plein de beaux vers *dans la plus mauvaise acception du mot*. C'est quelque chose de creux, de brillant, de sonore, qui éblouit les oreilles et les yeux sans satisfaire l'esprit. Le dessin est lâché, et la couleur de convention. Nulle part on ne sent l'étude de la nature, nulle part le désir d'appliquer exactement le mot sur la chose ; les descriptions sont vagues, sans intérêt, et n'évoquent pas les objets qu'elles devraient représenter ; le style passe de l'afféterie la plus maniérée à la boursouflure la plus asiatique, et rien n'est plus désagréable que ce mélange du mignard avec le gigantesque : les comparaisons ne se rapportent pas aux choses qu'elles expriment, et détruisent l'effet des vers qui les précèdent. »

Je m'arrête, mon ami ; je n'ai pas assez d'haleine pour vous dire quatre pages de critique, et surtout lorsque cette critique frappe un de mes meilleurs amis.

M. Magnin écrivit à Soumet une lettre désespérée ; mais M. Buloz n'en avait pas moins puni l'académicien récalcitrant. Cependant, vous voyez que ce n'était point encore assez pour lui, puisqu'il poursuivait sa vengeance, non-seulement dans le poëte, mais encore dans le drame.

Monsieur le ministre, priez M. le directeur des beaux-arts d'aller prendre des nouvelles de M. Soumet ; c'est bien le moins que vous deviez à un homme de ce mérite, et demandez-lui, à son retour, ce que M. Soumet lui aura dit de votre agent.

A cette lettre-là veut-on que j'en ajoute une autre ? Je ne vais pas les chercher, moi : elles m'arrivent. Lisez, mon ami :

« Mon cher Dumas,

» Dans votre très spirituelle, trop spirituelle lettre adressée à *la Démocratie*, vous rendez service aux lettres en rendant justice à cet homme absurde qu'on appelle Buloz.

» Puisque vous êtes en train de dire ce qu'est Buloz, sachez que le féroce administrateur du Théâtre-Français n'a apporté que cette innovation dans son théâtre : c'est de retirer les entrées à l'un des auteurs d'*une Fête de Néron*, qui a été jouée aux Français, et qu'il a eu en même temps l'esprit de les laisser à bien des gens qui n'ont rien écrit pour le théâtre, et cela parce qu'il les craignait. Quand Cavé apprit ce retrait d'un droit du moins de convenance, il qualifia cette brutalité mentale de M. Buloz d'*acte scandaleux d'un sot*.

» Comme vous l'avez si bien dit, l'intelligence quitta le Théâtre-Français avec le bon et aimable Taylor.

» Votre dévoué confrère,

» L. BELMONTET. »

Attendez, attendez, mon ami, nous ne sommes pas au bout. M. Buloz veut des lettres, nous lui en donnerons.

M. Buloz déverse sa responsabilité de directeur de la *Revue de Paris* sur M. Bonnaire. Lisez ceci :

« Mon bon ami, si vous m'eussiez consulté plus tôt sur les

habitudes de la *Revue de Paris*, je vous eusse appris, par un exemple personnel, que ce journal pousse l'esprit d'impartialité beaucoup plus loin que vous ne le pensiez. Il écrase souvent, avez-vous dit, ses alliés ou ses collaborateurs de la veille; ajoutez ceux du jour, du jour, en effet ; car il me souvient des fâcheuses modifications que dut subir le compte rendu de votre *Laird de Dumbicky*, pour être publié dans le numéro même où paraissait un chapitre de votre *Fernande*.

» Peut-être me répondrez-vous que *Fernande* était le dernier roman que vous eussiez dû fournir à la *Revue*.

» N'en doutez pas, ce journal est l'impartialité même ; car, tout en rognant çà et là quelques bribes des éloges qu'on vous attribuait, *M. Buloz, qui revoit les épreuves de la* REVUE DE PARIS, racontait à l'auteur de ce compte rendu. et cet auteur vous savez qu'il est de vos amis, M. Buloz racontait, dis-je, que vous aviez contribué surtout à la prospérité de la *Revue*, en refusant de donner pour cinq cents francs à *l'Europe littéraire* (concurrence redoutable pour M. Buloz), des articles qui ne vous étaient payés que cent cinquante francs à la *Revue*.

» Hélas! cette impartialité de la *Revue de Paris*, je l'ai trop bien éprouvée pour en douter ici. Pardonnez-moi d'insérer le récit de mon humble mésaventure au-dessous des illustres infortunes que vous avez mentionnées. Je lus un jour, dans la *Revue de Paris*, qu'on signalait au public *mon style déshonoré par une affectation entortillée et par l'incorrection grammaticale*, ce même style que la *Revue de Paris* avait bénévolement offert au même public dix mois auparavant dans l'ouvrage même qu'elle critiquait. Il est vrai que M. Buloz n'éditait pas les volumes comme il avait édité la nouvelle, et puis ces volumes avaient changé de titre; ils s'appelaient *Deux Trahisons*, au lieu de *Madame de Limiers*.

» Cet exemple, tiré d'un ordre inférieur, vous aidera peut-être à vous consoler, cher ami; car il vous prouvera qu'à la *Revue* il y a décidément un niveau.

» A vous de cœur.

» A. MAQUET.

» 4 décembre 1844. »

M. Buloz cite, pour se justifier, une lettre de M. Cavé. L'avez-vous lue, cette lettre, mon ami? Si non, lisez-la; si oui, relisez-la encore.

Elle est charmante. Je vous avais bien dit que M. Cavé était un homme d'esprit.

Lettre de M. Cavé à M. Buloz.

« Monsieur, je me rappelle, en effet, qu'une faute d'impression vous a été signalée par moi sur l'affiche du Théâtre-Français ; c'est tout ce qu'il y a d'exact et de sérieux dans l'anecdote racontée par *la Démocratie pacifique.* »

Cette lettre, j'en demande bien pardon à M. Buloz, me paraît confirmer mon assertion. Où M. Cavé dit-il qu'il ne m'a point raconté le fait que j'ai cité ? Je ne vois pas le moindre démenti dans les trois lignes dont elle se compose, j'y vois seulement la transaction de l'honnête homme avec l'homme honnête. Si M. Cavé avait avoué qu'il m'avait raconté cette anecdote, qu'il a racontée non-seulement à moi, mais à dix autres personnes que je puis nommer au besoin, il ne pouvait laisser dix minutes M. Buloz commissaire du roi, ou rester dix minutes lui-même directeur des beaux-arts.

Ce n'est pas cela qu'il faut que M. Cavé écrive à M. Buloz : *c'est qu'il ne m'a point raconté le fait que je prétends plus que jamais tenir de sa bouche.*

Quant à la lettre de M. Scribe, elle ne répond à rien, car je n'ai pas précisément accusé M. Buloz d'avoir *éloigné* M. Scribe ; j'ai dit — ce qui est bien différent — qu'en engageant M. Frédérick, *on aurait éloigné* M. Scribe du Théâtre-Français, comme on en avait éloigné MM. Hugo, Soumet, Dumas, etc., etc. d'ailleurs, il y a un motif pour lequel M. Buloz doit en vouloir moins à M. Scribe qu'à nous : M. Scribe ne lui a jamais rendu d'autre service que de lui donner la lettre qu'il cite.

Au reste, nous aurions pu croire que M. Buloz ne tenait pas beaucoup à M. Scribe, en nous rappelant les comptes-rendus des premières représentations, de la *Revue de Paris* et de la *Revue des Deux Mondes.*

Terminons par le récit d'un fait qui n'est pas sans importance.

Ce matin, je rencontre Frédéric Soulié, l'auteur de *Roméo et Juliette,* de *la Famille de Lusigny,* du *Proscrit* et de *Diane de Chivry,* allant faire une répétition.

— Ah ! pardieu ! me dit-il en venant à moi, tu es aimable ; tu cites les auteurs qui ont à se plaindre de M. Buloz, et tu m'oublies !

— Pardon, mon ami, mais, tu le comprends bien, l'oubli peut se séparer. Qu'as-tu fait pour *la Revue de Paris?*

— *Le Message, un Mot,* la première partie des *Mémoires du Diable,* sept ou huit volumes à peu près.

— Et comment es-tu avec M. Buloz?

— Tu vas en juger. Il y a deux ans que je n'ai mis le pied au Théâtre-Français, et, la dernière fois que j'y ai été, comme je rencontrai Anaïs et qu'elle me demanda pourquoi je devenais si rare : « J'ai peur d'y rencontrer M. Buloz, lui ai-je répondu, et vos corridors sont si étroits, que je ne pourrais pas passer près de lui sans le toucher. Maintenant, si tu veux de plus amples renseignements sur ce que pensait de toi et d'Eugène Sue M. Buloz en 1836, et de moi, ouvre la *Revue de Paris* du mois de juin, et tu trouveras quelque chose de curieux comparé à un feuilleton de *la Revue de Paris* du même mois de juin 1844. Adieu.

Et, sur ce, Soulié me quitta, je ne sais pour aller où, mais je suis sûr au moins que ce n'était pas pour aller au Théâtre-Français.

J'entrai dans un cabinet littéraire, et je pris en courant les deux notes suivantes :

(*Revue de Paris*, juin 1836.)

« Quant à la façon leste et pédante avec laquelle M... traite les hommes de talent et de cœur, qui valent mieux que lui, nous croirions faire injure à ces hommes en prenant leur défense. Leur vie et leurs œuvres les défendent assez. MM. *Eugène Sue, Alex. Dumas et Frédéric Soulié* sont à l'abri des insinuations de M..., et nous lui souhaitons le style et la probité littéraire de ces hommes qui ne sont que des écrivains français. »

(*Revue de Paris*, juin 1844.)

« Vous, capitalistes de l'imagination, qui savez à un abonné près ce que rapportent ces inappréciables amphigouris, ces dix volumes de bagne, de coups d'épée et d'emprisonnements, faits pour être lus, non avec les yeux, mais avec les nerfs du public, vous conviendrez vous-mêmes qu'il n'y a pas de calculs à faire hors de ces trois grands noms : *Eugène Sue, Alex. Dumas et Frédéric Soulié;* fondez demain une feuille nouvelle, scandaleuse de bon marché, c'est seulement, vous le savez, vers les parages de *Mathilde,* du *Chevalier d'Harmental* ou des

Mémoires du Diable, que vous aurez à détourner le cours du Pactole des actionnaires. »

Soulié avait raison, je l'avais oublié à tort, et il complète admirablement la liste de ceux qui ne rentreront pas au Théâtre-Français tant qu'ils craindront de rencontrer M. Buloz dans ses étroits corridors.

V

Mon cher ami,

J'ai tardé à vous écrire cette cinquième lettre ; vous allez apprécier les causes de mon retard.

Autrefois, les déclarations de guerre, soit générales, soit particulières, étaient portées par un héraut d'armes ; celui auquel était adressé le défi avait le temps de se préparer à la défense. Aujourd'hui, on néglige assez généralement cette formalité, que j'avoue, non pas avoir négligée, mais n'avoir pas remplie dans les formes usitées. M. Buloz pouvait donc ne pas être suffisamment prévenu de l'attaque, et, par conséquent, donner la surprise comme excuse de sa mauvaise défense.

Vous me direz peut-être, mon ami, qu'un publiciste qui, depuis six mois, fait insulter tout ce qu'il y a d'hommes éminents dans la littérature, a mauvaise grâce à dire qu'il ne s'attendait pas à ce qui arrive en ce moment à M. Buloz ; mais, si médiocre que soit cette raison, je l'admets comme bonne : à l'heure qu'il est, tout le monde a le courage d'attaquer le roi, tout le monde a le courage d'attaquer les ministres ; mais tout le monde n'a pas le courage d'attaquer un homme qui porte, comme une paire de pistolets, deux *Revues* à sa ceinture : le mot n'est pas de moi, il est de Méry ; mais Méry a eu comme moi quelques relations avec M. Buloz, et lui rend pleine justice.

M. Buloz, contre toute probabilité, pouvait donc ne pas s'attendre à ce qui lui arrive, et il fallait lui laisser le temps de se remettre.

Il fallait lui laisser le temps d'aller demander des lettres, d'aller mendier des démentis, de faire un appel de confrère à la presse, pour voir quelle sympathie il y rencontrerait.

M. Buloz, en un mois, a obtenu un certificat de M. Cavé,

lequel confirme entièrement ce que j'ai dit, et me rappelle même un fort agréable épisode de l'anecdote, que je me reprocherais de n'avoir pas mis sous les yeux du public ; puisque l'occasion s'en présente, réparons cet oubli.

Sur la même affiche que *Cinna* se trouvait porté le drame d'*Angelo, tyran de Padoue*; sur le nom de l'auteur du drame on n'avait commis aucune erreur, rendons cette justice au prote de la Comédie-Française et à M. le commissaire du roi. *Angelo* n'était attribué ni à Casimir Delavigne, ni à de Vigny, ni à moi ; il était bel et bien attribué à son auteur, Victor Hugo.

L'affiche était donc conçue en ces termes :

CINNA

Tragédie en cinq actes, en vers, de RACINE.

ANGELO

Drame en quatre actes, en prose, de M. VICTOR HUGO.

Or, cette affiche apportée à M. Cavé par M. P..., comme une de ces curiosités dont on doit faire collection dans une direction des beaux-arts, était collée sur la glace, et M. Cavé adressait pour la troisième fois cette injonction insidieuse : « Lisez, » lorsque, voyant que le commissaire du roi ne voulait pas comprendre, il lui mit le doigt sur le mot.

— Comment, dit M. Cavé, vous ne voyez pas *Racine?*

— Ah! oui, dit M. le commissaire du roi, *Racine* en petites lettre et *Victor Hugo* en grosses lettres. Que voulez-vous! ce sont de ces petits sacrifices qu'*en bonne administration* il faut faire à la vanité des auteurs.

Nous sommes heureux que le prétendu démenti de M. Cavé ait rappelé à MM. Alphonse Karr et Dujarrier, qui nous l'ont transmis, ce précieux détail que nous avions oublié.

Aussi n'avons-nous jamais attaqué *la bonne administration* de M. Buloz. Nous avons attaqué seulement sa capacité, sa courtoisie, son intelligence.

A propos de courtoisie, citons en passant une petite anecdote ; elle est courte ; mais, vous le savez, les courtes anecdotes sont les meilleures.

M. Guiraud, l'auteur des *Macchabées* et du *Comte Julien*, lisait à M. Buloz une tragédie nouvelle.

— Monsieur, dit le commissaire du roi après le second acte, est-ce que vous allez me lire cela jusqu'au bout?

Vous le voyez, comme je l'avais promis, l'anecdote est courte; mais, si courte qu'elle soit, elle n'en a pas moins laissé une profonde trace dans la mémoire de l'illustre académicien et dans celle de ses amis.

Je la tiens de Soumet. qui est un de ses amis.

Revenons à ce qu'a fait M. Buloz pendant ce mois.

M. Buloz a obtenu une lettre de M. Scribe.

M. Scribe est, avant tout, homme d'esprit. Il a compris que, lorsque, dans une époque qui compte au rang de ses auteurs dramatiques MM. Hugo, Soumet, Guiraud, Viennet, Frédéric Soulié, Eugène Sue, George Sand, etc., on est le seul qui soutienne un homme accusé d'ignorance, d'impolitesse et d'incapacité, etc., il faut donner au public une raison valable de ce solitaire appui qu'on veut bien lui prêter.

Aussi M. Scribe s'est-il hâté de nous dire qu'il achevait une comédie pour le Théâtre-Français. M. Scribe ne veut pas se brouiller avec M. Buloz en ce moment-ci surtout; soit. Cependant, M. Scribe sait qu'une comédie de lui sera toujours jouée, et il fait trop d'honneur à M. Buloz lorsqu'il croit que M. Buloz peut autre chose contre lui que de traiter, dans la *Revue de Paris*, sa comédie nouvelle comme il traite celle de ses confrères. M. Scribe a assez de talent cependant pour réclamer sa part des injures qui essayent de monter jusqu'à Hugo, jusqu'à Sand, jusqu'à Eugène Sue, jusqu'à Soulié et jusqu'à moi.

Mais ce qui prouve que la lettre de M. Scribe est, comme la lettre de M. Cavé, une raillerie au-dessus de la portée de l'intelligence de M. le commissaire du roi, c'est le mode de salutation qui la termine. Comprenez-vous, cher ami, que M. Buloz ait pris au sérieux une lettre qui se clôt par ces paroles: « *Daignez agréer*, monsieur, avec toute ma reconnaissance pour vos bons procédés, l'expression de ma considération la plus distingués. »

En effet, on a des compliments affectueux pour ses inférieurs, des compliments empressés pour ses égaux, de la considération distinguée pour le commun des martyrs; mais il n'y a que les princes et les jolies femmes que l'on prie de *daigner agréer* les sentiments que l'on a ou que l'on n'a pas pour eux; vous voyez donc bien, mon cher ami, que M. Scribe,

comme M. Cavé, se moquait de M. Buloz en traitant M. Buloz
comme on traite un prince ou une jolie femme.

Maintenant, arrivons aux preuves de sympathie que M. Buloz a reçues de la presse pendant ce mois.

Un seul journal a soutenu M. Buloz. Ce journal est *le Corsaire-Satan*.

Or, veut-on savoir ce que *le Satan* pensait de M. Buloz avant qu'il se réunit au *Corsaire* ? Écoutez, mon ami, c'est assez curieux :

« Toutes les fois qu'on essayera de justifier, comme on l'a fait aujourd'hui, la position de M. le commissaire du roi *près* le Théâtre-Français, on commettra une haute imprudence. »

(*Satan*, 18 juillet 1844.)

« M. Buloz, à peu près nanti, écrasa tout, étouffa tout, sous sa sourde et somnolente immobilité.

» M. Buloz n'est point directeur du Théâtre-Français ; M. Buloz n'est pas non plus commissaire royal, parce qu'il perçoit comme haute paye des demi-appointements incompatibles avec ces fonctions. M. Buloz n'est rien : deux négations ne feront jamais une affirmation. »

(*Satan*, 21 juillet 1844.)

« Au reste, s'il ne s'agit que de tomber dans un puits et de rester deux heures *sans connaissance*, pour devenir consul, nous connaissons un commissaire royal qui, même sans avoir besoin de tomber dans un puits, restera *sans connaissances* toute sa vie.

»Aussi est-il consul royal en pays froid. »

(*Satan*, 29 août 1844.)

PETIT COURS DE LITTÉRATURE DRAMATIQUE.

« LE SEMAINIER. Que donnerons-nous après-demain, monsieur Buloz ?

» M. LE COMMISSAIRE ROYAL. *Le Mercure galant*, de Boursault. Je l'ai beaucoup connu, Boursault : il avait un très-beau jardin du côté de la rue Blanche.

» LE SEMAINIER. Et avec ça ?

» M. LE COMMISSAIRE ROYAL. Avec ça ?... *Polyeucte*, de Racine.

» LE SEMAINIER. *Polyeucte*, de Racine !... (*Haut.*) C'est bien, monsieur le commissaire. (*Un peu plus bas et se retirant.*) *Polyeucte*, de Racine !... Bon !... Ce pauvre commissaire royal, il y va absolument comme une oie qui abat des corneilles.

« L'anecdote, continue *Satan*, remonte aux premières années du commissariat, époque à laquelle M. Buloz pouvait penser que *Polyeucte* était de Racine. Maintenant, il croit que c'est de Voltaire. »

—

« La *Revue de Paris* nous garde, dit-on, notre paquet : elle se propose de démolir *rasibus* le premier éloge que nous ferons.

» Pour qu'elle y ait moins de peine, le premier éloge que nous ferons sera celui de M. Buloz. »

(Dernier numéro du *Satan*, jeudi 5 septembre 1844, à propos de l'*Éloge de Voltaire*, par M. Harel.)

Que penser de cette opinion si différente de deux journaux qui viennent de se marier, sinon que *le Corsaire* a épousé *Satan* sous le régime dotal et non sous le régime de la communauté ?

Pendant ce mois, M. Buloz, dit-on, a publié une brochure contre moi. Mais, comme la brochure n'est pas signée de son nom, et même n'est pas signée du tout, j'ai cru que j'étais non-seulement dispensé d'y répondre, mais même de la lire.

Passons à la question des primes. C'est là que m'attend M. Buloz. Moi, depuis sa réponse à M. Jules Lefèvre et à M. Émile Deschamps, je ne l'attends plus nulle part : malheureusement, je le trouve un peu partout.

D'abord, mon cher ami, si l'on faisait jamais l'histoire de la prime, constatons un fait : c'est que la prime n'a été inventée ni par Casimir Delavigne, ni par Victor Hugo, ni par moi. La prime a été inventée par un de nos confrères qui, sous ce rapport, a plus d'invention que nous. Hugo l'a trouvée florissante au Théâtre-Français, en y apportant *le Roi s'amuse,* et moi en y apportant *Caligula.*

Ces primes étaient de 1,000 francs par acte, pour M. Scribe, M. Casimir Delavigne et M. Hugo.

Or, que M. Buloz produise mes traités de *Caligula,* de *Mademoiselle de Belle-Isle,* de *Lorenzino* et d'*un Mariage sous Louis XV,* on verra que seul, parmi ces messieurs, je n'ai jamais eu que 500 francs par acte de prime ferme, et 500 francs par acte de prime proportionnelle.

Deux acteurs qu'on m'enleva pour les faire passer à l'Odéon firent, à propos de *Caligula,* convertir la prime proportionelle en prime ferme; mais ceci est un cas tout particulier; on réparait, ou du moins on essayait de réparer un tort irréparable.

Ma prime proportionnelle pour *Mademoiselle de Belle-Isle* (je devais faire 60,000 francs de recettes en vingt-trois représentations), ma prime était gagnée à la quinzième, et on me la paya.

Pour *Lorenzino,* pour *un Mariage sous Louis XV,* je ne reçus que 5,000 francs en tout, c'est-à-dire 2,500 francs pour chaque ouvrage.

Ce fut alors que M. de Rémusat, voyant que j'étais moins bien traité que mes confrères, *m'offrit* un matin, dans son cabinet, de faire combler par le ministère la différence qu'il y avait entre mes traités et ceux de M. Scribe, de M. Victor Hugo et de M. Delavigne.

C'était peut-être un bien grand orgueil à moi que de me placer sur le même rang qu'eux. Seulement, je ferai observer que ce n'était pas moi qui m'y mettais, mais que c'était M. de Rémusat lui-même qui m'invitait à m'y mettre.

J'ai donc reçu en tout, à titre de prime, du Théâtre-Français et du ministère, la somme de 38,000 francs, sur laquelle il faut défalquer les 2,500 francs de *Caligula,* qui tiennent à une transaction particulière. Reste 35,500 francs.

J'ai donné *Caligula, Mademoiselle de Belle-Isle, un Mariage sous Louis XV, les Demoiselles de Saint-Cyr, une Fille du Régent;* je tiens prêts, pour l'époque où M. Buloz ne sera plus commissaire du roi, *les Neveux de Bassompierre;* en tout, trente-six actes.

Au compte de mes confrères, le Théâtre-Français me redevrait donc encore 500 francs.

Maintenant, puisqu'on nous force à entrer dans ces détails, alignons, au-dessous de ces 35,500 fr......... ci   35,500 fr.
les droits d'auteur que ces pièces m'ont rapportés, montant à...............................   34,000
  Enfin, les manuscrits s'élevant à..............   10,000

Et nous aurons un total de.................   79,500 fr.
  Il y a aujourd'hui sept ans que *Caligula* a été représenté.

Or, en sept ans, le Théâtre-Français m'a donc, pour cinq pièces jouées et une pièce arrêtée par la censure dramatique, rapporté en tout, primes comprises, 79,500 francs.

Maintenant, sept ans de gestion comme commissaire royal rapportent à M. Buloz, en ne consignant ici que le traitement reconnu, à 12,000 francs par ans,   84,000 fr.

Comparons ces deux sommes, et reconnaissons entre elles une différence de 4,500 francs au bénéfice de M. Buloz.

M. Buloz aura donc touché, en sept ans, 4,500 francs de plus, pour détruire, que je n'aurai touché, moi, pour édifier.

Maintenant, si M. Buloz venait dire que la prime portée à 1,000 francs par acte est exagérée, ce qui me paraît une thèse difficile à soutenir, puisque, y compris les primes, les auteurs dans la position de M. Hugo, de M. Scribe, de M. Casimir Delavigne, de M. Dumas enfin, touchent du Théâtre-Français moins que M. Buloz ne touche lui-même, nous lui répondrions par ces quelques lignes que nous recevons de notre ami Auguste Vacquerie :

« Mon cher Dumas,

» Non-seulement Victor Hugo vous autorise à traiter dans vos lettres la question des primes, mais encore vous pouvez dire qu'il vient de refuser, il y a quatre ou cinq jours, de signer un traité dans lequel on lui offrait, non pas mille francs par acte, mais trois mille francs, somme qui porterait, comme vous le voyez, à quinze mille francs la prime totale d'une pièce en cinq actes.

» Tout à vous,

                              » A. VACQUERIE. »

Or, du moment qu'un théâtre non subventionné offre, pour

avoir un drame en cinq actes, une prime 15,000 francs, le Théâtre-Français, qui reçoit une subvention de 200,000 livres, peut bien donner 5,000 francs.

D'ailleurs, ces primes, reçues du Théâtre-Français ou du ministère, n'ont point été surprises: elles ont été discutées, débattues, réglées; ce n'est, de la part du Théâtre-Français, ni de celle du ministère, une grâce, une faveur ou une gratification: c'est un marché conclu, une transaction commerciale réglée; ministre, directeur des beaux-arts, commissaire du roi, comité d'administration, étaient dans l'exercice de leur droit, et M. Buloz, qui, en sa qualité de correcteur de la *Revue de Paris* et de la *Revue des Deux-Mondes*, connaît sans doute la valeur des mots, doit savoir qu'il y a une grande différence entre l'argent qu'on gagne et l'argent qu'on reçoit.

Or, l'argent que j'ai reçu directement du Théâtre-Français depuis sept ans, c'est-à-dire 53,000 francs, à peu près, je l'ai gagné en faisant faire trois cent dix mille francs de recette au susdit Théâtre-Français.

Maintenant, mon ami, voulez-vous savoir, au compte de M. Buloz lui-même, ce que j'ai perdu en gagnant ces 79,000 francs de primes, de droits et de vente de manuscrits. Nous allons faire ensemble ce petit calcul.

M. Buloz, dans la *Revue de Paris*, annonce, sans pouvoir y croire cependant, que je bornerai désormais ma fabrication littéraire à dix-huit volumes par an, ce qui laisse à entendre que j'en fais d'ordinaire beaucoup plus.

M. Buloz a raison sur un point: cette année, j'ai fait trente-six volumes, dont je tiens les manuscrits à la disposition de M. Buloz ou de toute autre personne qui voudrait s'assurer que ces trente-six volumes sont, depuis la première jusqu'à la dernière ligne, écrits de ma main.

Or, mon ami, mettons les volumes à 4,000 francs l'un dans l'autre, on ne m'accusera pas, j'espère, d'exagérer la valeur de mes produits[1]. Trente-six volumes, à 4,000 francs, donneront un total de 144,000 francs.

Maintenant, supposez que les six pièces, comédies ou drames, que j'ai données au Théâtre-Français, ne m'aient pris chacune que six semaines de composition et d'exécution, ce qui est

---

[1]. Les volumes du *Juif errant* ont été payés 20,000 francs l'un, 200,000 francs les dix.

insupposable [1], mais je veux faire la part belle à M. Buloz, nous aurons neuf mois, rien que pour la composition et l'exécution de ses six ouvrages.

Supposez, maintenant, ce qui est tout aussi insupposable, supposez, disons-nous, que les répétitions de ces six ouvrages ne m'aient pris pour chacun que six semaines, vous aurez un autre chiffre de neuf mois, qui, ajouté au premier, donnera un total de dix-huit mois, c'est-à-dire d'un an et demi.

Cette année et demie, à trente-six volumes par an, eût produit cinquante-quatre volumes, qui, à 4,000 francs l'un, donneraient 216,000 francs.   216,000 fr.

Or, en travaillant pour le Théâtre-Français pendant un an et demi, et en gagnant pendant cette année et demie........................   79,000 fr.

J'ai donc non pas perdu, mais manqué à gagner 137,000 fr.

C'est un assez beau sacrifice, on en conviendra, fait au désir de fournir mon contingent à la littérature dramatique de l'époque.

Eh bien, ce contingent qui me coûte si cher, je suis tout prêt à le fournir encore, aux mêmes conditions que par le passé, si ces conditions continuent de subsister pour mes confrères; à des conditions inférieures, si mes confrères les acceptent. Aux vingt drames ou comédies que j'ai composés en seize ans, et qui ont fait entrer dans les caisses des différents théâtres où je les ai donnés plus de trois millions de recette, je suis prêt à ajouter, si Dieu me donne encore seize ans de vie et de force, vingt autres comédies ou drames; mais ce ne sera pas, comme on le comprend bien, sur la scène où M. Buloz craint, comme il le dit dans la *Revue de Paris,* de voir *déborder* le trop plein de ma fabrication littéraire qu'il ne prendra jamais l'idée de les donner.

Maintenant, grâce à Dieu, j'en ai à peu près fini avec M. le commissaire du roi, puisque j'ai dit ce qu'il avait fait pour éloigner du Théâtre-Français les auteurs vivants et les ouvrages modernes. Disons, à cette heure, ce qu'un autre eût pu faire à sa place, maître comme l'est M. le commissaire du roi de donner une direction au premier théâtre du monde.

Il n'y a de littérature dramatique vivante à cette heure que la littérature dramatique française.

1. Si le mot n'est pas français, il le deviendra.

Les Anglais n'ont plus rien depuis Shéridan. Les Allemands n'ont plus rien depuis Gœthe et Schiller. Les Italiens n'ont plus rien depuis Maffei et Alfieri. Les Espagnols n'ont plus rien depuis Lope de Vega et Calderon. Les Russes n'ont jamais eu ou plutôt n'ont rien encore. Nos drames et nos comédies alimentent les théâtres de Londres, de Vienne, de Berlin, de Madrid, de Florence, de Saint-Pétersbourg, de Moscou, de New-York, d'Alexandrie et de Constantinople. On nous joue dans des pays dont M. Buloz ignore le nom, dans des idiomes dont M. Buloz ignore l'existence. Tous les peuples se désaltèrent à ce grand fleuve qui prend sa source à Paris, dont chaque flot est une pensée, et qui se répand large et fécondateur sur le monde.

C'est qu'en effet les choses devaient être ainsi. La France, par sa position topographique, est destinée à être l'arche de toutes les idées, le tabernacle de toutes les poésies. Placée sous une zone tempérée, elle a assez de jours purs pour comprendre la littérature, aux contours arrêtés, de l'Espagne et de l'Italie; assez de jours nuageux pour sentir la poésie flottante et vaporeuse de l'Allemagne et de l'Angleterre; enfin, assez de force et de justice pour faire à Dante et à Alfieri, à Shakspeare et à Shéridan, à Gœthe et à Schiller, à Lope de Vega et à Calderon, la part qui leur est due dans cette immense Babel que l'esprit humain bâtit depuis le XIIIe siècle, et que la main du Seigneur lui-même tenterait en vain de renverser, si près qu'elle soit du ciel. Douée, comme centre, d'une puissance d'assimilation supérieure à celle de toutes les nations ses voisines, elle pouvait joindre à la raison et à l'esprit, qui sont ses qualités distinctives, qui sont ses dons naturels, la rêverie de Dante, l'humanité de Shakspeare, le pittoresque de Calderon, la fécondité de Lope de Vega, la passion de Schiller, le philosophisme poétique de Gœthe. Les hommes n'eussent pas manqué à l'œuvre ; il ne s'agissait que de ne pas les décourager. Un siècle qui comptait parmi ses fils Chateaubriand, Lamartine, Victor Hugo, Soumet, Casimir Delavigne, de Vigny, Béranger, Lamennais, Nodier, Scribe, Soulié, Balzac, Eugène Sue, George Sand, pouvait tout entreprendre, tout accomplir.

Or, il ne fallait, pour faire un théâtre unique, splendide, magnifique, un théâtre qui réunit en lui les qualités de tous les autres théâtres enfin, que reprendre l'œuvre d'édification où M. le baron Taylor l'avait abandonnée ; il fallait dire au roi : « Sire, la grandeur des souverains n'est pas toujours en eux-mêmes, elle est quelquefois aussi dans les hommes qui les entourent. » Il fallait dire aux ministres : « Excellence, dans une époque où l'on demande et où l'on obtient des Chambres cent vingt millions pour les monuments publics, et deux cents millions pour les fortifications de Paris, demandez donc de temps en temps un demi-million pour l'art. » Il fallait dire au peuple : « Peuple, écoute et regarde, car toutes les idées politiques, philosophiques, sociales, contemporaines, sont dans ce théâtre, ce journal qui se lit à haute voix chaque soir à Paris devant quarante mille spectateurs ; en France, devant cent mille. » Et tout cela, M. Buloz le pouvait dire mieux que personne, puisqu'il a deux *Revues* avec lesquelles il a dit, ce me semble, depuis dix ans, beaucoup de choses qui ne valaient pas celles-là.

Mais, je le répète, M. Buloz a été sinon élu, du moins choisi entre tous pour accomplir l'œuvre qu'il accomplit ; c'est une de ces anomalies comme notre époque seule en présente, et un jour on se dira comme une des choses les plus curieuses qu'ait enfantées le chaos dans lequel nous vivons, qu'il y a eu un petit-fils de Louis XIV et un successeur de Colbert qui ont mis à la tête de l'art dramatique, en France, un homme qui ne savait pas que *Cinna* fût de Corneille.

Il est vrai qu'on ajoutera que cet homme était Savoyard, et qu'on a été obligé de le naturaliser pour en faire un commissaire royal.

FIN DU TOME VINGT-CINQUIÈME ET DERNIER

TABLE

	Pages
MADAME DE CHAMBLAY.	1
LES BLANCS ET LES BLEUS.	93
SIMPLES LETTRES SUR L'ART DRAMATIQUE.	193

D. Thiéry et Cⁱᵉ — Imprimerie de Lagny.

www.ingramcontent.com/pod-product-compliance
Lightning Source LLC
Chambersburg PA
CBHW070530170426
43200CB00011B/2383